KB060521

**2**

TOEFL Speaking 만점 수강생
다수 배출한 만점 강사의
노트테이킹, 브레인스토밍,
템플릿 완벽 공개

**3**

기출 반영 실전 문제
집중 연습을 통해
실전 응용력이 상승하여
고득점 달성!

# 토플 정복을 위한 확실한 왕도!

## 입문 및 초급 [40~65점]

### TOEFL Basic

한 권으로 토플 시험을 체계적으로 완벽히 이해하는
입문자들의 필독서

## 기본 및 중급 [60~85점]

### TOEFL Intermediate (80+)

한 권으로 시원스쿨 토플 스타 강사진의
과목별 노하우 습득 및 80+ 달성

## 정규 및 고급 [80~115점]

### TOEFL Reading    TOEFL Listening    TOEFL Speaking    TOEFL Writing

토플 기출 족보를 낱낱이 분석해 정리한 최빈출 주제 학습 + 스피킹/라이팅 만점 수강생 다수 배출한 만점 강사의 템플릿 완벽 공개

## 실전 및 심화 [90~120점]

### TOEFL Actual Tests

실제 시험 진행과 동일한 TOEFL 고득점용
최종 마무리 실전 모의고사

## 어휘 정복

### TOEFL Vocabulary

정답과 연관된 토플 기출 단어만을 수록한
진정한 토플 전문 보카 학습서

고득점을 위한 **토플** 스피킹 **기본서**

# SIWONSCHOOL
# TOEFL
## Speaking

시원스쿨어학연구소 · 류형진

시원스쿨 LAB

SIWONSCHOOL
# TOEFL Speaking

**개정 1쇄 발행** 2023년 8월 1일
**개정 2쇄 발행** 2024년 2월 8일

**지은이** 시원스쿨어학연구소, 류형진
**펴낸곳** (주)에스제이더블유인터내셔널
**펴낸이** 양홍걸 이시원

**홈페이지** www.siwonschool.com
**주소** 서울시 영등포구 영신로 166 시원스쿨
**교재 구입 문의** 02)2014-8151
**고객센터** 02)6409-0878

**ISBN** 979-11-6150-732-3 13740
**Number** 1-110505-18180400-09

이 책은 저작권법에 따라 보호받는 저작물이므로 무단복제와 무단전재를 금합니다. 이 책 내용의 전부 또는 일부를 이용하려면 반드시 저작권자와 ㈜에스제이더블유인터내셔널의 서면 동의를 받아야 합니다.

『특허 제0557442호 가접별책 ®주식회사 비상교육』

# 머리말

## 토플 시험 개정 반영,
## 시원스쿨 토플 TOEFL Speaking!

시원스쿨어학연구소가 토플 왕초보를 위한 [시원스쿨 처음토플]과 토플 전용 어휘집인
[시원스쿨 토플 기출 보카]를 출간하고 나서, 독자분들로부터 다음 학습 단계에 대해 많은 문의가 쇄도했습니다. 이 문의에 대한 응답으로 중급 학습자를 위한 [TOEFL 80+], 시험을 앞둔 실전 학생들을 위한
[TOEFL Actual Tests]를 출간하였습니다. 또한 최신 토플 트렌드를 학습자들에게 제공하고자 [처음토플]
을 [TOEFL Basic]으로, [TOEFL 80+]를 [TOEFL Intermediate]으로 개정하였습니다.

그리고 이제, 시원스쿨 토플 라인업을 완성하는 과목별 토플 정규서가 세상에 나오게 되었습니다. 그동안
시원스쿨어학연구소는 학습자의 학습 편의와 효율성을 위해 한 권에 4과목을 다 아우르는 교재를 출간하여
왔습니다. 하지만 이번 정규라인은 가장 넓은 점수대(80~115점)를 대상으로 하고 있으며, 많은 문제 양을
풀어보며 점수를 올리는 것이 중요하기에, 기존과 달리 과목별 분권으로 나오게 되었습니다.

시원스쿨어학연구소는 과목별 전문성을 최대한 높이기 위해 오프라인 학원에서 인정받은 선생님들과 함께
도서 작업을 하였습니다. 선생님들은 본인들이 과목별 만점을 받은 것은 물론, 다수의 수강생들을 해당 과목
만점으로 이끈 전문가들로, 오프라인 강의에서 소수의 학생들에게만 공개하던 토플 학습 비법들을 이번 도서
에서 전격 공개하였습니다.

---

「**시원스쿨 토플 TOEFL Speaking**」은

① **검증받은 만점 답안 템플릿을 제공합니다.**
스피킹 만점 수강생을 다수 배출한 만점 강사의 노트테이킹, 브레인스토밍, 템플릿을 충실히 반영한 도서
로, 시중의 다른 토플 도서들과 달리, 선생님이 자신의 이름을 걸고 공개하는 신뢰성 높은 컨텐츠를 제공
합니다.

② **기출 반영 실전 문제를 집중 연습하도록 합니다.**
토플 기출 족보를 낱낱이 분석해 정리한 다량의 기출 반영 실전 문제를 집중적으로 풀어봄으로써, 수험생
들은 실전 응용력이 상승하여 고득점 달성을 이룰 수 있습니다.

③ **다수의 전문가가 컨텐츠 제작에 참여하였습니다.**
국내 유명 토플 선생님, 다수의 원어민 연구원들과 토플 고득점 연구원들이 도서 집필과 검수에 참여하여
대한민국 최고의 토플 컨텐츠를 제작하기 위해 심혈을 쏟았습니다.

---

아무쪼록 이 도서를 통해 영어 실력이 상승하고 토플 목표 점수를 달성하여 성공적인 유학의 길로 나아갈 수
있기를 진심으로 바랍니다.

시원스쿨어학연구소·류형진 드림

# 목차

## Chapter 01 Independent Task: Question 1

### 01 Introduction to Question 1

### 02 Strategies for Question 1

### 03 Practice Test

## Chapter 02 Integrated Task: Question 2

### 01 Introduction to Question 2

### 02 Strategies for Question 1

### 03 Practice Test

# Chapter 03 Integrated Task: Question 3

# Chapter 04 Integrated Task: Question 4

# Actual Tests

▪ **별책** 해설집: 해설, 모범 답안, 어휘 정리

# 이 책의 구성과 특징

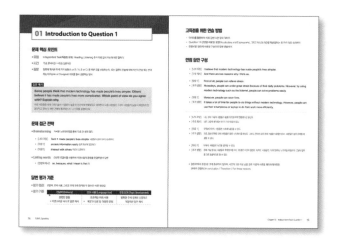

## 한눈에 핵심 파악

각 문제 유형의 핵심 정보를 일목요연하게 정리하여 최대한 빠르게 문제 유형을 이해할 수 있도록 한다

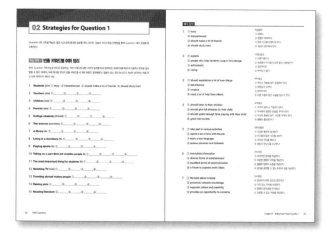

## 고득점 전략

스피킹 만점 수강생들을 다수 배출한 만점 강사의 노트테이킹, 브레인스토밍, 템플릿을 통해 고득점 답안을 작성하는 방법을 익힌다.

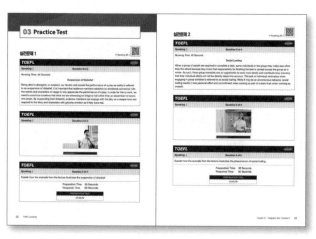

## 실전문제 집중 연습

토플 기출 족보를 낱낱이 분석해 정리한 다량의 기출 반영 실전 문제를 집중적으로 풀어보면, 실전 응용력이 상승하여 고득점 달성을 이룰 수 있다.

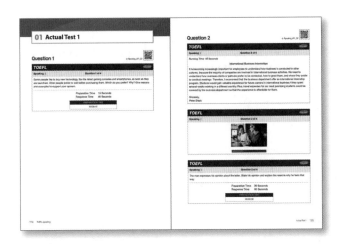

## 실전 모의고사

최신 개정 출제 경향이 반영된 실전 모의고사 2세트를
풀어보면서, 자신의 실력을 점검해 보고 앞에서 학습한
내용을 다시 한번 복습한다.

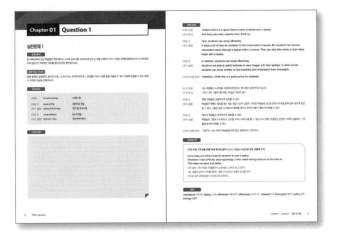

## 해설집

별책으로 제공하는 해설집에는 영문 해석과
노트테이킹 또는 브레인스토밍, 모범답안과 어휘 정리
가 나와 있어서, 학습자들의 독학을 최대한 돕고 있다.

## MP3 다운로드

토플 실제 시험과 동일한 스피드로 원어민 전문 성우들이 녹음한 음원을
시원스쿨 토플 홈페이지에서 무료로 다운받아 학습할 수 있다

toefl.siwonschool.com ▸ 교재/MP3 ▸ 과목명 탭에서 『토플』 클릭
후 『TOEFL Speaking』 찾기

# 토플 시험 소개

## 토플 시험

TOEFL(Test of English as a Foreign Language)은 미국 대학에서 수학할 비영어권 학생을 선별하기 위해 미국 ETS(Educational Testing Service)가 개발한 영어 능력 평가 시험이다. 즉, 미국을 비롯한 영어권 국가 대학에서 수학할 능력의 영어 수준이 되는지를 측정하는 시험인데, 보통 토플 시험이라고 하면 컴퓨터 인터넷 연결로 시험을 보는 iBT(internet-based test) TOEFL을 말한다.

## 시험 영역

| 영역 | 지문 및 문제 수 | 시간 | 배점 |
|---|---|---|---|
| Reading | 총 2개 지문 (한 지문에 10문제씩 출제) | 약 35분 | 0~30점 |
| Listening | 총 2개 대화 + 강의 3개 (대화 하나에 5문제, 강의 하나에 6문제씩 출제) | 약 36분 | 0~30점 |
| Speaking | 총 4문제 (독립형 1번, 통합형 2, 3, 4번) | 약 16분 | 0~30점 |
| Writing | 총 2문제 (통합형 1번, 토론형 2번) | 약 30분 | 0~30점 |
| 합계 | 약 2시간, 120점 만점 | | |

## 2023년 7월 26일 이후 시험 변경 내용

1. Reading 또는 Listening에 나오던 더미 문제(점수에 포함되지 않는 연습 문제)가 사라짐
2. Reading 지문 세트가 3개에서 2개로 변경
3. Writing 독립형(Independent) 대신 토론형(Academic Discussion) 출제
4. 전체 시험 시간이 약 3시간에서 2시간으로 단축

# ▪시험 접수

| 접수 방법 | ▹ 시험일로부터 최소 7일 전 ETS 토플 홈페이지에서 접수 |
|---|---|
| 접수 비용 | ▹ 시험 접수 비용: US $220(2023년 7월 기준)<br>▹ 추가 접수 비용: US $260<br>　└ 시험일로부터 7일~2일 사이 접수 시 연체료(late fee) US $40 추가<br>▹ 날짜 변경 비용: US $60<br>▹ 재채점 비용: US $80 (Speaking/Writing 각각, Reading/Listening 불가)<br>▹ 추가 리포팅 비용: US $20 (건당)<br>　└ 시험 접수 시, 무료로 4개까지 성적 리포팅 받을 기관 선택 가능<br>▹ 취소 성적 복원 비용: US $20 |
| 등록 취소 | ▹ ETS 토플 홈페이지에서 취소 가능<br>▹ 응시료 환불은 시험 접수 후 7일 이내 100%, 응시 4일 전까지는 50%, 응시일로부터 3일 이내는 환불 불가 |
| 시험일 | ▹ 1년에 50회 정도로 보통 주말마다 실시되며, 실시 국가마다 차이가 있음 |
| 시험 장소 | ▹ 다수의 컴퓨터를 비치하고 있는 전국/전세계 교육기관 또는 ETS Test Center에서 시행<br>▹ 집에서 Home Edition으로도 응시 가능 |

# ▪시험 당일 준비물

공인된 신분증(여권, 주민등록증, 운전면허증, 군인신분증 중 하나)의 원본을 반드시 지참한다. 참고로 필기도구 및 노트는 시험장에서 제공되는 것만 사용할 수 있기에 따로 준비할 필요는 없다.

# ▪성적 확인

시험 응시일로부터 약 6일 후에 온라인으로 성적이 공개된다. PDF 형식의 성적표는 온라인 성적 공개 2일 후부터 다운로드 가능하다. 성적표 유효기간은 시험 응시일로부터 2년이다.

# TOEFL Speaking 정복
# 학습 플랜

- 반드시 직접 답변을 말하면서 학습한다. 자신이 직접 답안을 말하지 않으면 문제를 풀어보지 않은 것과 같기에 그날 Speaking 공부를 하지 않은 것이다.
- 교재를 끝까지 한 번 보고 나면 2회독에 도전한다. 같은 교재를 여러 번 읽을수록 훨씬 효과가 좋으니 다독하도록 한다.
- 혼자서 학습하기 어렵다면, 시원스쿨 토플 홈페이지(toefl.siwonschool.com)에서 토플 스타 강사진의 강의를 들으면 보다 쉽고 재미있게 공부할 수 있다.

## 초고속 13일 완성 학습 플랜
(Question 1-4 진도 함께 나가기)

| 1일 | 2일 | 3일 | 4일 | 5일 |
|---|---|---|---|---|
| Question 1-4 이론 학습 (실전문제 전) | Question 1-4 실전문제 1 | Question 1-4 실전문제 2 | Question 1-4 실전문제 3 | Question 1-4 실전문제 4 |

| 6일 | 7일 | 8일 | 9일 | 10일 |
|---|---|---|---|---|
| Question 1-4 실전문제 5 | Question 1-4 실전문제 6 | Question 1-4 실전문제 7 | Question 1-4 실전문제 8 | Question 1-4 실전문제 9 |

| 11일 | 12일 | 13일 | | |
|---|---|---|---|---|
| Question 1-4 실전문제 10 | Actual Test 1 | Actual Test 2 | | |

## ▪ 45일 완성 학습 플랜

| 1일 | 2일 | 3일 | 4일 | 5일 |
|---|---|---|---|---|
| Question 1<br>이론 학습<br>(실전문제 전) | Question 1<br>실전문제 1~3 | Question 1<br>실전문제 4~6 | Question 1<br>실전문제 7~10 | Question 2<br>이론 학습<br>(실전문제 전) |
| **6일** | **7일** | **8일** | **9일** | **10일** |
| Question 2<br>실전문제 1 | Question 2<br>실전문제 2 | Question 2<br>실전문제 3 | Question 2<br>실전문제 4 | Question 2<br>실전문제 5 |
| **11일** | **12일** | **13일** | **14일** | **15일** |
| Question 2<br>실전문제 6 | Question 2<br>실전문제 7 | Question 2<br>실전문제 8 | Question 2<br>실전문제 9 | Question 2<br>실전문제 10 |
| **16일** | **17일** | **18일** | **19일** | **20일** |
| Question 3<br>이론 학습<br>(실전문제 전) | Question 3<br>실전문제 1 | Question 3<br>실전문제 2 | Question 3<br>실전문제 3 | Question 3<br>실전문제 4 |
| **21일** | **22일** | **23일** | **24일** | **25일** |
| Question 3<br>실전문제 5 | Question 3<br>실전문제 6 | Question 3<br>실전문제 7 | Question 3<br>실전문제 8 | Question 3<br>실전문제 9 |
| **26일** | **27일** | **28일** | **29일** | **30일** |
| Question 3<br>실전문제 10 | Question 4<br>이론 학습<br>(실전문제 전) | Question 4<br>실전문제 1 | Question 4<br>실전문제 2 | Question 4<br>실전문제 3 |
| **31일** | **32일** | **33일** | **34일** | **35일** |
| Question 4<br>실전문제 4 | Question 4<br>실전문제 5 | Question 4<br>실전문제 6 | Question 4<br>실전문제 7 | Question 4<br>실전문제 8 |
| **36일** | **37일** | **38일** | **39일** | **40일** |
| Question 4<br>실전문제 9 | Question 4<br>실전문제 10 | Actual Test 1<br>Question 1 | Actual Test 1<br>Question 2 | Actual Test 1<br>Question 3 |
| **41일** | **42일** | **43일** | **44일** | **45일** |
| Actual Test 1<br>Question 4 | Actual Test 2<br>Question 1 | Actual Test 2<br>Question 2 | Actual Test 2<br>Question 3 | Actual Test 2<br>Question 4 |

toefl.siwonschool.com

# Independent Task: Question 1

# 01 Introduction to Question 1

## 문제 핵심 포인트

- **유형**   Independent Task(독립형 과제): Reading, Listening 추가 자료 없이 자신의 의견 말하기

- **시간**   15초 준비시간 + 45초 답변시간

- **질문**   질문에 제시된 두세 가지 상황(A or B / A, B or C) 중 어떤 것을 선호하는지, 또는 질문의 진술에 대해 자신이 찬성 또는 반대
하는지(Agree or Disagree) 이유를 들어 설명하는 방식

### 질문 예시

**Some people think** that modern technology has made people's lives simpler. **Others
believe** it has made people's lives more complicated. **Which point of view do you agree
with? Explain why.**

어떤 사람들은 현대 과학기술이 사람들의 삶을 더 단순하게 만들었다고 생각한다. 다른 사람들은 그것이 사람들의 삶을 더 복잡하게 만
들었다고 믿는다. 어떤 견해에 동의하는가? 그 이유를 설명하시오.

## 문제 접근 전략

- **Brainstorming**   가벼운 노트테이킹을 통해 15초 간 생각 정리

  ▸ [나의 주장]   Tech ▸ made people's lives simpler 사람들의 삶이 더욱 단순해지다
  ▸ [이유1]   access information easily 쉽게 정보에 접근하다
  ▸ [이유2]   interact with others 타인과 교류하다

- **Linking words**   간단한 연결어를 사용하여 자연스럽게 문장을 연결하면서 답변

  ▸ [연결어 예시]   so, because, what I mean is that 등

## 답변 평가 기준

- **평가 원리**   전달력, 언어 사용, 그리고 주제 전개 영역의 각 점수(0~4점) 평균값

- **평가 기준**

| 전달력 (Delivery) | 언어 사용 (Language Use) | 주제 전개 (Topic Development) |
|---|---|---|
| 분명한 발음<br>+ 자연스러운 속도로 답변 제시 | 효과적인 어휘 사용<br>+   복문과 단문 등 다양한 문법 | 명확한 주제 전개로 간결하고<br>직접적인 답안 제시 |

# 고득점을 위한 연습 방법

○ 타이머를 활용하여 45초 답변 시간 감각 익히기
○ Question 1과 관련된 어휘 및 표현(Vocabulary and Expressions), 그리고 자신의 의견을 뒷받침하는 두 가지 이유 숙지하기
○ 만점(4점) 답안에 사용된 구성으로 답변 연습하기

# 만점 답안 구성

▷ [나의 주장]  I believe that modern technology has made people's lives simpler.
▷ [구조 제시]  And there are two reasons why I think so.

▷ [이유 1]  First of all, people can relieve stress.
▷ [추가 설명]  Nowadays, people are under great stress because of their daily problems. However, by using modern technology such as the Internet, people can solve problems easily.

▷ [이유 2]  Moreover, people can save time.
▷ [추가 설명]  It takes a lot of time for people to do things without modern technology. However, people can use their smartphone or laptop to do their work more efficiently.

.................................................................................................................

▷ [나의 주장]  나는 현대 기술이 사람들의 삶을 더 단순하게 만들었다고 믿는다.
▷ [구조 제시]  내가 그렇게 생각하는 데 두 가지 이유가 있다.

▷ [이유 1]  무엇보다 먼저, 사람들은 스트레스를 풀 수 있다.
▷ [추가 설명]  요즘, 일상 문제로 인해 사람들은 많은 스트레스를 받는다. 그러나, 인터넷 같은 현대 기술을 이용함으로써, 사람들은 쉽게 문제를 해결할 수 있다.

▷ [이유 2]  더욱이, 사람들은 시간을 절약할 수 있다.
▷ [추가 설명]  현대 기술 없이는 사람들이 무엇인가를 하는 데 많은 시간이 걸린다. 하지만, 사람들은 스마트폰이나 노트북을 이용하여 그들의 업무를 더욱 효율적으로 할 수 있다.

※ 결론(마무리 문장)은 크게 중요하지 않으며, 시간이 5초 이상 남을 경우 가볍게 서론을 패러프레이징함
  [마무리 연결어] In conclusion / Therefore / For these reasons

# 02 Strategies for Question 1

Question 1의 고득점 핵심은, 짧은 시간 안에 풍성한 답변을 하는 것으로, 다음의 5가지 학습 전략들을 통해 Question 1에서 만점을 받도록 한다.

## 학습 전략 1 빈출 키워드별 어휘 정리

먼저, Question 1에서 높은 빈도로 등장하는 15개 키워드에 대한 나만의 정의를 미리 정리하면, 아이디어를 빠르게 도출하고 문장을 쉽게 말할 수 있다. 따라서, 아래 제시된 각각의 빈출 키워드를 네 개의 어휘로 정의해본다. 정답이 있는 것이 아니므로 자신이 생각하는 바를 자신 있게 적어보자. (예시: 1번)

1 **Students** (are) ① busy  ② inexperienced  ③ should make a lot of friends  ④ should study hard

2 **Teachers** (are) ①_____ ②_____ ③_____ ④_____

3 **Children** (are) ①_____ ②_____ ③_____ ④_____

4 **Parents** (are) ①_____ ②_____ ③_____ ④_____

5 **College students** (should) ①_____ ②_____ ③_____ ④_____

6 **The Internet** (provides) ①_____ ②_____ ③_____ ④_____

7 **A library** (is) ①_____ ②_____ ③_____ ④_____

8 **Living in a dormitory** (is) ①_____ ②_____ ③_____ ④_____

9 **Playing sports** (is) ①_____ ②_____ ③_____ ④_____

10 **Taking on a part-time job enables people to** ①_____ ②_____ ③_____ ④_____

11 **The most important thing for students** (is) ①_____ ②_____ ③_____ ④_____

12 **Watching TV** (can) ①_____ ②_____ ③_____ ④_____

13 **Traveling abroad makes people** ①_____ ②_____ ③_____ ④_____

14 **Raising pets** ①_____ ②_____ ③_____ ④_____

15 **Reading literature** ①_____ ②_____ ③_____ ④_____

1  ① busy
   ② inexperienced
   ③ should make a lot of friends
   ④ should study hard

학생들은
① 바쁘다
② 경험이 부족하다
③ 많은 친구를 만들어야 한다
④ 열심히 공부해야 한다

2  ① experts
   ② people who help students acquire knowledge
   ③ enthusiastic
   ④ caring

선생님들은
① 전문가들이다
② 학생들이 지식을 얻도록 돕는 사람들이다
③ 열정적이다
④ 배려심이 많다

3  ① should experience a lot of new things
   ② adventurous
   ③ creative
   ④ need a lot of help from others

아이들은
① 새로운 것들을 많이 경험해야 한다
② 모험심이 강하다
③ 창의적이다
④ 다른 이들의 많은 도움을 필요로 한다

4  ① should listen to their children
   ② should give full attention to their child
   ③ should spend enough time playing with their child
   ④ great role models

부모들은
① 자녀의 말에 귀 기울여야 한다
② 자녀에게 충분한 관심을 주어야 한다
③ 자녀와 충분한 놀이 시간을 가져야 한다
④ 훌륭한 롤모델이다

5  ① take part in various activities
   ② spend a lot of time with friends
   ③ learn a new language
   ④ pursue passions and interests

대학생들은
① 다양한 활동에 참가한다
② 친구들과 많은 시간을 보낸다
③ 새로운 언어를 배운다
④ 열정과 관심사를 추구한다

6  ① immediate information
   ② diverse forms of entertainment
   ③ excellent forms of communication
   ④ a forum to express one's ideas

인터넷은
① 즉각적인 정보를 제공한다
② 다양한 형태의 오락을 제공한다
③ 훌륭한 형태의 소통을 제공한다
④ 생각을 표현할 수 있는 토론의 장을 제공한다

7  ① the best place to study
   ② preserves valuable knowledge
   ③ supports culture and creativity
   ④ provides an opportunity to socialize

도서관은
① 공부하기 위한 최고의 공간이다
② 가치 있는 지식을 보존한다
③ 문화와 창의성을 지지한다
④ 교류할 수 있는 기회를 제공한다

**8** ① allows students to save money

② helps students make friends

③ provides a convenient location

④ helps familiarize students with campus life

기숙사에서 생활하는 것은

① 학생들이 돈을 절약할 수 있게 해준다

② 학생들이 친구들을 사귈 수 있도록 돕는다

③ 편리한 위치를 제공한다

④ 학생들이 대학 생활에 익숙해질 수 있도록 돕는다

**9** ① improves concentration

② boosts self-confidence

③ improves your mood

④ a good way to build leadership

운동하는 것은

① 집중력을 향상시킨다

② 자신감을 북돋운다

③ 기분을 좋게 한다

④ 리더십을 기르는 좋은 방법이다

**10** ① gather valuable experiences

② learn life skills

③ fulfill needs on their own

④ work with others

파트타임으로 일하는 하는 것은 사람들이

① 가치 있는 경험을 쌓을 수 있도록 한다

② 삶의 기술을 배울 수 있도록 한다

③ 스스로 필요를 채울 수 있도록 한다

④ 타인과 함께 일할 수 있도록 한다

**11** ① to play sports

② to travel abroad

③ to read a lot of books

④ to participate in various activities

학생들에게 가장 중요한 것은

① 운동 경기를 하는 것이다

② 해외로 여행하는 것이다

③ 다독하는 것이다

④ 다양한 활동에 참여하는 것이다

**12** ① make people interact with others

② reduce stress

③ be a good topic for conversation

④ enable people to access a lot of information easily

TV 시청은

① 사람들이 타인과 교류할 수 있도록 한다

② 스트레스를 감소시킬 수 있다

③ 좋은 대화 주제가 될 수 있다

④ 사람들이 많은 정보에 쉽게 접근할 수 있도록 한다

**13** ① stop thinking about worries

② interact with people from different cultures

③ disconnect and recharge

④ boost creativity

해외여행을 하는 것은 사람들이

① 걱정에 대한 생각을 멈출 수 있도록 한다

② 다른 문화권 출신의 사람들과 교류할 수 있도록 한다

③ 일상과 분리되어 재충전할 수 있도록 한다

④ 창의력을 기를 수 있도록 한다

**14** ① helps people make friends

② lowers stress levels

③ increases opportunities for outdoor activities

④ helps people fight loneliness

반려동물을 기르는 것은

① 사람들이 친구를 만들 수 있도록 돕는다

② 스트레스 수준을 낮춘다

③ 야외 활동의 기회들을 증가시킨다

④ 사람들이 외로움을 물리칠 수 있도록 돕는다

**15** ① increases the ability to empathize

② strengthens the brain

③ motivates people to stay positive

④ broadens perspective

문학작품을 읽는 것은

① 공감 능력을 길러준다

② 뇌를 향상시킨다

③ 사람들이 긍정적으로 지내도록 동기를 부여한다

④ 시각을 넓혀준다

**문장별 표현 정리**

키워드가 정리되었다면 나의 답안이나 주어진 문제에 따라 활용할 수 있는 다양한 표현을 숙지한다.

## ▪ 자신의 의견을 나타내는 표현

질문에 대한 명확한 자신의 의견을 첫 문장으로 하여 답안을 시작한다.

> ▷ 내 생각에는  **I believe that = Personally, I think = In my opinion = As far as I'm concerned**

또한 다음과 같은 도입 문장을 통해 답변을 시작할 수도 있다.

> ▷ 그것은 흥미로운 질문이다.  **That is an interesting question.**

**That is an interesting question. Personally, I think** that reading novels is better than reading non-fiction books.

그것은 흥미로운 질문이다. 내 생각에는, 소설을 읽는 것이 논픽션 도서를 읽는 것보다 더 좋다.

**In my opinion,** money should be the most important factor when choosing a career.

내 생각에는, 돈은 직업을 선택할 때 가장 중요한 요소이어야 한다.

**As far as I am concerned,** it is much better for parents to be involved in the child's college admission process.

내 생각에는, 부모가 자녀의 대학 입학 과정에 관여하는 것이 훨씬 더 좋다.

## ▪ 문단과 문장을 나누는 시그널

다음의 시그널을 통해, 본문의 시작, 예시 제공, 다음 문단으로의 전환을 자연스럽게 제시해준다.

> ▷ [Body 1 시작]  우선  **First of all = To begin with**
> ▷ [Body 2 시작]  게다가  **Moreover = In addition = Furthermore = What's more**
> ▷ [예시로 추가 설명] 예를 들어  **For instance = For example**

**First of all,** people can broaden their perspective when they have discussions with others.

우선, 모든 사람들이 타인과 토론을 할 때, 그들의 시야를 넓힐 수 있다.

**What's more,** students can ask questions and get good answers from their teachers.

게다가, 학생들은 선생님들에게 질문을 하고 좋은 답변을 얻을 수 있다.

**For example,** I often visit my grandparents to have dinner with them.

예를 들어, 나는 종종 조부모님을 방문해서 함께 저녁 식사를 한다.

## ▪마무리 표현

답안 제시가 끝나고 시간이 충분히 남는 경우 활용하도록 하자.

- ▷ **In conclusion = To conclude**   결론적으로
- ▷ **On the whole**   전체적으로
- ▷ **For these reasons**   이러한 이유들로 인해
- ▷ **In other words**   다시 말해서
- ▷ **Therefore = So**   그러므로
- ▷ **To sum up**   요약하면

**In conclusion,** studying art is one of the most important things for children.

결론적으로, 미술을 공부하는 것은 아이들에게 가장 중요한 것 중 하나이다.

**Therefore,** I would prefer trying new, difficult things.

그러므로, 나는 새롭고 어려운 일들을 해보는 것을 선호한다.

**To sum up,** young adults should spend their time helping their local community.

요약하자면, 젊은이들은 그들의 지역 사회를 돕는 데 시간을 보내야 한다.

## ▪숨 고르기 표현

대답을 생각하는 데 시간이 걸리거나, 나의 답안 내용이 명확하게 연결되지 않을 경우 사용하도록 하자.

- ▷ **Well...**   음…
- ▷ **What I mean is that**   제가 하고자 하는 말은
- ▷ **To be specific**   구체적으로 말하자면
- ▷ **What I am trying to explain is that**   제가 설명하고자 하는 것은
- ▷ **And the thing is**   그리고 문제는

## 학습 전략 3 상황별 표현 정리

### ■ A or B / A, B, or C (선택 유형)

선택 유형 문제에서는 자신이 말하는 답안의 상대적 우위를 나타낼 수 있는 비교/대조 표현을 사용한다.

- ▷ **On the contrary** 반대로
- ▷ **Unlike** ~과 달리
- ▷ **It is true that ~ . However,** ~은 사실이다. 하지만,
- ▷ **Although = Even though** 비록 ~이지만
- ▷ **Some may argue that** 어떤 사람들은 ~라 주장할 수 있다
- ▷ **while = whereas** 반면에

**Unlike** taking a bus, people can save a lot of time by taking a taxi.
버스를 타는 것과 달리, 사람들은 택시를 탐으로써 많은 시간을 절약할 수 있다.

**It is true that** watching television news programs is helpful. **However,** ~
TV 뉴스 프로그램을 시청하는 것이 도움이 되는 것은 사실이다. 하지만, ~

**Although** studying alone can be comfortable, students would not be able to handle the whole process on their own.
비록 혼자 공부하는 것이 편할 수 있지만, 학생들은 그 모든 과정을 혼자 처리할 수는 없을 것이다.

### ■ Agree or Disagree (찬반 유형)

자신의 선택에 대한 명확한 근거 또는 예시를 제공하여 점수를 확보한다.

- ▷ **To be specific** 구체적으로
- ▷ **What I mean is** 내 말은
- ▷ **such as ~** ~과 같은
- ▷ **In the case of ~** ~의 경우에
- ▷ **For instance** 예를 들어
- ▷ **It would be a serious problem if ~** ~라면 심각한 문제일 것이다
- ▷ **If ~** 만일 ~라면

**To be specific,** teachers can understand their students better by assigning daily homework.

구체적으로, 교사들은 매일 숙제를 부과함으로써 자신의 학생들을 잘 이해할 수 있다.

Advanced technology **such as** smartphones can help the elderly get information easily.

스마트폰 같이 발전된 기술은 나이 드신 분들이 정보를 쉽게 얻도록 도울 수 있다.

**It would be a serious problem if** there were many mistakes in the work process.

작업 공정에서 많은 실수들이 있다면 심각한 문제가 될 것이다.

주어진 명제에 대해 동의하는 경우(Agree), 명제가 매우 효과적이고 긍정적인 영향이 있음을 강조하는 표현을 사용한다.

▷ **Certainly** 확실히

▷ **Clearly = Obviously** 분명히

▷ **Without a doubt** 의심의 여지없이

▷ **In order to** ~하기 위해

▷ **play an important role in** ~에 중요한 역할을 하다

**Certainly,** high-quality food plays an important role in students' academic performance.

확실히, 고품질 식품은 학생들의 학업 성취도에 중요한 역할을 한다.

**Obviously,** teenagers would be highly motivated if they got paid for good grades.

분명히, 십대들이 좋은 성적에 따라 돈을 받는다면 매우 큰 동기 부여가 될 것이다.

**Without a doubt,** reducing parking on campus would give students more space to enjoy their time.

의심의 여지없이, 교내에 주차 자리를 축소하는 것은 학생들에게 그들의 시간을 즐길 수 있는 더 많은 공간을 줄 것이다.

고득점 표현 정리

■ 내가 ~하는 데 어려움이 있을 때마다 **Whenever I have trouble doing**

**Whenever I have trouble sleeping**, I do something relaxing such as reading a book.

나는 잠자는 데 어려움이 있을 때마다, 독서와 같이 긴장을 풀어주는 무엇인가를 한다.

■ 가치 있는 능력들을 가르치다 **teach valuable skills**

Parents can **teach valuable skills** when they spend time reading together.

부모들은 함께 독서를 하면서 시간을 보낼 때, 가치 있는 능력들을 가르칠 수 있다.

■ 사람들에게 ~할 기회를 제공하다 **give people a chance to**

Helping their parents with household chores **gives children a chance to** build a strong relationship with their parents.

집안일을 하며 그들의 부모를 돕는 것은 자녀들에게 그들의 부모와 강한 유대감을 쌓을 기회를 제공한다.

■ ~와 더 많이 공감할 수 있다 **can relate more to**

Teachers **can relate more to** children when they play sports together.

교사들이 함께 스포츠를 할 때 아이들과 더 많이 공감할 수 있다.

■ ~에 완전히 집중할 수 있다 **can focus entirely on**

When studying in a café, I **can focus entirely on** my assignments.

카페에서 공부할 때, 나는 과제에 완전히 집중할 수 있다.

■ ~할 충분한 시간이 없다 **don't have enough time to**

Students **don't have enough time to** help their communities.

학생들은 그들의 지역 사회를 도울 충분한 시간이 없다.

■ ~과 관련해서 **When it comes to –ing**

**When it comes to** study**ing** abroad, the cost is one of the most important things to consider.

해외에서 공부하는 것과 관련해서, 비용은 고려해야 할 가장 중요한 요소 중 하나다.

■ 사람들이 ~하기는 너무 어렵다 **It is too difficult for people to**

**It is too difficult for first-year students to** do everything by themselves.

1학년 학생들이 스스로 모든 것을 하기는 너무 어렵다.

## 학습 전략 5 두 가지 이유 정리

앞에서 충분히 표현들을 학습했으면, 이제 본론에 들어갈 이유 두 개를 15초 동안 빠르게 생각해내는 훈련이 필요하다. 아래 제시된 두 가지 이유 세트를 통해 빠른 시간 내에 자신의 답변을 완성한다.

### ■ 스트레스 해소 + 타인과 교류 (적용 가능 토픽: 건강, 취미, 교육, 일상 생활 등)

▷ [이유1]   **relieve stress + Nowadays, ~**
스트레스를 풀다 + (추가 설명) 요즘, ~

▷ [이유2]   **interact with others + ~is/are a good topic for conversation**
타인과 교류하다 + (추가 설명) 대화의 좋은 주제

### 예제 1

Do you agree or disagree with the following statement? Students should be required to learn art and music in school. Use specific details and examples to support your answer.
다음 주장에 동의하는가, 아니면 동의하지 않는가? 학생들은 학교에서 미술과 음악을 배워야 한다. 구체적인 예시와 세부 정보를 활용해 의견을 뒷받침하시오.

▷ [나의 입장]   동의

▷ [이유1]   First of all, students can **relieve stress through art and music. Nowadays,** students are under great stress because of their schoolwork.
우선, 학생들은 미술과 음악을 통해 스트레스를 해소할 수 있다. 요즘, 학생들은 학업으로 인해 많은 스트레스를 받고 있다.

▷ [이유2]   Moreover, students can **interact with others**. To be specific, music and art are always **a good topic for conversation.**
게다가, 학생들은 타인과 교류할 수 있다. 구체적으로 말하자면, 음악과 미술은 항상 대화의 좋은 주제이다.

### 예제 2

Some universities require first-year students to live in dormitories on campus. Others allow first- year students to live off-campus. Which policy is better for first-year students? Use specific details and examples to support your answer.
몇몇 대학은 1학년들이 캠퍼스 기숙사에서 지내도록 요구한다. 다른 대학은 1학년 학생들이 캠퍼스 밖에서 지내는 것을 허용한다. 어떤 것이 1학년들에게 더 좋은 정책이라고 생각하는가? 구체적인 예시와 세부 정보를 활용해 의견을 뒷받침하시오.

▷ [나의 입장]   캠퍼스 기숙사

▷ [이유1]   To begin with, students can **relieve stress by living in a dormitory. Nowadays,** students have a lot of stress because of money.
우선, 학생들은 기숙사에서 지내며 스트레스를 풀 수 있다. 요즘, 학생들은 경제적인 이유로 많은 스트레스를 받는다.

▷ [이유2]   Moreover, students can **interact with other students**. Living on campus can be **a good topic for conversation.**
게다가, 학생들은 다른 학생들과 교류할 수 있다. 캠퍼스 안에서 생활하는 것은 대화의 좋은 주제가 될 수 있다.

## ■ 효과적 + 효율적 (적용 가능 토픽: 기술, 인터넷, 타인과의 교류 등)

▷ [이유1]  **effectively**(= do better) + **By -ing,**

효과적으로(= 더 잘 하다) + (추가 설명) ~함으로써,

▷ [이유2]  **efficiently**(= save time/money) + **It takes a lot of time for A to B**

효율적으로(= 시간/돈을 절약하다) + (추가 설명) A가 B하는 데 많은 시간이 걸리다

### 예제 1

When looking for information for a research project, some students prefer to get their information mainly from the Internet. Others prefer to mainly use printed materials such as books and academic journals. Which do you prefer, and why?

연구 과제를 위해 정보를 찾을 때, 어떤 학생들은 주로 인터넷에서 정보를 얻는 것을 선호한다. 다른 학생들은 주로 책이나 학술저널과 같은 인쇄물을 활용하는 것을 선호한다. 당신은 무엇을 선호하며, 그 이유는 무엇인가?

▷ [나의 입장]  인터넷에서 정보 얻는 것

▷ [이유1]  To begin with, people can study **effectively. By using** the Internet, people can find videos and images.

우선, 사람들은 효과적으로 공부할 수 있다. 인터넷을 이용함으로써, 사람들은 영상과 사진을 찾을 수 있다.

▷ [이유2]  In addition, people can study **efficiently. It takes a lot of time for people to** find information from books.

게다가, 사람들은 효율적으로 공부할 수 있다. 책에서 정보를 찾는 데엔 많은 시간이 소요된다.

### 예제 2

Some people prefer to study alone when preparing for an examination. Others believe that studying in a group is a better way to prepare. Which point of view do you agree with? Explain why.

몇몇 사람들은 시험 준비를 할 때 혼자 공부하는 것을 선호한다. 다른 이들은 모임에서 함께 공부하는 것이 더 좋은 방법이라고 생각한다. 당신은 어떤 의견에 동의하는가? 그 이유를 설명하시오.

▷ [나의 입장]  함께 공부

▷ [이유1]  First of all, students can **study better. By having** a discussion, they can pool their knowledge to solve problems together.

우선, 학생들은 더 공부를 잘 할 수 있다. 토론을 함으로써, 그들은 함께 문제를 해결하기 위해 그들의 지식을 모을 수 있다.

▷ [이유2]  And students can study **efficiently.** Clearly, **it takes a lot of time to** study everything alone.

그리고 학생들은 효율적으로 공부할 수 있다. 분명히, 모든 것을 혼자 공부하는 데엔 많은 시간이 소요된다.

## ■ 이용 가능한 + (가격이) 알맞은 (적용 가능 토픽: 기술, 인터넷, 대중교통, 일상 생활 등)

▷ [이유1]  **available + There are a lot of ~**

이용 가능한 + (추가 설명) ~이 많이 있다

▷ [이유2]  **affordable + Compared to ~**

(가격이) 알맞은 + (추가 설명) ~과 비교해 볼 때

### 예제 1

Do you agree or disagree with the following statement? People today have healthier lifestyles than people did 100 years ago. Use specific examples and details to support your opinion.

다음 주장에 동의하는가, 아니면 동의하지 않는가? 요즘 사람들은 100년 전의 사람들보다 더 건강한 생활 방식을 가지고 있다. 구체적인 예시와 세부 정보를 활용해 의견을 뒷받침하시오.

▷ [나의 입장]  동의

▷ [이유1]  It is because healthy food is **available** on the Internet. **There are a lot of** online shops selling healthy food.

왜냐하면 인터넷을 통해 건강한 음식을 얻을 수 있기 때문이다. 건강한 음식을 판매하는 많은 온라인 매장이 있다.

▷ [이유2]  Furthermore, healthy food is **affordable** nowadays. **Compared to** the past, people can easily find products for reasonable prices.

게다가, 요즘 건강한 음식이 적당한 가격에 판매된다. 과거와 비교해 볼 때, 사람들은 합리적인 가격의 제품을 쉽게 찾을 수 있다.

### 예제 2

Some people prefer to travel around a city by bus. Others prefer to take a taxi. Which one do you prefer and why?

어떤 사람들은 버스를 이용해 도시에서 여기저기 이동하는 것을 선호한다. 다른 사람들은 택시를 타는 것을 선호한다. 당신은 무엇을 선호하며, 그 이유는 무엇인가?

▷ [나의 입장]  버스

▷ [이유1]  What I mean is that buses are **available** everywhere. **There are a lot of** bus stops in a city.

내가 하고자 하는 말은 버스는 모든 곳에서 이용 가능하다는 것이다. 도시에는 버스 정류장이 많이 있다.

▷ [이유2]  Also, it is **affordable** to take a bus. **Compared to** a taxi, people can travel wherever they want on a bus for a low price.

또한, 버스는 적당한 가격으로 이용할 수 있다. 택시와 비교해 볼 때, 사람들은 원하는 곳은 어디든지 적은 비용으로 버스로 이동할 수 있다.

**시야를 넓히다 + 새로운 친구를 만들다** (적용 가능 토픽: 타인과의 교류, 교육 분야, 다양한 활동 참여 등)

▷ **[이유1]** **broaden perspective + communicate and share ideas with others**

시야를 넓히다 + (추가 설명) 타인과 소통하고 생각을 공유하다

▷ **[이유2]** **make new friends + give an opportunity to meet people from diverse backgrounds**

새 친구들을 만들다 + (추가 설명) 다양한 배경을 지닌 사람들을 만날 기회를 주다

## 예제 1

Do you agree or disagree with the following statement? Parents should encourage their children to take on part-time jobs. Use specific examples and details to support your opinion.

다음 주장에 동의하는가, 아니면 동의하지 않는가? 부모들은 자녀들이 파트타임 일을 하도록 권장해야 한다. 구체적인 예시와 세부 정보를 활용해 의견을 뒷받침하시오.

▷ **[나의 입장]**    동의

▷ **[이유1]**    To begin with, teenagers can **broaden their perspective**. They can **communicate and share ideas with others** while working.

우선, 십대들은 그들의 시야를 넓힐 수 있다. 그들은 일하면서 다른 사람들과 소통하고 생각을 공유할 수 있다.

▷ **[이유2]**    Moreover, teenagers can **make new friends**. Part-time jobs **give an opportunity to meet people from diverse backgrounds**.

게다가, 십대들은 새로운 친구들을 사귈 수 있다. 파트타임 일은 다양한 배경을 지닌 사람들을 만날 수 있는 기회를 준다.

## 예제 2

Some students think it is good to travel abroad during their college life. Others think it is good to focus on academic courses for their future career. Which one do you prefer, and why?

어떤 학생들은 대학 생활 중에 해외로 여행하는 것이 좋다고 생각한다. 다른 학생들은 미래의 진로를 위해 학업에 집중하는 것이 좋다고 생각한다. 당신은 무엇을 선호하며, 그 이유는 무엇인가?

▷ **[나의 입장]**    해외 여행

▷ **[이유1]**    First of all, students can **broaden their perspective**. Students can **communicate and share ideas** while traveling.

우선, 학생들은 그들의 시야를 넓힐 수 있다. 학생들은 여행하면서 소통하고 생각을 공유할 수 있다.

▷ **[이유2]**    Moreover, students can **make new friends**. Traveling abroad is **the best opportunity to meet people from different cultures and backgrounds**.

게다가, 학생들은 새로운 친구들을 사귈 수 있다. 해외여행은 다양한 문화와 배경을 지닌 사람들을 만날 수 있는 최고의 기회이다.

# 03 Practice Test

앞서 정리한 다양한 키워드와 표현, 그리고 두 가지 이유의 유연한 결합을, 다양한 기출 문제를 풀어보며 연습해 본다.

## 실전문제 1

◀》Speaking_Q1_1

---

**TOEFL**                                                                    VOLUME

| Speaking | | Question 1 of 4 |
|---|---|---|

A university is considering making it mandatory for all students to own a laptop. Do you agree or disagree with this policy? Give specific reasons to support your opinion.

---

Preparation Time    15 Seconds
Response Time       45 Seconds

| PREPARATION TIME |
|---|
| 00:00:15 |

---

# 실전문제 2

---

**TOEFL**                                                                    VOLUME

| Speaking | | Question 1 of 4 |
| --- | --- |

Some people like to shop online. Other people prefer to visit stores in person to do their shopping. Which do you prefer? Explain why.

---

Preparation Time    15 Seconds
Response Time     45 Seconds

| PREPARATION TIME |
| --- |
| 00:00:15 |

# 실전문제 3

---

## TOEFL

VOLUME

**Speaking |** **Question 1 of 4**

---

What are the advantages and disadvantages of allowing workers to have flexible working hours? Use specific examples and details to support your opinion.

---

Preparation Time    15 Seconds
Response Time    45 Seconds

| PREPARATION TIME |
| :---: |
| 00:00:15 |

---

# 실전문제 4

---

## TOEFL

VOLUME

| Speaking | Question 1 of 4 |
|---|---|

If you were asked to gather public opinions for a school or work assignment, would you prefer to conduct a survey in person, create an online survey, or send out a survey by mail? Use details and examples to explain your choice.

---

Preparation Time    15 Seconds
Response Time     45 Seconds

| PREPARATION TIME |
|---|
| 00:00:15 |

# 실전문제 5

Do you agree or disagree with the following statement?

**Children should be given money for doing household chores such as washing dishes.**

Use specific examples and details to support your opinion.

Preparation Time    15 Seconds
Response Time    45 Seconds

| PREPARATION TIME |
| --- |
| 00:00:15 |

# 실전문제 6

---

## TOEFL

VOLUME

| Speaking | Question 1 of 4 |

Some people believe that eighteen-year-olds are not mature enough to vote. Do you agree or disagree with this belief? Use specific examples and details to support your opinion.

---

Preparation Time  15 Seconds
Response Time  45 Seconds

| PREPARATION TIME |
| --- |
| 00:00:15 |

# 실전문제 7

---

## TOEFL

VOLUME

| Speaking | | Question 1 of 4 |
|---|---|

Some people like to keep their schedules clear and not plan anything in advance. Others prefer to carefully schedule various activities for the weeks or months ahead. Which do you prefer, and why?

---

Preparation Time    15 Seconds
Response Time      45 Seconds

| PREPARATION TIME |
|---|
| 00:00:15 |

# 실전문제 8

## TOEFL

VOLUME

| Speaking | | Question 1 of 4 |

State whether you agree or disagree with the following statement. Then explain your reasons, using specific details in your explanation.

**People are more likely to enjoy themselves at concerts or films if they go with a group of friends.**

| Preparation Time | 15 Seconds |
| Response Time | 45 Seconds |

| PREPARATION TIME |
| --- |
| 00:00:15 |

# 실전문제 9

Do you agree or disagree with the following statement?

**When it comes to choosing a future career, parents should be involved in their children's decision-making process.**

Use specific examples and details to support your opinion.

---

Preparation Time    15 Seconds
Response Time       45 Seconds

| PREPARATION TIME |
| --- |
| 00:00:15 |

# 실전문제 10

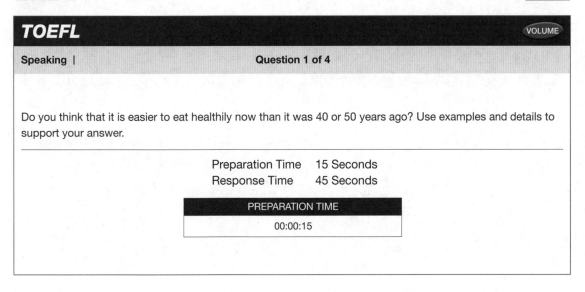

*TOEFL*    VOLUME

**Speaking |**        **Question 1 of 4**

Do you think that it is easier to eat healthily now than it was 40 or 50 years ago? Use examples and details to support your answer.

Preparation Time    15 Seconds
Response Time    45 Seconds

PREPARATION TIME
00:00:15

toefl.siwonschool.com

# Integrated Task: Question 2

# 01 Introduction to Question 2

## 문제 핵심 포인트

- **유형**　Integrated Task(통합형 과제) : Reading과 Listening의 종합적인 내용 말하기

- **시간**　30초 준비시간 + 60초 답변시간

- **질문**　학교의 계획(plan) 또는 공지(announcement)에 따른 학생의 의견을 말하고, 그 근거를 설명하는 방식

### 질문 예시

**The woman expresses** her opinion of the university's plan. **Describe her opinion and her reasons** for holding that opinion.

여성은 대학의 계획에 대한 자신의 의견을 말한다. 그녀의 의견 및 그러한 의견을 갖고 있는 이유를 설명하시오.

## 문제 접근 전략

- **Reading**　지문의 내용을 주어진 50초 간 노트테이킹

  ▷ [주제] 지문의 제목을 to부정사로 정리

  　　**to shorten the operating hours of the campus gym** 캠퍼스 체육관의 운영 시간 단축

  ▷ [근거 1] 글의 중간 지점에 있는 첫 번째 근거 확인 및 정리

  　　**have fewer visitors at this time** 이 시간대에는 방문객이 적다

  ▷ [근거 2] 글의 마지막 지점에 있는 두 번째 근거 확인 및 정리

  　　**due to the recent budget cuts** 최근 예산 삭감으로 인해

- **Listening**　동사를 중심으로 주된 화자의 주장 노트테이킹

  ▷ [동사 예]　**provide, make, require, study, communicate** 등

## 답변 평가 기준

- **평가 원리**　전달력, 언어 사용, 그리고 주제 전개 영역의 각 점수(0~4점) 평균값

- **평가 기준**

| 전달력 (Delivery) | 언어 사용 (Language Use) | 주제 전개 (Topic Development) |
|---|---|---|
| 분명한 발음<br>+ 자연스러운 속도로 답변 제시 | 효과적인 어휘 사용<br>+ 복문과 단문 등 다양한 문법 | 명확한 주제 전개<br>+ 적합한 세부 내용 포함 |

# 고득점을 위한 연습 방법

- 타이머를 활용하여 60초 답변 시간 감각 익히기
- Question 2와 관련된 어휘 및 표현(Vocabulary and Expressions), 대학교 생활에 대한 배경지식 숙지하기
- 만점(4점) 답안에 사용된 구성으로 답변 연습하기

# 만점 답안 구성

| | |
|---|---|
| ▷ [주제 정리] | Two students are discussing the college's plan to shorten the operating hours of the campus gym. |
| ▷ [화자의 의견] | And the man is against the plan for two reasons. |
| ▷ [지문과 화자의 접점] | First, the man thinks that having fewer students at that time is not a problem. |
| ▷ [세부사항] | That is because most students think that evenings are the best time to exercise. Also, some students prefer to go to the gym during lunchtime. |
| ▷ [지문과 화자의 접점] | Second, the man does not agree with the issue related to the budget cuts. |
| ▷ [세부사항] | He points out that there is only one employee working and the cost doesn't seem that high. He argues that it seems to be an excuse. |
| ▷ [마무리] | These are the two reasons why the man is against the plan. |

| | |
|---|---|
| ▷ [주제 정리] | 두 학생은 캠퍼스 체육관의 운영 시간을 단축하기 위한 대학의 계획에 대해 논의하고 있다. |
| ▷ [화자의 의견] | 그리고 남성은 두 가지 이유로 그 계획에 반대한다. |
| ▷ [지문과 화자의 접점] | 첫째, 남성은 그 시간에 학생 수가 적은 것은 문제가 되지 않는다고 생각한다. |
| ▷ [세부사항] | 왜냐하면 대부분의 학생들이 저녁이 운동하기에 가장 좋은 시간이라고 생각하기 때문이다. 또한, 어떤 학생들은 점심시간에 체육관에 가는 것을 선호한다. |
| ▷ [지문과 화자의 접점] | 둘째, 남성은 예산 삭감에 관한 문제에 동의하지 않는다. |
| ▷ [세부사항] | 그는 일하는 직원은 오직 한 명이기에 비용이 많이 들지 않는 것처럼 보인다고 지적한다. 그는 그것이 변명처럼 보인다고 주장한다. |
| ▷ [마무리] | 이것들이 남성이 계획에 반대하는 두 가지 이유들이다. |

# 02 Strategies for Question 2

Question 2의 고득점을 위해, 시험에 자주 출제되는 내용(캠퍼스 내 시설물에서 일어나는 상황)을 미리 숙지하여 빠르게 노트테이킹을 할 수 있도록 한다.

학습 전략 1 **빈출 키워드별 어휘 정리**

## 1. Housing renovation 주택 개조

① **improve the quality of life** 삶의 질을 향상시키다
② **make the dormitory more appealing** 기숙사를 더욱 매력적으로 만들다

## 2. Electronic textbooks 전자 교과서

① **an effective study aid** 효과적인 교구
② **save money in the long run** 장기적으로 돈을 절약하다

## 3. Advisor meeting 지도교수 면담

① **provide necessary information for graduation requirement**
졸업 요건에 필요한 정보를 제공하다
② **ask questions and get advice** 질문을 하고 조언을 받다

## 4. Daily E-mail from the University 대학에서 보내는 일일 이메일

① **get up-to-date information** 최신 정보를 얻다
② **be part of students' daily lives** 학생들의 일상생활에서 일부가 되다


## 5. Entering a sports competition 체육 대회 참가

① **make the quality of practice better** 연습의 질을 향상시키다
② **strengthen the reputation of the university's program** 대학 프로그램의 명성을 강화하다

## 6. Personal study cubicles in the library 도서관 내 개인 칸막이 공간

① **work in isolation and concentrate better** 홀로 공부하면서 집중력을 높이다
② **maximize space efficiency** 공간 효율을 극대화하다


## 7. College radio station 대학 라디오 방송국

① **attract students to apply to its program** 학생들에게 방송국 프로그램에 지원하게 하다
② **encourage businesses to place commercials** 기업들에게 광고를 내도록 장려하다

## 8. Café in the library 도서관 내 카페

① **take a short break** 잠깐 쉬다
② **study and eat with classmates/colleagues** 학우들과/동료들과 함께 공부하고 식사하다

## 9. Audit class 청강하기

① **provide an opportunity to experience a variety of different classes**
다양한 수업을 경험할 기회를 제공하다

② **create no difficulty for professors** 교수에게 큰 어려움을 주지 않다

## 10. Ride-sharing program 승차 공유 프로그램

① **save money by driving to campus in groups** 그룹으로 캠퍼스에 차를 타고가서 돈을 절약하다
② **have a positive impact on the environment** 환경에 긍정적인 영향을 끼치다


## 11. Theatre program at the University 대학의 연극 프로그램

① **allow students to relax and enjoy activities** 학생들에게 휴식하고 활동들을 즐길 수 있도록 하다
② **benefit people in the locality** 지역 사람들에게 도움이 되다

## 12. Laptops in the classroom 강의실 내 노트북

① **assist students to gain more understanding of the lecture**
강의에 대한 이해를 높일 수 있도록 학생들을 돕다

② **allow students to take notes easier** 학생들에게 노트 필기를 더 쉽게 할 수 있도록 하다

## 13. Campus dining club 캠퍼스 회식 모임

① **give students valuable experience** 학생들에게 귀중한 경험을 주다

② **provide food at a reasonable price** 합리적인 가격으로 음식을 제공하다

## 14. Professor evaluation 교수 평가

① **make professors motivated** 교수들의 의욕을 북돋우다
② **enable students to obtain more information** 학생들에게 더 많은 정보를 얻을 수 있도록 하다

## 15. Physical education 체육

① **necessary for students' health** 학생의 건강을 위해 필요
② **discover something students enjoy doing** 학생들이 즐겨하는 것을 발견하다

# 문장별 표현 정리

키워드가 정리되었다면 나의 답안이나 주어진 문제에 따라 활용할 수 있는 다양한 표현을 숙지한다.

## ▪ 본문의 첫 문장(claim)

### 화자의 의견을 나타내는 표현

- ▷ **The man / woman argues that**  남성/여성은 ~라고 주장한다
- ▷ **The man / woman believes that**  남성/여성은 ~라고 믿는다
- ▷ **The man / woman states that**  남성/여성은 ~라고 말한다

### 공지나 편지에서 놓친 포인트를 강조하는 경우

- ▷ **The man / woman points out that**  남성/여성은 ~라고 지적한다
- ▷ **The man / woman emphasizes that**  남성/여성은 ~라고 역설한다
- ▷ **The man / woman stresses that**  남성/여성은 ~라고 강조한다

### 공지나 편지의 내용을 인정하는 경우

- ▷ **The man / woman agrees that**  남성/여성은 ~에 동의한다
- ▷ **The man / woman thinks that (지문의 근거) is a good idea.**  남성/여성은 ~이(가) 좋은 생각이라고 생각한다
- ▷ **The man / woman believes that (지문의 근거) is true.**  남성/여성은 ~이(가) 사실이라고 믿는다

### 공지나 편지의 내용을 부정하는 경우

- ▷ **The man / woman does not think that**  남성/여성은 ~라고 생각하지 않는다
- ▷ **The man / woman does not agree that**  남성/여성은 ~에 동의하지 않는다
- ▷ **The man / woman refutes that**  남성/여성은 ~이라고 반박한다

## ▪ 본문의 두 번째 문장 이하 내용(reason)

### 이유를 나타내는 표현

▷ **It is because**   때문에

▷ **The reason is that**   이유가 무엇인가 하면

### 구체적인 내용을 제시하는 표현

▷ **To be specific**   구체적으로 말하자면

▷ **To illustrate this**   이를 설명하기 위해

▷ **In fact**   사실

### 예시를 드는 경우

▷ **For example / For instance**   예를 들어

▷ **In his/her case**   그/그녀의 경우

## ▪ 마무리 표현

답안 말하기가 끝나고 시간이 충분히 남는 경우 활용하도록 하자.

▷ **These are the two reasons why the man / woman is [in support of / against] the [plan / letter].**

이것이 남성/여성이 [계획/편지]를 [지지/반대]하는 두 가지 이유이다.

- **~할 기회를 제공하다 provide an opportunity to**

In fact, she supports the idea that this internship program **provides an opportunity to** gain work experience.

사실, 그녀는 이 인턴쉽 프로그램이 실무 경험을 얻을 기회를 제공한다는 생각을 지지한다.

- **몇몇 교육적 이점을 갖다 have some educational benefits**

He believes that this orientation program might **have some educational benefits**.

그는 이 오리엔테이션 프로그램이 몇몇 교육적인 이점을 가질 수 있다고 믿는다.

- **수업의 질에 영향을 미치다 affect the quality of class**

She thinks that allowing students to audit classes would **affect the quality of class discussion**.

그녀는 학생들에게 수업을 청강하는 것을 허용하면 수업 토론의 질에 영향을 미칠 것이라고 생각한다.

- **학업 과정에 대한 추가 지원이 필요하다 need additional support with academic courses**

Students who **need additional support with academic courses** will love this program.

학업 과정에 추가적인 지원이 필요한 학생들은 이 프로그램을 좋아할 것이다.

- **수업 준비를 훨씬 더 용이하게 만들다 make preparing for classes a lot easier**

She says that E-books **made preparing for classes a lot easier**.

그녀는 전자 도서가 수업 준비를 훨씬 더 용이하게 만들었다고 말한다.

- **예산에 부담을 주다 put a strain on the budget**

He thinks that this will not **put any strain on the budget**.

그는 이것이 예산에 어떤 부담도 주지 않을 것이라고 생각한다.

- **방해가 될 수 있으며 불편을 초래할 수 있다 can be disruptive and create inconveniences**

In fact, this housing renovation **can be disruptive and create inconveniences**.

사실, 이 주거지(기숙사) 보수 공사는 방해가 될 수 있으며 불편을 초래할 수 있다.

## ~하도록 학생들을 격려하다 encourage students to

Taking a writing class would **encourage students to** express their ideas and messages clearly and directly.

글쓰기 수업을 듣는 것은 학생들이 그들의 생각과 메시지를 명확하고 직접적으로 표현하도록 격려할 것이다.

## 현실적이지 않아 보이다 do not seem practical

Also, her second suggestion **doesn't seem practical** to me.

또한, 그녀의 두 번째 제안은 나에게 현실적이지 않아 보인다.

## 정보에 접근하다 get access to information

New students can **get access to information** about the program from another student's point of view.

신입생들은 다른 학생의 관점에서 프로그램에 대한 정보에 접근할 수 있다.

**학습 전략 4** 템플릿 정리

| | |
|---|---|
| 주제 정리 | **Two students are discussing the [college's plan / student's letter] to [제목].**<br>두 학생이 [제목]에 대한 [대학의 계획/학생의 편지]에 대해 토론하고 있다. |
| 화자의 의견 | **And the [man / woman] is [in support of / against] the [plan / letter] for two reasons.**<br>그리고 [남성/여성]은 두 가지 이유로 [계획/편지]를 [지지/반대]한다. |
| 지문과 화자의 접점 ❶ | 긍정의 경우<br>**First(= To begin with = First of all), the [man / woman] believes that [본문 제시된 내용] is [a good idea / right].**<br>첫째(= 먼저 = 우선), [남성/여성]은 [본문 제시된 내용]이 [좋은/옳은 생각]이라고 믿는다.<br><br>부정의 경우<br>**First(= To begin with = First of all), the [man / woman] believes that [본문 제시된 내용] is [a bad idea / not true].**<br>첫째(= 먼저 = 우선), [남성/여성]은 [본문 제시된 내용]이 [좋지 않은 생각이라고/사실이 아니라고] 믿는다. |
| 지문과 화자의 접점 ❷ | 긍정의 경우<br>**Moreover(= Second = In addition), the [man / woman] believes that [본문 제시된 내용] is [a good idea / right].**<br>게다가(= 둘째로 = 더구나) [남성/여성]은 [본문 제시된 내용]이 [좋은/옳은 생각]이라고 믿는다.<br><br>부정의 경우<br>**Moreover(= Second = In addition), the [man / woman] believes that [본문 제시된 내용] is [a bad idea / not true].**<br>게다가(= 둘째로 = 더구나) [남성/여성]은 [본문 제시된 내용]이 [좋은/옳은 생각]이라고 믿는다. |
| 세부사항 | 원인 설명<br>**It is because ~**<br>그 이유는 ~<br><br>부연 설명<br>**[He/She] mentions that / points out that / emphasizes that / believes that ~**<br>[그/그녀]는 ~을 언급한다/지적한다/강조한다/믿는다. |
| 마무리 | **These are the two reasons why the [man / woman] is [in support of / against] the [plan / letter].**<br>이것이 [남성/여성]이 [계획/편지]를 [지지/반대]하는 두 가지 이유이다. |

# 03 Practice Test

## 실전문제 1

◀) Speaking_Q2_1

---

**TOEFL** VOLUME

Speaking | Question 2 of 4

*Running Time: 45 Seconds*

### University to Stop Random Matching of Roommates

The university is planning to start matching first-year students with dormitory roommates who share similar interests, rather than continuing the standard practice of assigning roommates randomly. New students will now be asked to complete a survey about their hobbies and interests prior to their arrival on campus. The university hopes that by grouping together roommates who share common interests, the experience of first-year students will be more comfortable. An additional benefit of the change is that fewer students will ask to move rooms during the academic year, which reduces the workload of housing officers.

---

**TOEFL** VOLUME

Speaking | Question 2 of 4

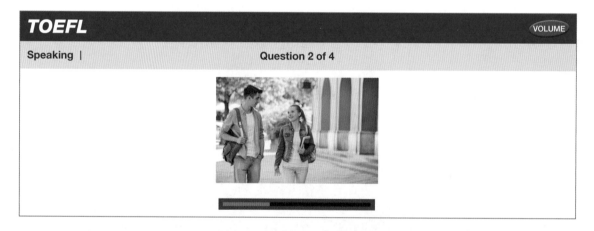

---

**TOEFL** VOLUME

Speaking | Question 2 of 4

The man expresses his opinion about the university's plan. State his opinion and explain the reasons he gives for holding it.

Preparation Time    30 Seconds
Response Time    60 Seconds

| PREPARATION TIME |
|---|
| 00:00:30 |

# 실전문제 2

---

**_TOEFL_**                                                                                          VOLUME

Speaking |                                    **Question 2 of 4**

---

_Running Time: 45 Seconds_

### New Café to Open in the Library

The university is pleased to announce the construction of a café in the reception area of the library. University officials believe the café will be a convenient addition for students studying in the library. Students who often study in the library have complained that they have to leave the library whenever they want to buy food, and this disrupts their study routine. Officials are also confident that students will be more productive overall if they are able to take short breaks from their studies to visit the on-site café.

---

**_TOEFL_**                                                                                          VOLUME

Speaking |                                    **Question 2 of 4**

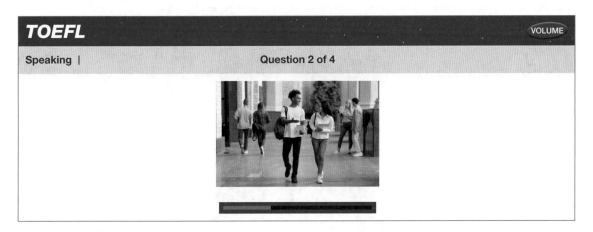

---

**_TOEFL_**                                                                                          VOLUME

Speaking |                                    **Question 2 of 4**

The woman expresses her opinion of the university's plan. Describe her opinion and her reasons for holding that opinion.

---

|                       |            |
|-----------------------|------------|
| Preparation Time      | 30 Seconds |
| Response Time         | 60 Seconds |

| PREPARATION TIME |
|:----------------:|
| 00:00:30         |

# 실전문제 3

◀⦙) Speaking_Q2_3

---

## TOEFL                                                         VOLUME

Speaking |                         **Question 2 of 4**

*Running Time: 45 Seconds*

### New Course Checker Web Site

In order to meet graduation requirements, students must pass specific courses in their particular fields of study. Up until now, academic advisors have been responsible for keeping students on track to meet those requirements. Starting next semester, however, students can take advantage of a new course checker Web site to make sure they meet their requirements. The Web site will allow students to easily check which courses they still need to pass in order to graduate, and which courses they have already completed, so they can plan their study schedule more efficiently. In addition, the Web site will help alleviate some of the burden placed on academic advisors by reducing the need for meetings about course requirements.

---

## TOEFL                                                         VOLUME

Speaking |                         **Question 2 of 4**

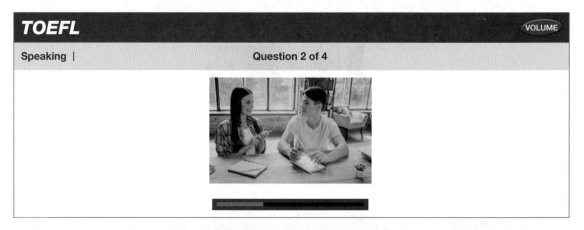

---

## TOEFL                                                         VOLUME

Speaking |                         **Question 2 of 4**

The woman expresses her opinion about the plan described in the article. Briefly summarize the plan. Then state her opinion about the plan and explain the reasons she gives for holding that opinion.

Preparation Time    30 Seconds
Response Time    60 Seconds

| PREPARATION TIME |
| --- |
| 00:00:30 |

# 실전문제 4

---

**TOEFL**  VOLUME

Speaking |                          Question 2 of 4

*Running Time: 45 Seconds*

### New Writing Center

At the beginning of next semester, a new writing center will be opened on the university campus. The university believes the facility will help students to improve their writing. Tutors at the center will teach students how to express their ideas more effectively in writing. According to university representative Jim Ashmore, "Students are increasingly required to submit written assignments such as essays and research papers, so the new writing center will help them to boost their grades." Ashmore added, "And, because the university intends to staff the center with senior students who have an aptitude for writing, it will provide several attractive job opportunities."

---

**TOEFL**  VOLUME

Speaking |                          Question 2 of 4

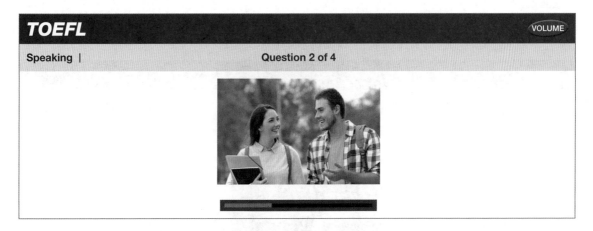

---

**TOEFL**  VOLUME

Speaking |                          Question 2 of 4

The man expresses his opinion about the plan described in the article. Briefly summarize the plan. Then state the man's opinion about the plan and explain the reasons he gives for holding that opinion.

---

Preparation Time     30 Seconds
Response Time        60 Seconds

| PREPARATION TIME |
|---|
| 00:00:30 |

# 실전문제 5

---

*Running Time: 45 Seconds*

### Physical Education Should Be Compulsory

Currently, all physical education classes at our university are optional, and I believe this should be changed. It should be compulsory for all students to take at least one physical education class, such as athletics, soccer, or badminton. Exercise is crucial for everyone, and I really doubt that most students here are exercising enough, as the campus gym is usually empty whenever I go there. An added benefit of making physical education classes mandatory is that students may find that they really enjoy the activity they sign up for. This can help them not only with improving their health, but also with making new friends and discovering new interests.

Regards,
Brittany Fleming

---

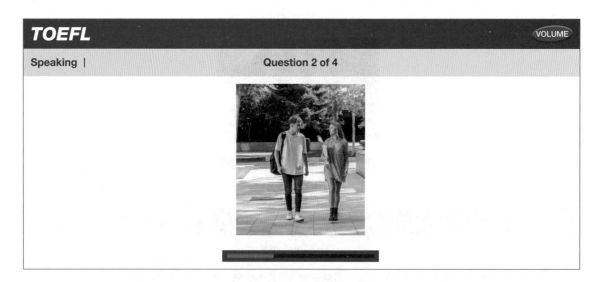

---

The man expresses his opinion about the proposal described in the letter. Briefly summarize the proposal. Then state his opinion about the proposal and explain the reasons he gives for holding that opinion.

| Preparation Time | 30 Seconds |
|---|---|
| Response Time | 60 Seconds |

PREPARATION TIME
00:00:30

# 실전문제 6

---

**TOEFL** VOLUME

Speaking | Question 2 of 4

---

*Running Time: 45 Seconds*

### Posters No Longer Permitted Inside the Library

In the past, the university has allowed students to put up posters promoting clubs and events on the walls in the library's reception area. Starting next March, however, students will not be permitted to post anything on any walls inside the library. According to a university official, this policy is designed to make the library appear like a better environment for studying. "Having all these posters on the walls is too distracting for students," she said, "so we want to get rid of them." She noted that posters can still be put up on the noticeboards at the library entrance. "Students can use the noticeboards at the library's front door to promote things, so the policy change won't make much of a difference."

---

**TOEFL** VOLUME

Speaking | Question 2 of 4

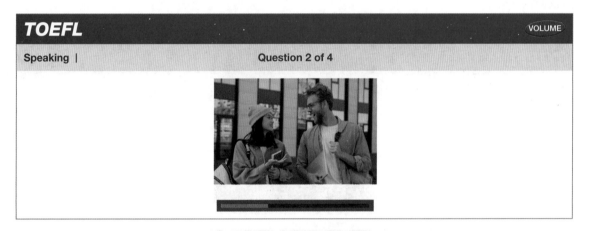

---

**TOEFL** VOLUME

Speaking | Question 2 of 4

---

The woman expresses her opinion about the new policy. Briefly describe the policy. Then state the woman's opinion about the policy and explain the reasons she gives for holding that opinion.

Preparation Time    30 Seconds
Response Time    60 Seconds

| PREPARATION TIME |
| --- |
| 00:00:30 |

# 실전문제 7

---

**TOEFL** VOLUME

Speaking | Question 2 of 4

*Running Time: 45 Seconds*

### Textbook List Should Be Viewable Earlier

I think it's unfortunate that students cannot find out which textbooks are required for their new courses until the first week of the semester. Many students register for their courses several weeks or months in advance, and I think students should be able to view the textbook list for each class as soon as they have completed the registration process. This way, students would have plenty of time to look around and find better deals on textbooks. Plus, it would enable students to get a head start on reading in their own time so that they are better prepared for their upcoming coursework.

Sincerely,
Lucy Greene

---

**TOEFL** VOLUME

Speaking | Question 2 of 4

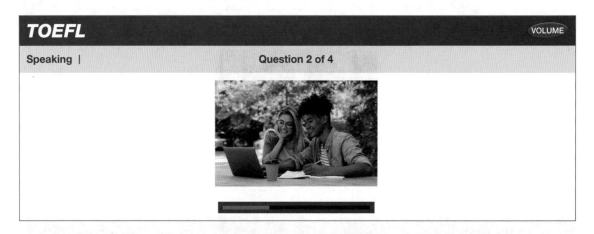

---

**TOEFL** VOLUME

Speaking | Question 2 of 4

The man expresses his opinion about the proposal described in the letter. Briefly summarize the proposal. Then state his opinion about the proposal and explain the reasons he gives for holding that opinion.

---

Preparation Time    30 Seconds
Response Time      60 Seconds

| PREPARATION TIME |
| :---: |
| 00:00:30 |

# 실전문제 8

## TOEFL

VOLUME

**Speaking |**                              **Question 2 of 4**

*Running Time: 45 Seconds*

### Online Scheduling System Ready to Start

The university is pleased to announce the implementation of a new online scheduling system that will facilitate the arranging of meetings between students and professors. Currently, students must contact professors by e-mail whenever they wish to schedule a meeting to discuss assignments and course-related issues. The new system will make scheduling meetings much simpler. Students will select an available meeting date and time via the university's Web site, and professors will be instantly notified. This will also lessen the burden on professors, who receive a large number of e-mails each day.

## TOEFL

VOLUME

**Speaking |**                              **Question 2 of 4**

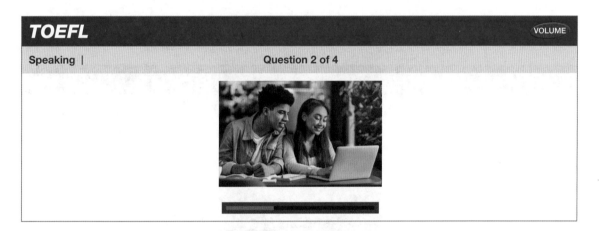

## TOEFL

VOLUME

**Speaking |**                              **Question 2 of 4**

The woman expresses her opinion of the university's plan. Briefly summarize the plan. Then state her opinion about the plan and explain the reasons she gives for holding that opinion.

Preparation Time    30 Seconds
Response Time     60 Seconds

| PREPARATION TIME |
| --- |
| 00:00:30 |

# 실전문제 9

---

**TOEFL**  VOLUME

Speaking |                    **Question 2 of 4**

*Running Time: 45 Seconds*

### Site of New Parking Lot

I was happy to find out that the college is planning to construct a new parking lot so that there are more spaces for the growing number of cars on campus. I know that a site for the new lot has not yet been chosen, so I would like to recommend that they use Eastern Plaza. This plaza has not been used to host any special events or ceremonies since the college's new outdoor stage was installed almost 3 years ago. Now, it seems to serve no purpose, so the college might as well convert it into a parking lot. Students who live on campus always struggle to find parking spaces, and those living off campus would welcome the additional lot, too.

Regards,
Craig Brown

---

**TOEFL**  VOLUME

Speaking |                    **Question 2 of 4**

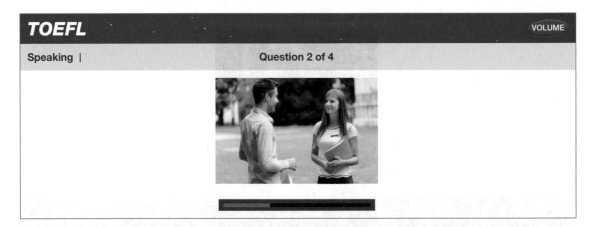

---

**TOEFL**  VOLUME

Speaking |                    **Question 2 of 4**

The woman expresses her opinion about the student's suggestion that is made in the letter. State the woman's opinion and explain the reasons she gives for holding that opinion.

Preparation Time    30 Seconds
Response Time    60 Seconds

| PREPARATION TIME |
| --- |
| 00:00:30 |

# 실전문제 10

**TOEFL**  VOLUME

Speaking |                            Question 2 of 4

*Running Time: 45 Seconds*

### Change to Electronic Textbooks

Starting next semester, the university will start reducing the use of traditional paper textbooks. Instead, students will be able to use electronic devices to download textbook contents and read them directly from the screen. These devices will cost approximately $250, but there are no further costs for hardware or upgrades after that initial payment. This will allow students to save money over time, as the electronic textbook contents are significantly cheaper than regular textbooks. In addition, because the device is easy to use and includes several helpful features like in-text notes and highlighting, the university thinks it will be an effective study tool.

**TOEFL**  VOLUME

Speaking |                            Question 2 of 4

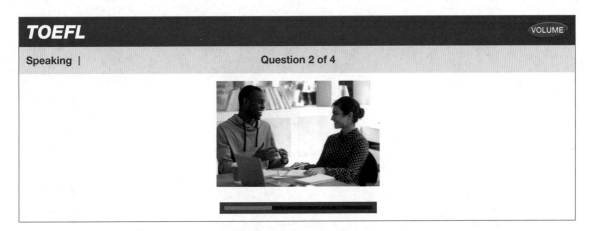

**TOEFL**  VOLUME

Speaking |                            Question 2 of 4

The woman expresses her opinion of the change that has been announced. State her opinion and explain the reasons she gives for holding that opinion.

Preparation Time     30 Seconds
Response Time     60 Seconds

| PREPARATION TIME |
| --- |
| 00:00:30 |

toefl.siwonschool.com

# Integrated Task: Question 3

# 01 Introduction to Question 3

## 문제 핵심 포인트

- **유형**  Integrated Task(통합형 과제) : Reading과 Listening의 종합적인 내용 말하기
- **시간**  30초 준비시간 + 60초 답변시간
- **질문**  지문(Reading)의 주제와 뒷받침하는 내용을 정리하고, 교수의 강의(Listening)를 정리 및 요약하는 방식

### 질문 예시

**Using the example** from the experience at the lunch party, **explain the concept** of the illusion of transparency.

점심 파티에서의 경험에 대한 예시를 통해, 투명성의 착각이라는 개념을 설명하시오.

## 문제 접근 전략

- **Reading**  지문의 내용을 주어진 45초 또는 50초 간 노트테이킹

  ▷ [주제] 지문의 제목 반드시 기록

    Illusion of Transparency 투명성의 착각

  ▷ [주제 설명] 제목을 정의하는 문장을 찾아서 그대로 필기

    The belief that others can see through us and know our thoughts and feelings we try to conceal is called the Illusion of Transparency.

    다른 사람들이 우리를 꿰뚫어 볼 수 있고 우리가 감추려고 하는 우리의 생각과 감정을 알 수 있다는 믿음을 투명성의 착각이라고 한다.

  ▷ [주제 이해] 시간이 남을 경우, 지문의 마지막 파트까지 모두 읽기

    This heightened awareness of our own feelings causes us to believe that they must be obvious to others as well.

    우리 자신의 감정에 대한 이러한 높아진 인식은 우리로 하여금 그것이 다른 사람들에게도 분명할 것이라고 생각하게 만든다.

- **Listening**  핵심 키워드와 구문을 중심으로 지문의 주제에 연계된 내용 노트테이킹

  ▷ [동사 예]  were given / were asked / compared to / discovered that / turned out to be

  ▷ [예시 1 + 구체적인 사항]

    - prof - was invited - lunch 교수는 점심식사에 초대 받음

    - friend - cooked meals w/ tomatoes 친구가 요리해주는 것들 중 토마토로 된 요리가 있음

    - prof - X eat tomatoes 교수는 토마토를 못 먹음

- prof worried - he offended his friend 교수는 친구의 감정을 상하게 했을까 봐 노심초사함

▷ [예시 2 + 구체적인 사항]

- However, friend X noticed 알고보니 친구는 전혀 눈치 못챔

- friend - pleased & happy about lunch 오히려 친구는 식사에 와줘서 감사하고 행복해 함

- feeling X obvious to friend as - thought they were 교수의 감정이 생각했던 것보다 친구에게 분명하지 않았음

※ Integrated Task 답변 평가 기준은 동일하므로 Question 2 부분 참조

# 고득점을 위한 연습 방법

- 지문을 빠르게 읽고 핵심 문장을 찾아 받아 적는 연습하기
- Question 3와 관련된 어휘 및 표현(Vocabulary and Expressions)과 심리/경영/생물 등에 대한 배경지식 숙지하기
- 만점(4점) 답안에 사용된 구성으로 답변 연습하기

# 만점 답안 구성

▷ [주제 정의]    The belief that others can see through us and know our thoughts and feelings we try to conceal is called the Illusion of Transparency.

▷ [구조 제시]    And the professor gives an experience of his own to explain this concept.

▷ [예시 본문 1 + 세부사항]    Last week, the professor was invited to a lunch party. -

▷ [예시 본문 2 + 세부사항]    However, fortunately, the professor had nothing to worry about. That was because -.

▷ [마무리]    That is the example of Illusion of Transparency.

▷ [주제 정의]    다른 사람들이 우리를 꿰뚫어 볼 수 있고 우리가 숨기려고 하는 우리의 생각과 감정을 알 수 있다는 믿음은 투명성의 착각 이라고 불린다.

▷ [구조 제시]    그리고 교수는 이 개념을 설명하기 위해 자신만의 경험을 제공한다.

▷ [예시 본문 1 + 세부사항]    지난 주, 교수는 점심 파티에 초대받았다. -

▷ [예시 본문 2 + 세부사항]    그러나, 다행히, 교수는 걱정할 것이 없었다. 그것은 왜냐하면 -.

▷ [마무리]    그것은 투명성의 착각에 대한 예시이다.

※ 지문과 강의를 이어주는 마지막 문장 필수:
   That is the example of [제목].

# 02 Strategies for Question 3

Question 3의 고득점 핵심은, 주제에 대한 정의를 내리는 문장을 빠르게 받아 적고, 교수가 제시하는 예시를 두 개의 문단으로 나눠 필기하는 연습이다.

## 학습 전략 1 빈출 키워드별 어휘 정리

### 1. Sound Detection 소리 감지

**Some animals have an ability to detect sounds that are close to them, while others do not have this ability known as sound detection.**

어떤 동물들은 가까이 있는 소리를 감지할 수 있는 능력을 가지고 있는 반면, 다른 동물들은 소리 감지라고 알려진 이 능력을 가지고 있지 않다.

※ 예시: 애벌레(caterpillar) – 피부에 있는 수많은 털들이 포식자의 날갯짓에서부터 오는 진동과 소리를 감지

## 2. Illusion of Transparency 투명성의 착각

**The belief that others can see through us and know our thoughts and feelings we try to conceal is called the Illusion of Transparency.**

다른 사람들이 우리를 꿰뚫어 볼 수 있고 우리가 감추려는 생각과 감정을 알 수 있다는 믿음을 투명성의 착각이라고 한다.

## 3. Entertainment Merchandising 엔터테인먼트 머천다이징

**Entertainment merchandising is when a brand's image or name is used to sell another product.**

엔터테인먼트 머천다이징은 한 브랜드의 이미지나 이름이 다른 제품을 팔기 위해 이용되는 것을 말한다.

## 4. Explicit Memories 명시적 기억

**Explicit memory is a conscious or intentional recollection, usually of facts, names, events, or other things that a person might recall.**

명시적 기억은 일반적으로 한 사람이 기억할 수 있는 사실, 이름, 사건, 또는 다른 것들에 대한 의식적이거나 의도적인 기억이다.

## 5. Revealing Coloration 천연색 드러내기

**When approached by a predator, the animal with an area of bright color suddenly reveals its bright body part to make an opportunity to escape.**

포식자가 접근하면, 밝은 색의 영역을 가진 동물은 갑자기 자신의 밝은 신체 부위를 드러내 탈출의 기회를 만든다.

## 6. Outsider Art 아웃사이더 아트

**Artists who work independently of other artists and who have received little to no professional instruction in art are known as outsider artists.**

다른 예술가들로부터 독립적으로 작업하고 예술에 대한 전문적인 교육을 거의 받지 않은 예술가들은 아웃사이더 아티스트라고 알려져 있다.

## 7. Irrational Commitment 비이성적 헌신

**Even if it appears that the project will fail and the drawbacks exceed the benefits, people could become too attached to the concept of a successful outcome.**

설사 프로젝트가 실패하고 단점이 이점을 넘어서는 것처럼 보인다 해도, 사람들은 성공적 결과라는 개념에 너무 집착하게 될 수 있다.

## 8. Reference Group 참조 그룹

**A reference group is a term used to describe a group of people we admire and whose conduct and attitudes we frequently imitate.**

참조 그룹은 우리가 존경하고 우리가 자주 모방하는 행동과 태도를 가진 사람들을 묘사하기 위해 사용되는 용어이다.

## 9. Paradox of Choice 선택의 역설

**We enjoy having options, and while we believe that having more options should make us happy, the opposite is actually true.**

우리는 선택권을 갖는 것을 즐기고, 더 많은 선택권을 갖는 것이 우리를 행복하게 만든다고 믿는 반면, 사실은 그 반대이다.

## 10. Goal Displacement 목표 전치

**When the guidelines or processes created to help people in achieving a goal start to take precedence over the goal itself, the goal becomes displaced.**

사람들이 목표를 성취하는 것을 돕기 위해 만들어진 지침이나 과정들이 목표 자체보다 우선하기 시작할 때, 목표는 전치된다.

**문장별 표현 정리**

키워드가 정리되었다면 나의 답안이나 주어진 문제에 따라 활용할 수 있는 다양한 표현을 숙지한다.

## ▪ 서론

### 키워드를 잡아주는 표현

▷ **is known as**   ~로 알려지다

▷ **is referred to as**   ~로 불리다

▷ **is called**   ~라고 불리다

▷ **has / have been termed**   ~라고 불리다

▷ **is / are**   ~이다

▷ **a tendency that / to**   ~인 경향

## ▪ 본론

### 교수의 경험을 제시할 경우

▷ **When the professor was in college**   교수가 대학에 다니던 당시

▷ **When the professor was working [as 직책 / at 직장]**   교수가 ~로 / 에서 일했을 때

▷ **When the professor was [키워드]**   교수가 ~였을 때

▷ **A good example of this is something that happened to the professor**
이것의 좋은 예는 교수에게 일어난 일이다

### 특정한 동물/식물 또는 개념이 제시될 경우

▷ **Some animals have an ability to [키워드]**   어떤 동물들은 ~할 수 있는 능력을 가지고 있다

▷ **This happened to a certain type of insect called [키워드]**   이것은 ~라고 불리는 특정 종류의 곤충에게 일어났다

▷ **Here's an example from a special plant called [키워드]**   여기 ~라고 불리는 특별한 식물의 예가 있다

▷ **[키워드] is a plant that lives in [배경]**   ~은 ~에 사는 식물이다

#### 연구/실험이 진행되는 경우

▷ **There was a study conducted to [중심내용]**   ~하기 위해 수행된 연구가 있었다

▷ **People in the experiment were asked to [중심내용]**   실험에 참가한 사람들은 ~하도록 요청받았다

▷ **Researchers made people do [중심내용]**   연구원들은 사람들이 ~하도록 만들었다

▷ **Some researchers did an experiment related to this**   일부 연구자들은 이와 관련된 실험을 했다


#### 두 번째 본론으로 넘어가는 표현

▷ **The second example / case / way / type is**   두 번째 예시 / 경우 / 방법 / 종류는

▷ **On the other hand**   반면

▷ **However**   그러나

▷ **Moreover / Furthermore**   게다가

▷ **Interestingly**   흥미롭게도

▷ **After a while**   잠시 후에

▷ **As time goes by**   시간이 지남에 따라

▷ **At the same time**   동시에

▷ **Likewise**   비슷하게

▷ **Instead**   대신에

▷ **As a consequence**   결과적으로


## ▪ 마무리

반드시 답변 마지막에 교수의 강의와 주어진 지문의 제목을 통합해주는 문장을 제시하여 고득점을 받자.

▷ **That is the example of [제목]**   그것은 ~의 예이다

▷ **That is / was because of [제목]**   그것은 ~ 때문이(었)다

▷ **That demonstrates the example of [제목]**   그것은 ~의 예를 보여준다

### ■ ~ 하도록 요청받다 **be asked to**

People **were asked to** count numbers while watching television.

사람들은 텔레비전을 보면서 숫자를 세도록 요청받았다.

### ■ ~하는 일이 주어지다 **be given a task to**

They **were given a task to** peel potatoes.

그들에게 감자 껍질을 벗기는 일이 주어졌다.

### ■ ~ 하지 말라는 지시를 받다 **be told not to**

Participants **were told not to** share their cards with others.

참가자들은 다른 사람들과 카드를 공유하지 말라는 지시를 받았다.

### ■ ~할 기회를 갖다 **have a chance to**

Animals **have a chance to** escape by revealing a hidden part of their bodies.

동물들은 그들의 몸에서 숨겨진 부분을 드러냄으로써 탈출할 기회를 갖는다.

### ■ ~을 인지하다 **be aware of**

One group **was aware of** being monitored while the other group did not know that they were being watched.

한 그룹은 관찰당하고 있는 것을 알고 있었고 다른 그룹은 관찰당하고 있다는 것을 알지 못했다.

### ■ ~라고 사람들에게 생각하게 만들다 **cause people to assume**

This elevated awareness of our feelings **causes people to assume** that they are not wrong.

우리의 감정에 대한 이러한 높아진 인식은 사람들에게 그들이 틀리지 않았다고 생각하게 만든다.

### ■ ~라는 생각을 하다 **have a good idea that**

And I **had a good idea that** the events taking place would be pretty bright and charming.

그리고 나는 일어날 사건들이 꽤 밝고 매력적일 것이라고 생각했다.

## ▪ 대상이 ~하는 것을 어렵게 하다 make it difficult for 대상 to

And this **made it difficult for** would-be prey **to** escape.

그리고 이것은 예비 먹이가 되는 동물들이 탈출하는 것을 어렵게 했다.


## ▪ 행동의 결과 the consequence of the behavior

It also occurs frequently in everyday settings, when individuals change their behavior based on what they have learned about **the consequences of that behavior**.

그것은 또한 개인이 그 행동의 결과에 대해 배운 것을 바탕으로 그들의 행동을 변화시킬 때, 일상적인 환경에서 자주 발생한다.


## ▪ ~와 관련하여 발생하다 occurs in connection with

This practice often **occurs in connection with** television shows, especially those related with children.

이러한 관행은 텔레비전 쇼, 특히 어린이와 관련된 쇼와 관련하여 종종 발생한다.

| | |
|---|---|
| **서론** | **[제목] is [지문에 제시된 내용 정리].**<br>~은 ~이다.<br><br>**[지문에 제시된 내용 정리] is known as [제목].**<br>~은 ~로 알려져 있다.<br><br>**And the professor gives [an example / his episode] to explain this.**<br>그리고 교수는 이를 설명하기 위해 [예시 / 그의 일화]를 제시한다. |
| **본론** | 교수의 경험을 설명하는 경우<br>**When the professor was ~**<br>교수가 ~ 였을 때<br><br>실험 / 조사를 설명하는 경우<br>**There was an experiment ~**<br>~ 한 실험이 있었는데<br><br>특정 동/식물을 예로 드는 경우<br>**Here's an example from a special [plant / animal] called [키워드].**<br>[키워드]라 불리는 특정 [식물 / 동물]에서 볼 수 있는 예가 있다. |
| **마무리** | **That is the example of [제목].**<br>그것이 ~의 예이다. |

# 03 Practice Test

## 실전문제 1

🔊 Speaking_Q3_1

---

**TOEFL**                                                                       VOLUME

Speaking  |                            **Question 3 of 4**

*Running Time: 45 Seconds*

### Suspension of Disbelief

Being able to disregard, or suspend, our doubts and accept the performance of a play as reality is referred to as suspension of disbelief. It is important that audience members establish an emotional connection with the events and characters on stage to fully appreciate the performance of a play. In order for this to work, we need to convince ourselves that what we are witnessing on stage is real rather than an assortment of actors and props. By suspending their disbelief, audience members can engage with the play on a deeper level and respond to the story and characters with genuine emotion as if they were real.

---

**TOEFL**                                                                       VOLUME

Speaking  |                            **Question 3 of 4**

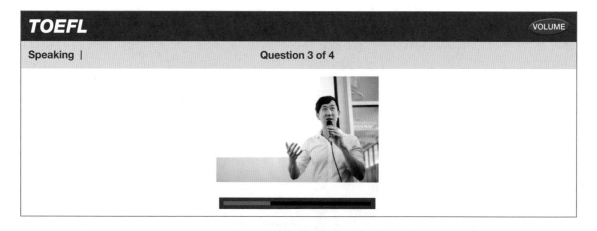

---

**TOEFL**                                                                       VOLUME

Speaking  |                            **Question 3 of 4**

Explain how the example from the lecture illustrates the suspension of disbelief.

| Preparation Time | 30 Seconds |
| Response Time | 60 Seconds |

| PREPARATION TIME |
| --- |
| 00:00:30 |

# 실전문제 2

---

## TOEFL
VOLUME

**Speaking |**                                                        **Question 3 of 4**

---

*Running Time: 45 Seconds*

### Social Loafing

When a group of people are required to complete a task, some individuals in the group may make less effort than the others because they know that responsibility for finishing the task is spread across the group as a whole. As such, these group members see an opportunity to work more slowly and contribute less, knowing that their individual efforts will not be directly taken into account. This lack of individual motivation when engaging in group activities is referred to as social loafing. While it may be an unconscious behavior, social loafing results in less personal effort and commitment when working as part of a team than when working by oneself.

---

## TOEFL
VOLUME

**Speaking |**                                                        **Question 3 of 4**

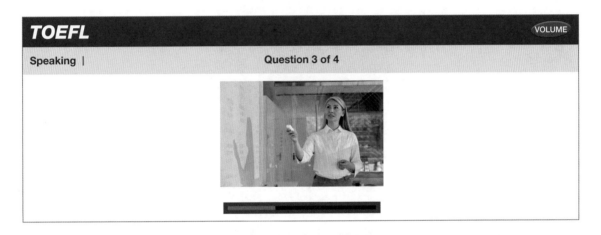

---

## TOEFL
VOLUME

**Speaking |**                                                        **Question 3 of 4**

Explain how the example from the lecture illustrates the phenomenon of social loafing.

---

Preparation Time    30 Seconds
Response Time       60 Seconds

| PREPARATION TIME |
|:---:|
| 00:00:30 |

# 실전문제 3

---

**TOEFL**  ⬭VOLUME⬭

Speaking |                        **Question 3 of 4**

---

*Running Time: 45 Seconds*

### Sexual Dimorphism

In cases where two sexes of the same species exhibit different characteristics beyond the differences in their sexual organs, this condition is referred to as sexual dimorphism. Examples of this can be seen in most animal species, and in some plant species. The most common differences are those related to the size, weight, or color of male and female animals. The differences are closely linked to the processes of natural selection and sexual selection, or the competition for mates, and thus directly affect an animal's survival or mating capability. Differences in coloration between sexes within a specific species is known as sexual dichromatism, and this is particularly prevalent in many species of birds and reptiles.

---

**TOEFL**  ⬭VOLUME⬭

Speaking |                        **Question 3 of 4**

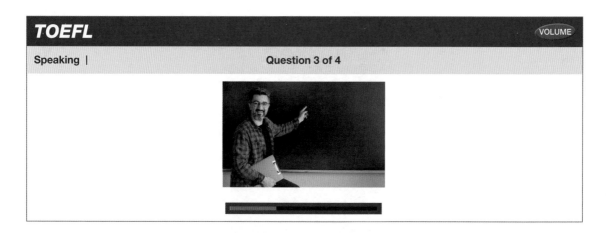

---

**TOEFL**  ⬭VOLUME⬭

Speaking |                        **Question 3 of 4**

---

Explain how the example from the lecture illustrates dimorphism in birds of paradise.

---

Preparation Time    30 Seconds
Response Time       60 Seconds

| PREPARATION TIME |
| --- |
| 00:00:30 |

# 실전문제 4

---

| **TOEFL** | VOLUME |
| --- | --- |

| Speaking \| | Question 3 of 4 |
| --- | --- |

*Running Time: 45 Seconds*

## Modeling

Businesses use a wide range of advertising methods to sell products and boost sales. Modeling is one of the most effective advertising strategies, particularly for products that are considered complicated to use. Taking this approach, companies produce advertisements that involve people demonstrating, or modeling, the correct way to use a product. As such, modeling not only shows consumers that a product is simple to use, but also that it is effective in fulfilling its function. So, by using modeling in advertising, companies are able to convey several benefits of the product to consumers. This makes them feel more at ease with the product and more interested in purchasing it.

---

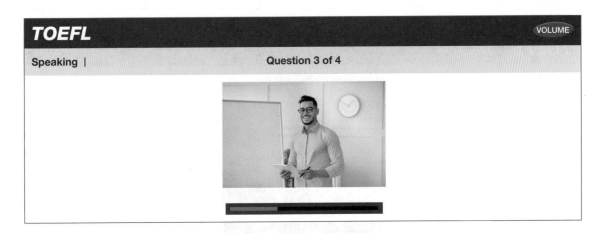

---

| **TOEFL** | VOLUME |
| --- | --- |

| Speaking \| | Question 3 of 4 |
| --- | --- |

Explain how the example from the lecture demonstrates the concept of modeling.

Preparation Time  30 Seconds
Response Time  60 Seconds

| PREPARATION TIME |
| --- |
| 00:00:30 |

# 실전문제 5

---

**TOEFL**　　　　　　　　　　　　　　　　　　　　　　　　　　　　VOLUME

Speaking |　　　　　　　　　　　　　　　Question 3 of 4

---

*Running Time: 45 Seconds*

### Ecosystem Resilience

An ecosystem can be broadly defined as any environment in which a complex community of organisms functions together to maintain a balance. The balance of an ecosystem is fragile and can be broken by human actions or as a result of natural disasters. The eradication of even one species of plant or animal can have irreparable consequences on any ecosystem that has a limited variety of species. However, some resilient ecosystems are capable of restoring themselves to their original condition following a disruptive event. This ecosystem resilience is possible when an ecosystem has high species diversity. In such cases, other species will fill the role of an eradicated species, meaning that the ecosystem will not experience any significant change.

---

**TOEFL**　　　　　　　　　　　　　　　　　　　　　　　　　　　　VOLUME

Speaking |　　　　　　　　　　　　　　　Question 3 of 4

---

**TOEFL**　　　　　　　　　　　　　　　　　　　　　　　　　　　　VOLUME

Speaking |　　　　　　　　　　　　　　　Question 3 of 4

---

Using the coral reef as an example, explain what it means for an ecosystem to be resilient.

Preparation Time　　30 Seconds
Response Time　　60 Seconds

| PREPARATION TIME |
| --- |
| 00:00:30 |

# 실전문제 6

---

**TOEFL**                                                                VOLUME

Speaking |                          **Question 3 of 4**

---

*Running Time: 45 Seconds*

### Habituation

Among many species of animals, a common method of learning is to learn through habituation. When an animal finds itself in a brand-new situation, especially one where a potential threat is involved, its first instinct may be to flee or to alert other members of its community. Typically, whenever the situation occurs again, the animal will exhibit the same response behavior. However, with repeated exposure to the situation, the animal gradually learns that there is no threat, and the response behavior becomes less pronounced, eventually stopping altogether. This gradual change in instinctive behavior occurs through the process known as habituation.

---

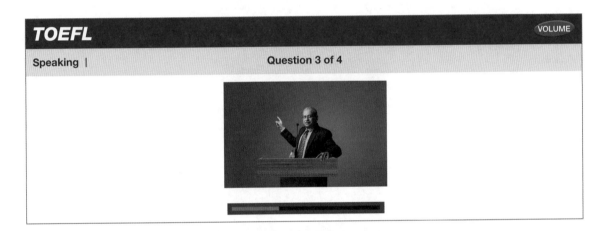

**TOEFL**                                                                VOLUME

Speaking |                          **Question 3 of 4**

---

**TOEFL**                                                                VOLUME

Speaking |                          **Question 3 of 4**

---

Explain how the example from the lecture illustrates the process of habituation.

Preparation Time    30 Seconds
Response Time    60 Seconds

| PREPARATION TIME |
| --- |
| 00:00:30 |

---

**TOEFL**  VOLUME

Speaking |  Question 3 of 4

---

*Running Time: 45 Seconds*

### Questioning Awareness of Effect

When a class is disrupted by the inappropriate behavior of a class member, it not only adversely affects the learning experience of other students, but also the class instructor's ability to teach. Questioning awareness of effect is a method a class instructor can use to address and discourage such negative behavior. What this entails is the instructor asking the class a question that serves to highlight the negative influence of a disruptive class member. It is not necessary for the instructor to wait for a response from the class. By merely making the other class members aware of the damaging effect of the student's actions, the instructor can discourage the student from attempting to disrupt the class any further.

---

**TOEFL**  VOLUME

Speaking |  Question 3 of 4

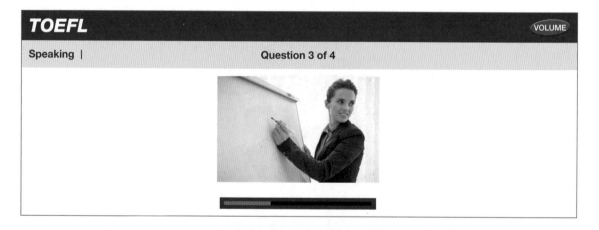

---

**TOEFL**  VOLUME

Speaking |  Question 3 of 4

---

Explain how the example from the lecture illustrates the technique of questioning awareness of effect.

---

Preparation Time   30 Seconds
Response Time   60 Seconds

| PREPARATION TIME |
| --- |
| 00:00:30 |

# 실전문제 8

---

## TOEFL
VOLUME

**Speaking** |                              **Question 3 of 4**

---

*Running Time: 45 Seconds*

### The Focusing Illusion

The focusing illusion is a cognitive bias that occurs when a person focuses too much on a single aspect of an experience. This prevents the person from having an accurate memory of the experience as a whole. When evaluating life satisfaction, people should look at all the factors in their lives, weigh those factors accurately, then rate those factors. However, most people tend to only consider how they feel at that precise moment, focusing only on significant current events, both positive and negative. This is the most detrimental effect of the focusing illusion because nothing in life is as important as you think it is when you are thinking about it.

---

## TOEFL
VOLUME

**Speaking** |                              **Question 3 of 4**

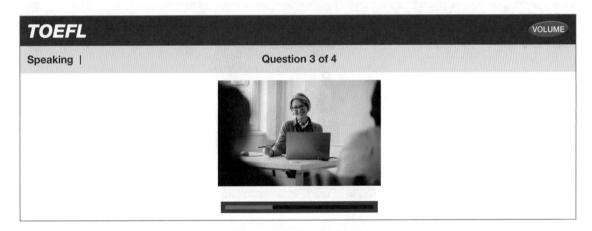

---

## TOEFL
VOLUME

**Speaking** |                              **Question 3 of 4**

Using points and examples from the professor's lecture, explain how the focusing illusion can affect a person's thoughts and actions.

---

Preparation Time    30 Seconds
Response Time       60 Seconds

| PREPARATION TIME |
| --- |
| 00:00:30 |

# 실전문제 9

---

**TOEFL** VOLUME

Speaking | Question 3 of 4

---

*Running Time: 45 Seconds*

### Systems Thinking

In the past, most companies dealt with internal problems by seeking a simple cause and implementing a direct solution. Now, however, companies are coming up with more innovative and effective solutions by using an approach called systems thinking. This involves finding long-term solutions to problems by taking the "bigger picture" into account and recognizing how small parts of large systems interact to create problems. Systems thinking is gaining in popularity as a problem-solving approach, because it brings greater long-term benefits to companies, despite producing complex solutions that require much time and resources to carry out in full.

---

**TOEFL** VOLUME

Speaking | Question 3 of 4

---

**TOEFL** VOLUME

Speaking | Question 3 of 4

---

Explain how the example discussed by the professor illustrates a systems thinking approach to problem solving.

---

Preparation Time 30 Seconds
Response Time 60 Seconds

| PREPARATION TIME |
|:---:|
| 00:00:30 |

# 실전문제 10

*Running Time: 45 Seconds*

### Cheating in Mutualism

Mutualism describes a common type of ecological interaction between two or more species where each species benefits in some way. However, within mutualistic relationships, it is common for cheating to take place. A cheater is an individual who does not make an adequate contribution to a mutualistic relationship, yet still hopes to gain the full benefits potentially offered by the relationship. Although natural selection favors cheating, many species have developed unique adaptations to prevent it.

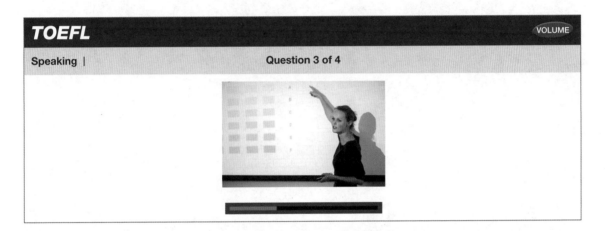

**TOEFL**                                                    VOLUME

Speaking |                      Question 3 of 4

**TOEFL**                                                    VOLUME

Speaking |                      Question 3 of 4

Explain how the example discussed by the professor illustrates cheating in a mutualistic relationship.

| Preparation Time | 30 Seconds |
|---|---|
| Response Time | 60 Seconds |

| PREPARATION TIME |
|---|
| 00:00:30 |

toefl.siwonschool.com

# Integrated Task: Question 4

# 01 Introduction to Question 4

## 문제 핵심 포인트

- **유형**   Integrated Task(통합형 과제) : 강의를 듣고(Listening) 강의 내용 및 예시를 정리 및 요약하여 말하기(Speaking)
  ※ Question 2, 3와 달리 Reading 지문이 없음

- **시간**   20초 준비시간 + 60초 답변시간
  ※ Question 2, 3와 달리 준비시간이 20초만 주어짐

- **질문**   강의의 포인트와 예시를 활용해 설명하는 방식

### 질문 예시

**Using points and examples** from the lecture, **explain** two different protective adaptations.
강의의 포인트와 예시를 이용하여 두 가지 다른 보호 적응에 대해 설명하시오.

## 문제 접근 전략

강의를 들으면서 강의 주제어의 두 가지 포인트와 이를 설명하는 각각의 예시를 중심으로 노트테이킹

| 강의 구조 | 필수 노트테이킹 |
|---|---|
| [주제]<br>처음에 강의 주제어가 제시됨 | 주제어 파악 및 노트테이킹<br>예 **two different protective adaptations**<br>　　두 가지 다른 보호 적응 |
| [소주제1]<br>첫 번째 소주제를 포인트와 예시를 들어 설명 | 첫 번째 소주제 노트테이킹<br><br>+ 구체적 예시를 말하기 전, 소주제에 대한 포인트를 제시하면<br>　반드시 노트테이킹<br><br>+ 예시의 구체적 대상에 유의하여 노트테이킹 |
| [소주제2]<br>두 번째 소주제를 포인트와 예시를 들어 설명 | 두 번째 소주제 노트테이킹<br><br>+ 구체적 예시를 말하기 전, 소주제에 대한 포인트를 제시하면<br>　반드시 노트테이킹<br><br>+ 예시의 구체적 대상에 유의하여 노트테이킹 |

※ Integrated Task 답변 평가 기준은 동일하므로 Question 2 부분 참조

# 고득점을 위한 연습 방법

◦ 명사는 짧게, 동사는 명확하게 받아 적는 연습하기
◦ Question 4를 위한 필기 단순화 및 기호 사용 숙지하기
◦ 노트테이킹한 표현을 다른 표현으로 적절하게 바꿔 말하는(paraphrase) 연습하기

# 만점 답안 구성

▷ [주제 소개]   In the lecture, the professor explains two different protective adaptations of animals living in the Arctic.

▷ [구조 제시]   And the professor gives two examples to explain this.

▷ [소주제1]   The first adaptation is to have a protective covering on their body.

▷ [포인트]   This typically includes feathers on their feet, which serve as a barrier between their skin and icy ground.

▷ [예시]   For example, Arctic birds have feathers all over their feet.

▷ [세부사항]   This allows Arctic birds to help them stay warm.

▷ [소주제2]   The second adaptation is to have smaller bodies.

▷ [포인트]   This enables animals in the Arctic to be less exposed to a frigid environment.

▷ [예시]   For instance, this is especially true of wolves in the Arctic.

▷ [세부사항]   They have relatively smaller bodies and shorter body parts such as smaller ears and tails. So they lose less body heat compared to other animals.

---

▷ [주제 소개]   강의에서, 교수는 북극에 사는 동물들의 두 가지 다른 보호 적응을 설명한다.

▷ [구조 제시]   그리고 교수는 이것을 설명하기 위해 두 가지 예시를 든다.

▷ [소주제1]   첫 번째 적응은 그들의 몸에 보호용 외피를 가지는 것이다.

▷ [포인트]   이는 일반적으로 그들의 피부와 차가운 땅 사이에서 경계 역할을 하는 그들의 발에 있는 깃털을 포함한다.

▷ [예시]   예를 들면, 북극의 새들은 그들의 발 전체에 깃털을 가지고 있다.

▷ [세부사항]   이는 북극의 새들이 따뜻하게 유지될 수 있도록 한다.

▷ [소주제2]   두 번째 적응은 보다 작은 몸을 가지는 것이다.

▷ [포인트]   이는 북극의 동물들이 몹시 추운 환경에 덜 노출되게 한다.

▷ [예시]   예를 들면, 이것은 특히 북극의 늑대들에게 해당된다.

▷ [세부사항]   그들은 더 작은 귀와 꼬리같이 상대적으로 더 작은 몸과 짧은 신체 부위를 가지고 있다. 그래서 그들은 다른 동물들과 비교해 몸의 열이 덜 손실된다.

# 02 Strategies for Question 4

## 학습 전략 1 필기 단순화 및 기호 사용

필기의 단순화와 기호 사용은 빠른 필기의 중요한 기술 중 하나이다. 본인에게 맞는 스타일을 찾아보고 아래의 표를 참고하자.

### 1. 단순화

| | |
|---|---|
| ex)<br>예를 들어(example) | ex) people build bridges<br>예를 들어, 사람들이 다리를 건설한다 |
| w/<br>~와 함께(with), ~을 갖고 | w/ highly developed sense of smell<br>매우 발달된 후각을 갖고 |
| w.o<br>~없이(without) | some bugs live w.o camouflage<br>몇몇 곤충들은 위장 없이 산다 |
| btw<br>~사이에(between) | ants can move btw tree branches<br>개미들이 나뭇가지 사이로 이동할 수 있다 |
| ppl<br>사람들(people) | ppl began working as a team<br>사람들이 하나의 팀으로 일하기 시작했다 |
| pop-<br>인구, 개체수(population) | agriculture allowed pop- to increase<br>농사가 인구 증가를 가능하게 했다 |
| adv-<br>이익(advantage), 개선(advance) | large leaves provide adv- to plants<br>커다란 잎들이 식물에게 이익을 제공한다 |
| exp-<br>실험(experience), 경험(experiment) | animals - Arctic - exp- frigid envir-<br>동물들이 남극에서 몹시 추운 환경을 경험한다 |
| expo-<br>노출(exposure) | reduce skin expo- to dry air<br>건조한 날씨에 피부 노출을 줄인다 |
| adpt-<br>적응(adaptation) | one special adpt- having compact body parts<br>한 가지 특별한 적응은 작은 신체 부분들을 지니는 것이다 |
| info-<br>정보(information) | readers X have info- about protagonists<br>독자들은 주인공들에 대한 정보가 없다 |
| resist-<br>저항(resistance) | reduce wind resist-<br>바람 저항을 줄이다 |
| sophis-<br>세련됨, 개선(sophistication) | sophis- in cameras - enabled - capture moments<br>카메라 개선이 순간을 포착할 수 있도록 했다 |
| mat-<br>재료, 자료(material) | metal - perfect mat- for roofs<br>금속은 지붕에 완벽한 재료이다 |

| | |
|---|---|
| **1st, 2nd, 3rd**<br>첫 번째(first), 두 번째(second), 세 번째(third) | **1st way is to use special building materials**<br>첫 번째 방법은 특별한 건축 재료를 이용하는 것이다 |
| **effi-**<br>효율적인(efficient) | **these birds are able - fly effi-**<br>이러한 새들은 효율적으로 하늘을 날 수 있다 |
| **effe-**<br>효과적인(effective) | **effe- way to supply food**<br>음식을 공급하는 효과적인 방법 |
| **evol-**<br>진화하다(evolve) | **evol- resist- to antibiotics**<br>항생제에 저항하도록 진화하다 |
| **envir-**<br>환경(environment) | **survive from arid envir-**<br>건조한 환경에서 살아남다 |
| **temp-**<br>온도(temperature) | **climate - temp- below zero**<br>온도가 0도 미만 기후 |
| **imp-**<br>중요한(important) | **imp- for animals to capture preys**<br>먹이를 잡는데 동물들에게 중요하다 |
| **esp-**<br>특히(especially) | **This - esp- true in tropical rainforest**<br>이는 특히 열대 우림에서 사실이다 |
| **compe-**<br>경쟁(competition) | **put in compe- natural resources**<br>천연 자원 경쟁에 놓이다 |
| **sign-**<br>상당히 / 중요하게(significantly) | **pop- has declined sign-**<br>개체수가 상당히 줄어들었다 |
| **lil**<br>적은(little) | **lil or X oxygen**<br>산소가 적거나 없다 |

## 2. 기호화

| | | | |
|---|---|---|---|
| @ | ~에(at) | & | 그리고(and) |
| < | 더 적은(smaller, less) | # | 숫자(number) |
| > | 더 많은(larger, more) | $ | 돈(money) |
| X | 부정의 표현(no, not, never, none) | * | 핵심 키워드 표시 |
| + | 그리고(and, moreover, also) | ≠ | 다른, 일치하지 않는(different, not the same) |
| = | 같은, 동일한, ~이다(the same, identical, is/are) | – | 간단한 건너뛰기, 연결어 (live – Seoul : 서울에 살다) |
| ↑ | 높은, 증가하다, 올라가다(high, increase, elevate) | ↓ | 낮은, 줄어들다, 낮아지다(low, decrease, drop) |
| → | 야기하다, 이어지다, 생산하다, 만들다, 그러므로 등(cause, result in, make, lead to, thus 등) | | |

강의에서 등장하는 표현을 효과적으로 바꿔 말함(paraphrase)으로써 유연한 답을 만들어보자.

## ▪ 야기하다 bring about → cause

The decline in bird population was **brought about** by fierce competition for food.
→ The decline in bird population was **caused** by fierce competition for food.

새의 개체 수 감소는 심한 먹이 경쟁으로 인해 야기되었다.

## ▪ 떠올리다 come up with → create

People living high in the mountains **came up with** this new idea.
→ People living high in the mountains **created** this new idea.

산 높은 곳에 사는 사람들은 이 새로운 생각을 떠올렸다.

## ▪ 알아내다/이해하다 figure out → understand

At first, scientists could not **figure out** why babies started to cry.
→ At first, scientists could not **understand** why babies started to cry.

처음에는, 과학자들은 왜 아기들이 울음을 터뜨리는지 알아내지 못했다.

## ▪ 발견하다 find out → discover

These fish **found out** that they could actually cultivate plants.
→ These fish **discovered** that they could actually cultivate plants.

이 어류는 그들이 실제로 식물들을 경작할 수 있음을 발견했다.

## ▪ 경험하다 go through → experience

The interviewee would **go through** a difficult time and blame himself.
→ The interviewee would **experience** a difficult time and blame himself.

면접 대상자는 힘든 시간을 보내며 자책할 것이다.

## ▪ 찾다 look for → seek

Some animals need access to a large expanse of land to **look for** food.
→ Some animals need access to a large expanse of land to **seek** food.

어떤 동물들은 먹이를 찾기 위해 아주 광활한 대지로의 접근을 필요로 한다.

## ▪ 보여주다 indicate → show

This **indicates** that road construction had a negative impact on the environment.
→ This **shows** that road construction had a negative impact on the environment.

이것은 도로 건설이 환경에 악영향을 끼쳤음을 보여준다.


## ▪ 발산하다 give off → emit

These plants would **give off** special chemicals to protect themselves.
→ These plants would **emit** special chemicals to protect themselves.

이 식물들은 그들 자신을 보호하고자 특별한 화학물질을 발산할 것이다.


## ▪ 일어나다 take place → happen

It **took place** in California when the seeds got stuck to the tires of cars driving down the road.
→ It **happened** in California when the seeds got stuck to the tires of cars driving down the road.

이것은 캘리포니아에서 도로를 달리던 차들의 타이어에 씨앗들이 끼었을 때 발생했다.


## ▪ 유지하다 maintain → keep

Fur and feathers enable them to **maintain** body heat effectively.
→ Fur and feathers enable them to **keep** body heat effectively.

모피와 깃털은 그들이 체온을 효과적으로 유지할 수 있게 한다.


## ▪ 견디다 get through → endure

Frogs are able to absorb moisture, which they can rely on to **get through** dry periods.
→ Frogs are able to absorb moisture, which they can rely on to **endure** dry periods.

개구리들은 수분을 흡수할 수 있는데, 그들은 건기를 견디기 위해 이에 의존할 수 있다.


## ▪ 손상되지 않은 well-preserved → intact

The artifacts were **well-preserved**, and their colors were still bright.
→ The artifacts were **intact**, and their colors were still bright.

그 인공 유물들은 손상되지 않았고, 색상이 여전히 밝았다.

## 학습 전략 3 고득점 표현 정리

### ▪ ~하는 여러 가지 방법을 발달시켰다 have developed different ways of

Some animals **have developed different ways of** surviving in arid environments.

몇몇 동물들은 건조한 환경들에서 살아남는 다양한 방법들을 발달시켰다.


### ▪ ~로 덮여 있다 be covered with

The leaves **are covered with** thousands of long sharp needle-like hairs.

잎은 수천 개의 길고 날카로운 바늘 같은 털로 덮여 있다.


### ▪ ~에 취약하다 be vulnerable to

Animals in a group may **be** more **vulnerable to** being captured by predators.

집단에 속한 동물들은 포식자들에게 잡히는 데 더 취약할 수 있다.


### ▪ ~에 영향을 미치다 have an effect on

Huge billboards can **have a** negative **effect on** the natural beauty of the environment.

대형 광고판은 환경의 자연미에 부정적인 영향을 미칠 수 있다.


### ▪ A에게 B를 제공하다 provide A with B

Animal domestication **provided** the nomads **with** a more consistent and reliable source of meat.

동물의 가축화는 유목민들에게 더 일관되고 신뢰할 수 있는 고기 공급원을 제공했다.


### ▪ A가 ~하는 것을 막다 prevent A from v-ing

One of the best ways to **prevent** food **from** spoil**ing** is to slow down bacteria growth.

음식이 상하는 것을 막는 가장 좋은 방법 중 하나는 세균의 성장을 늦추는 것이다.


### ▪ ~와 연관되다 be associated with

In the first theory, the extinction **is associated with** a lack of sunlight.

첫 번째 이론에서, 그 멸종은 햇빛의 부족과 관련이 있다.


### ▪ ~하는 것을 가능하게 하다 make it possible to

Railroads **made it possible to** transport those raw materials to remote areas.

철도는 그 원자재를 먼 지역으로 운송하는 것을 가능하게 했다.

| | |
|---|---|
| 서론 | **In the lecture, the professor explains [문제에 등장하는 두 개의 키워드].**<br>강의에서, 교수는 [문제에 등장하는 두 개의 키워드]를 설명한다.<br><br>**And the professor gives examples to explain this.**<br>그리고 교수는 이를 설명하기 위해 예시들을 제시한다. |
| 본론 | 소주제 1<br>**The first [키워드] is [첫 번째 내용].**<br>첫 번째 [키워드]는 [첫 번째 내용]이다.<br><br>**For example, [세부사항].**<br>예를 들어, [세부사항].<br><br>소주제 2<br>**The second [키워드] is [두 번째 내용].**<br>두 번째 [키워드]는 [두 번째 내용]이다.<br><br>**For instance, [세부사항].**<br>예를 들어, [세부사항]. |
| 마무리<br>(생략 가능) | **These are the two examples of [주제].**<br>이것들이 [주제]의 두 가지 예시들이다. |

# 03 Practice Test

## 실전문제 1

◀) Speaking_Q4_1

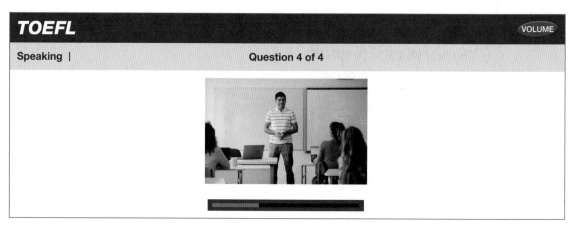

| TOEFL | VOLUME |
|---|---|
| Speaking | Question 4 of 4 |

Using the examples from the lecture, explain two ways that a product's packaging can be designed to appeal to consumers.

| Preparation Time | 20 Seconds |
|---|---|
| Response Time | 60 Seconds |

| PREPARATION TIME |
|---|
| 00:00:20 |

# 실전문제 2

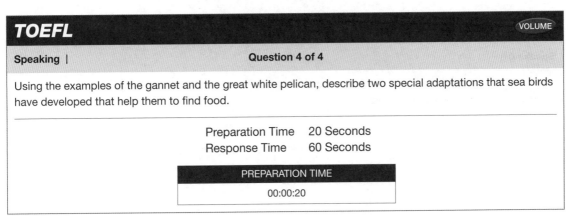

Using the examples of the gannet and the great white pelican, describe two special adaptations that sea birds have developed that help them to find food.

---

Preparation Time    20 Seconds
Response Time    60 Seconds

| PREPARATION TIME |
| --- |
| 00:00:20 |

# 실전문제 3

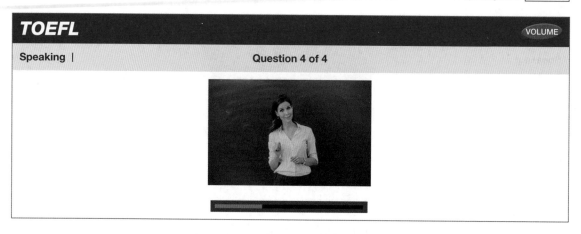

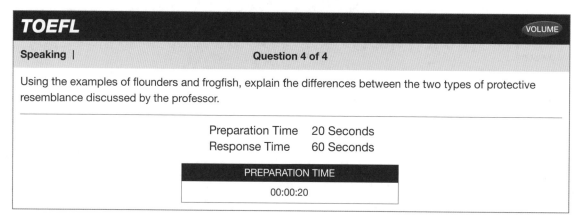

Using the examples of flounders and frogfish, explain fhe differences between the two types of protective resemblance discussed by the professor.

Preparation Time    20 Seconds
Response Time    60 Seconds

| PREPARATION TIME |
|:---:|
| 00:00:20 |

# 실전문제 4

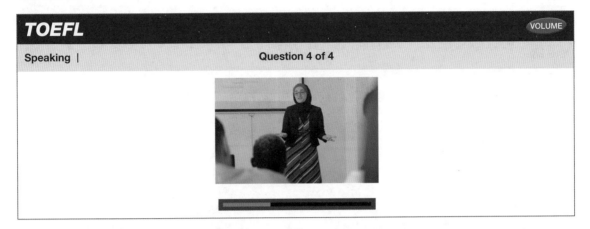

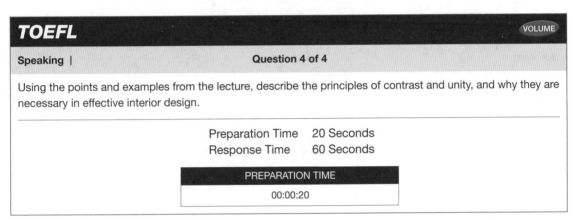

Using the points and examples from the lecture, describe the principles of contrast and unity, and why they are necessary in effective interior design.

Preparation Time    20 Seconds
Response Time     60 Seconds

| PREPARATION TIME |
| --- |
| 00:00:20 |

# 실전문제 5

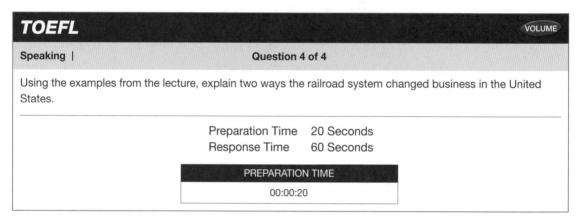

# 실전문제 6

---

**TOEFL**                                                                    VOLUME

Speaking |                          **Question 4 of 4**

---

**TOEFL**                                                                    VOLUME

Speaking |                          **Question 4 of 4**

Using points and examples from the lecture, explain two environmental conditions that help preserve archaeological artifacts.

---

Preparation Time     20 Seconds
Response Time        60 Seconds

| PREPARATION TIME |
|:---:|
| 00:00:20 |

# 실전문제 7

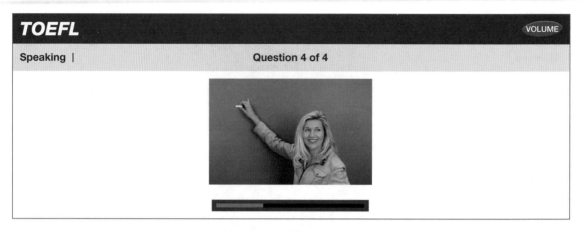

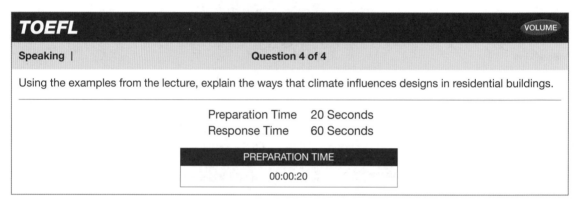

# 실전문제 8

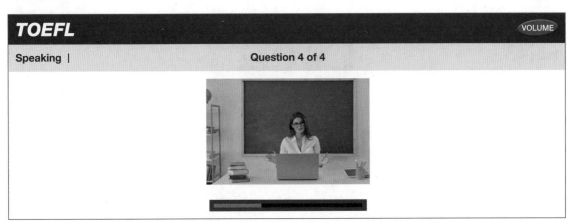

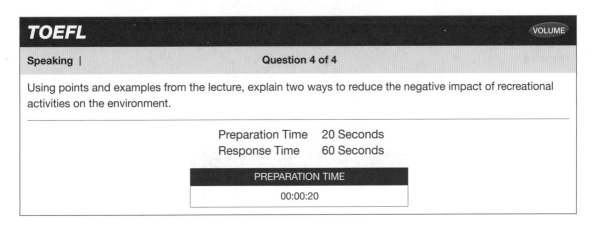

Using points and examples from the lecture, explain two ways to reduce the negative impact of recreational activities on the environment.

Preparation Time    20 Seconds
Response Time    60 Seconds

| PREPARATION TIME |
| --- |
| 00:00:20 |

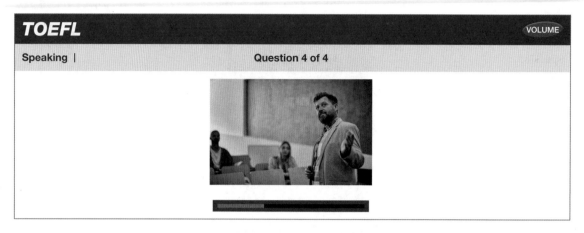

## TOEFL

VOLUME

Speaking  |

Question 4 of 4

Using points and examples from the lecture, explain two strategies to extend the life cycle of the products.

Preparation Time     20 Seconds
Response Time       60 Seconds

| PREPARATION TIME |
| --- |
| 00:00:20 |

# 실전문제 10

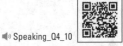

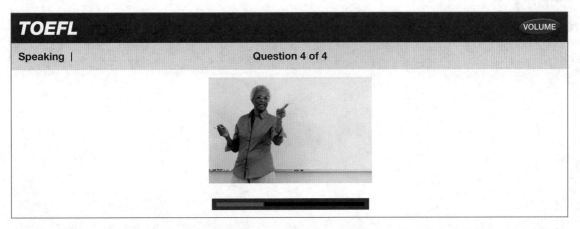

---

Using points and examples from the lecture, explain two adaptations that allow animals to run at high speeds.

---

Preparation Time    20 Seconds
Response Time       60 Seconds

| PREPARATION TIME |
| --- |
| 00:00:20 |

toefl.siwonschool.com

# Actual Tests

# 01 Actual Test 1

## Question 1

◀» Speaking_AT1_Q1

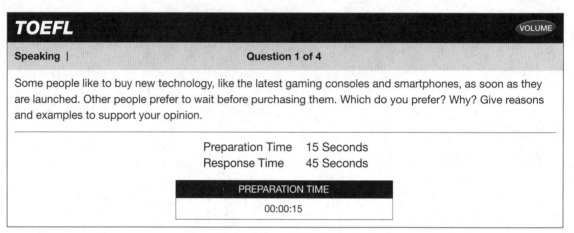

**TOEFL**

VOLUME

| Speaking | | Question 1 of 4 |

Some people like to buy new technology, like the latest gaming consoles and smartphones, as soon as they are launched. Other people prefer to wait before purchasing them. Which do you prefer? Why? Give reasons and examples to support your opinion.

Preparation Time 15 Seconds
Response Time 45 Seconds

| PREPARATION TIME |
| --- |
| 00:00:15 |

# Question 2

---

**TOEFL**  VOLUME

Speaking |             **Question 2 of 4**

---

*Running Time: 45 Seconds*

### International Business Internships

It is becoming increasingly important for employees to understand how business is conducted in other cultures, because the majority of companies are involved in international business activities. We need to understand how overseas clients or partners prefer to be contacted, how to greet them, and where they prefer to conduct meetings. Therefore, I recommend that the business department offer an international internship program. Students would gain valuable experience for future careers in international business if they spent several weeks working in a different country. Plus, travel expenses for our most promising students could be covered by the business department so that the experience is affordable for them.

Sincerely,
Peter Black

---

**TOEFL**  VOLUME

Speaking |             **Question 2 of 4**

---

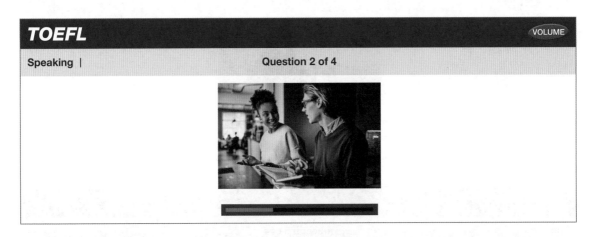

---

**TOEFL**  VOLUME

Speaking |             **Question 2 of 4**

---

The man expresses his opinion about the letter. State his opinion and explain the reasons why he feels that way.

---

Preparation Time     30 Seconds
Response Time     60 Seconds

| PREPARATION TIME |
| --- |
| 00:00:30 |

# Question 3

---

**TOEFL**  VOLUME

Speaking |  **Question 3 of 4**

*Running Time: 45 Seconds*

### Opportunity Cost

People often need to choose from a wide range of options or courses of action in order to make a decision. For the majority of people, when thinking about the cost of selecting a specific option, they are more likely to think in terms of how much money they will lose by selecting that option. However, they tend to ignore the opportunity cost. Opportunity cost refers to the benefits people lose out on when selecting one option over another. In other words, when people select a particular option, they will not receive the benefits associated with the options that they disregarded.

---

**TOEFL**  VOLUME

Speaking |  **Question 3 of 4**

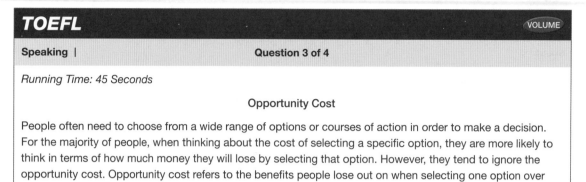

---

**TOEFL**  VOLUME

Speaking |  **Question 3 of 4**

Using the example described by the professor, explain the concept of opportunity cost.

Preparation Time   30 Seconds
Response Time   60 Seconds

| PREPARATION TIME |
| --- |
| 00:00:30 |

# Question 4

Using the examples provided in the lecture, explain two ways squirrels survive the cold winter season.

Preparation Time    20 Seconds
Response Time    60 Seconds

| PREPARATION TIME |
| --- |
| 00:00:20 |

# Actual Test 2

## Question 1

Speaking_AT2_Q1

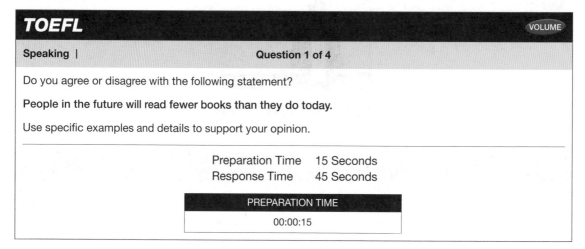

**TOEFL**

VOLUME

Speaking |                  **Question 1 of 4**

Do you agree or disagree with the following statement?

**People in the future will read fewer books than they do today.**

Use specific examples and details to support your opinion.

Preparation Time    15 Seconds
Response Time      45 Seconds

PREPARATION TIME

00:00:15

# Question 2

---

**TOEFL**　　　　　　　　　　　　　　　　　　　　　　　　　　VOLUME

Speaking |　　　　　　　　　　**Question 2 of 4**

*Running Time: 45 Seconds*

### New Daily Information E-mail

Starting today, the university will send a daily e-mail to all students to notify them about events and activities that are being held on campus. In the past, students have relied on the weekly campus magazine to get information about campus events, but the new daily e-mail will keep them better informed by providing the latest updates. Speaking about the new approach, a university spokesperson said, "E-mail has become a daily part of our lives. In particular, students tend to check their e-mail messages on a regular basis, so this change makes a lot of sense and will benefit everyone."

---

**TOEFL**　　　　　　　　　　　　　　　　　　　　　　　　　　VOLUME

Speaking |　　　　　　　　　　**Question 2 of 4**

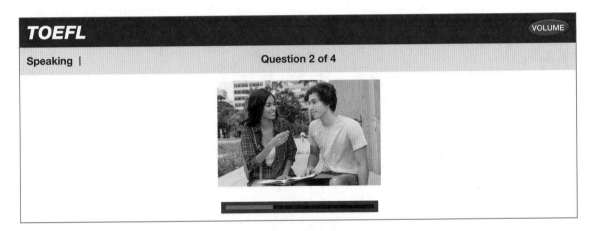

---

**TOEFL**　　　　　　　　　　　　　　　　　　　　　　　　　　VOLUME

Speaking |　　　　　　　　　　**Question 2 of 4**

The woman expresses her opinion about the university's plan. Briefly summarize the plan. Then state her opinion about the plan and explain the reasons she gives for holding that opinion.

Preparation Time　　30 Seconds
Response Time　　60 Seconds

| PREPARATION TIME |
|:---:|
| 00:00:30 |

# Question 3

*Running Time: 45 Seconds*

## Reward Theory of Attraction

When it comes to making friends, there are numerous factors that influence people. For example, positive or negative events that take place around the time two people meet may influence whether or not a friendship is established. The effect of external events on the chances of people becoming friends is referred to by psychologists as the reward theory of attraction. According to the theory, individuals who we associate with positive, rewarding events are more likely candidates for potential friendship than those who we associate with negative, unrewarding events.

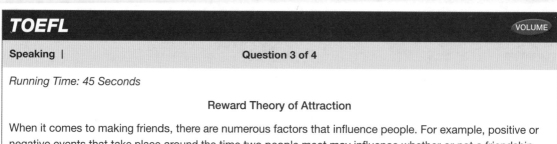

Explain how the example from the lecture illustrates the reward theory of attraction.

Preparation Time    30 Seconds
Response Time    60 Seconds

| PREPARATION TIME |
| --- |
| 00:00:30 |

# Question 4

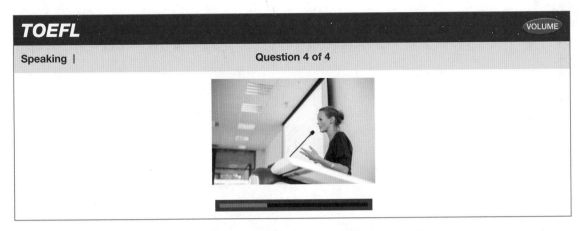

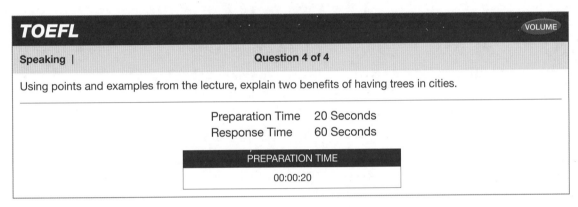

**Speaking** |

**Question 4 of 4**

Using points and examples from the lecture, explain two benefits of having trees in cities.

Preparation Time    20 Seconds
Response Time    60 Seconds

| PREPARATION TIME |
| --- |
| 00:00:20 |

시원스쿨 토플 전문강사
**류형진 선생님**

시원스쿨
# TOEFL Speaking
# 온라인 강의

빈출 토픽별 학습으로 최신 트렌드 파악
## 시원스쿨 TOEFL Speaking 강의 POINT 3

토픽별 문제모음을 통해
배경지식과 관련
말하기 표현 습득

체계적인 유형별 문제구분과
그에 따른 맞춤형 답변을 통해
최적화된 템플릿 제시

문제유형 세분화 구성 및
다양한 기출 변형 문제로
시험 트렌드 파악

시원스쿨LAB(lab.siwonschool.com)에서 유료강의를 수강하실 수 있습니다.

토플 개정 도서&인강 업데이트 완료
사자마자 50%, 최대 300% 환급까지!

# 300%

# 시원스쿨 토플 환급반

SIWONSCHOOL LAB

### • benefit01 •

## 50%

출석 NO 성적 NO

**사자마자 현금 환급**

*환급조건 : 성적표 제출 및 후기 작성 등
제세공과금&교재비 제외, 유의사항 참고

### • benefit02 •

## 300%

미션 성공하면

**최대 300% 현금 환급**

*제세공과금 부담, 교재비 제외,
미션 유의사항 참고, 구매상품에 따라 다름

### • benefit03 •

## 교재 7권

레벨 맞춤 교재

**최대 7권 포함**

*구매 상품에 따라 다름

목표 달성 후기가 증명합니다

# 고민하지 말고 지금 시작하세요!

### 류형진 선생님 강의
### 들고 110점 맞았습니다!

수강생 강*희

특히 라이팅 부분은 많은 주제를 써보는 것이 유리합니다. 이번
시험에 황당한 주제를 받아서 당황했지만 선생님께서 알려주신
브레인스토밍 기법으로 어느 방향으로 쓰는 것이 쉬운지 먼저
파악했고 다른 주제들에서 사용했던 아이디어들을 잘 응용해서
다행히 잘 썼습니다.
나름 명문대를 다니고 있지만 주변 친구들 중 100점 넘는 친구를
거의 못 봤습니다. 이번에 단기간에 목표 점수를 잘 받아서
내년에 괜찮은 영어권 대학으로 교환학생을 갈 수 있게
됐습니다.

### Listening Lecture 6개 중
### 4개 틀리던 제게 희망을!

수강생 점*연

영어를 5분 이상 듣는 것조차 너무 스트레스였고, 리스닝은
한 번에 늘지 않는다는 것에 절망했습니다. 하지만, 레이첼 쌤과
함께 수업을 하고 정답률이 많이 높아졌습니다.

리스닝을 구조화해서 노트테이킹 하는법을 배웠고, 이는 내가
100% 이해하지 않아도 "이부분에서 이러한 이야기가 나왔으니
이게 정답이겠다"라는 생각으로 문제를 풀 수 있었습니다.
덕분에 2주만에 리스닝 6점이 올랐습니다.

토플 모든 강좌 무제한 수강

# SIWONSCHOOL

토플 전강좌
끝장 프리패스

기초부터 실전까지 토플 전 강좌 무제한 수강
끝장패스 하나로 확실하게 토플 고득점 달성!

시원스쿨 토플 전 강좌
**무제한 수강**

시험 전 필수!
**특별 자료집 제공**
* PDF

그래머 베이직 & 영어
**발음/면접 강의 무료**
* 발음/면접 강의 30일 수강권으로 제공

**1:1 초밀착 카톡 스터디**

**첨삭권/ETS 모의고사 무료**
* 상품마다 구성 상이

시원스쿨LAB(toefl.siwonschool.com)에서 토플 전강좌 끝장 프리패스를 신청하실 수 있습니다.
제공하는 혜택 등은 기간에 따라 다를 수 있습니다.

# 히트브랜드 토익·토스·오픽·인강 1위
## 시원스쿨LAB 교재 라인업
*2020-2022 3년 연속 히트브랜드대상 1위 토익·토스·오픽·인강

## 시원스쿨 토익 교재 시리즈

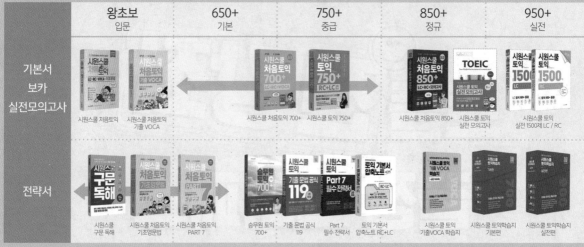

| | 왕초보<br>입문 | 650+<br>기본 | 750+<br>중급 | 850+<br>정규 | 950+<br>실전 |
|---|---|---|---|---|---|
| 기본서<br>보카<br>실전모의고사 | 시원스쿨 처음토익 · 시원스쿨 처음토익 기출 VOCA | | 시원스쿨 처음토익 700+ · 시원스쿨 토익 750+ | 시원스쿨 처음토익 850+ · 시원스쿨 토익 실전 모의고사 | 시원스쿨 토익 실전 1500제 LC / RC |
| 전략서 | 시원스쿨 구문 독해 · 시원스쿨 처음토익 기초영문법 · 시원스쿨 처음토익 PART 7 | | 승무원 토익 700+ · 기출 문법 공식 119 · Part 7 필수 전략서 · 토익 기본서 압축노트 RC+LC | 시원스쿨 토익 기출VOCA 학습지 | 시원스쿨 토익학습지 기본편 · 시원스쿨 토익학습지 실전편 |

## 시원스쿨 토익스피킹, 듀오링고, 오픽, SPA 교재 시리즈

10가지 문법으로 시작하는 토익스피킹 기초영문법 · 28시간에 끝내는 토익스피킹 START · 5일 만에 끝내는 토익스피킹 · 15개 템플릿으로 끝내는 토익스피킹 · 시원스쿨 토익스피킹 IM - AL · 시원스쿨 토익스피킹 실전 모의고사 · 시원스쿨 토익스피킹 학습지 · Duolingo English Test 개정판 · Duolingo English Test 실전모의고사 · Duolingo English Test 영문판 · Duolingo English Test 기출 보카

시원스쿨 빅오픽 START · 시원스쿨 빅오픽 IM-IH · 시원스쿨 오픽 IM-AL · 시원스쿨 오픽 실전 모의고사 · 멀티캠퍼스X시원스쿨 오픽 진짜학습지 IM 실전 · 멀티캠퍼스X시원스쿨 오픽 진짜학습 IH 실전 · 멀티캠퍼스X시원스쿨 오픽 진짜학습지 AL 실전 · 시원스쿨 오픽학습지 실전전략편 IH-AL · OPIc All in one PACKAGE IM-AL · 시원스쿨 SPA · 시원스쿨 SPA 실전 모의고사

## 시원스쿨 아이엘츠 교재 시리즈          ## 시원스쿨 토플 교재 시리즈

IELTS Study Pack · 아이엘츠 MASTER · 아이엘츠 기출 VOCA         시원스쿨 TOEFL Basic · 시원스쿨 TOEFL Intermediate · 시원스쿨 TOEFL Actual Tests · 시원스쿨 TOEFL 기출 VOCA · 시원스쿨 TOEFL Speaking · 시원스쿨 TOEFL Writing · 시원스쿨 TOEFL Listening · 시원스쿨 TOEFL Reading

## 시원스쿨 지텔프 교재 시리즈          ## 시원스쿨 텝스 교재 시리즈

지텔프 기출문제집 공식 기출 7회분 · 지텔프 기출문법 · 지텔프 기출VOCA · 지텔프 기출독해 · 지텔프 기출청취 · 시원스쿨 지텔프 최신 기출 유형 문법 모의고사 · 시원스쿨 지텔프 32-50 · 시원스쿨 지텔프 65+          시원스쿨 텝스 Basic · 시원스쿨 텝스 청해 · 시원스쿨 텝스 어휘·문법 · 시원스쿨 텝스 독해 · 뉴텝스 서울대 공식 기출문제집

고득점을 위한 **토플 스피킹** 기본서

# SIWONSCHOOL
# TOEFL
## Speaking

## 정답 및 해설

시원스쿨 **LAB**

고득점을 위한 **토플 스피킹 기본서**

# SIWONSCHOOL
# TOEFL
## Speaking

## 정답 및 해설

시원스쿨 **LAB**

## 실전문제 1

### 문제 해석

한 대학교에서 모든 학생들이 의무적으로 노트북 컴퓨터를 소유하도록 만드는 것을 고려하고 있다. 이러한 정책에 동의하는가, 아니면 동의하지 않는가? 구체적인 이유를 들어 의견을 뒷받침하시오.

### 문제 핵심 포인트

해당 정책과 관련하여, 온라인 수업 / 노트북 또는 전자책 의무화 / 신입생의 기숙사 생활 등을 떠올릴 수 있다. 학업에 집중할 수 있는 환경과 관련된 정답을 만들어보자.

### 아웃라인

| | | |
|---|---|---|
| [주장] | to own a laptop | 노트북 소유 |
| [이유 1] | study effic- | 효율적으로 학습 |
| [추가 설명] | access info & type | 정보 접근 & 타이핑 |
| [이유 2] | study effect- | 효과적 학습 |
| [추가 설명] | lecture / view | 강의/(이미지)보기 |

### 나의 답변

| [나의 주장] | I believe that it is a good idea to make students own a laptop. |
| --- | --- |
| [구조 제시] | And there are many reasons why I think so. |

| [이유 1] | First, students can study efficiently. |
| --- | --- |
| [추가 설명] | It takes a lot of time for students to find information in books. But students can access information easily through a laptop within a minute. They can also take notes or type ideas faster with a laptop. |

| [이유 2] | In addition, students can study effectively. |
| --- | --- |
| [추가 설명] | Students are able to watch lectures or view images with their laptops. In other words, students can focus entirely on the materials and understand them thoroughly. |

| [시간이 남을 경우] | Therefore, I think this is a good policy for students. |
| --- | --- |

| [나의 주장] | 나는 학생들이 노트북을 소유하도록 만드는 것이 좋은 생각이라고 믿는다. |
| --- | --- |
| [구조 제시] | 그리고 내가 그렇게 생각하는 데 많은 이유가 있다. |

| [이유 1] | 첫째, 학생들은 효율적으로 공부할 수 있다. |
| --- | --- |
| [추가 설명] | 학생들이 책에서 정보를 찾는 데는 많은 시간이 걸린다. 하지만 학생들은 일 분 안에 노트북을 통해 쉽게 정보에 접근할 수 있다. 그들은 또한 노트북으로 메모를 하거나 아이디어를 더 빨리 타이핑할 수 있다. |

| [이유 2] | 게다가, 학생들은 효과적으로 공부할 수 있다. |
| --- | --- |
| [추가 설명] | 학생들은 그들의 노트북으로 강의를 보거나 이미지를 볼 수 있다. 다시 말해, 학생들은 온전히 자료에 집중해서 그것들을 철저히 이해할 수 있다. |

| [시간이 남을 경우] | 그러므로, 나는 이것이 학생들을 위한 좋은 정책이라고 생각한다. |
| --- | --- |

**고득점 TIP**

**25점 이상 고득점을 위해 아래 예시와 같이 자신의 경험을 바탕으로 답변 내용에 추가**

In my case, our school requires students to own a laptop.
Whenever I have difficulty studying biology, I often watch biology lectures on the Internet.
This helps me study a lot better.
나의 경우, 우리 학교는 학생들에게 노트북을 소유하도록 요구한다.
나는 생물학 공부가 어려울 때마다, 종종 인터넷으로 생물학 강의를 본다.
이것은 내가 공부를 훨씬 더 잘하도록 도와준다.

**어휘**

mandatory 의무적인 laptop 노트북 efficiently 효율적으로 effectively 효과적으로 material 자료 thoroughly 철저히 policy 정책 biology 생물학

# 실전문제 2

어떤 사람들은 온라인으로 쇼핑하는 것을 좋아한다. 다른 이들은 매장을 직접 방문해 쇼핑하는 것을 선호한다. 당신은 어느 것을 선호하는가? 그 이유를 설명하시오.

## 문제 핵심 포인트

직접적 경험과 간접적 경험을 나눌 때 대표적으로 등장하는 부분이 인터넷을 활용한 활동이다. 시간/비용을 절약함과 동시에 더욱 나은 경험을 할 수 있다는 점을 강조하자.

## 아웃라인

| | | |
|---|---|---|
| [주장] | shopping online | 온라인 쇼핑 |
| [이유 1] | save money | 돈 절약 |
| [추가 설명] | find afford-price | 저렴한 가격 찾기 |
| [이유 2] | better product | 더 나은 제품 |
| [추가 설명] | watch / read | 영상을 보거나 의견 읽기 |

## 나의 답변

| | |
|---|---|
| [나의 주장] | In my opinion, shopping online is much better. |
| [구조 제시] | And there are several reasons why I think so. |
| [이유 1] | To begin with, people can save money. |
| [추가 설명] | Nowadays, there are many websites on the Internet. This means that people can visit many websites and compare the prices of products easily. People can find quality products at an affordable price. |
| [이유 2] | What's more, people can find better products. |
| [추가 설명] | Unlike visiting stores, people can watch videos online or read comments about many different products. This helps people choose the best one. |
| [시간이 남을 경우] | Therefore, shopping online is a better option. |

| | |
|---|---|
| [나의 주장] | 내 생각에, 온라인 쇼핑이 훨씬 더 좋다. |
| [구조 제시] | 그리고 내가 그렇게 생각하는 데 몇 가지 이유가 있다. |
| [이유 1] | 우선, 사람들은 돈을 절약할 수 있다. |
| [추가 설명] | 요즘, 인터넷에는 많은 웹사이트들이 있다. 이것은 사람들이 많은 웹사이트를 방문하고 상품의 가격을 쉽게 비교할 수 있다는 것을 의미한다. 사람들은 저렴한 가격에 질 좋은 제품을 찾을 수 있다. |
| [이유 2] | 게다가, 사람들은 더 좋은 제품을 찾을 수 있다. |
| [추가 설명] | 매장을 방문하는 것과 달리, 사람들은 온라인으로 동영상을 보거나 많은 다른 제품에 대한 의견을 읽을 수 있다. 이것은 사람들이 가장 좋은 것을 선택하도록 돕는다. |
| [시간이 남을 경우] | 그러므로, 온라인 쇼핑은 더 나은 선택이다. |

**고득점 TIP**

25점 이상 고득점을 위해 아래 예시와 같이 자신의 경험을 바탕으로 답변 내용에 추가

In my case, I love buying clothes through an online shopping mall.
I visit a lot of websites to find nice shirts and pants.
Comments and reviews on the sites help me find the best ones.
내 경우에는 온라인 쇼핑몰을 통해서 옷을 사는 걸 좋아한다.
나는 멋진 셔츠와 바지를 찾기 위해 많은 웹사이트를 방문한다.
사이트의 댓글과 리뷰는 내가 가장 좋은 것들을 찾도록 도와준다.

**어휘**

**affordable** 가격이 알맞은, 감당할 수 있는 **comment** 의견, 댓글 **review** 후기 **option** 선택

# 실전문제 3

직원들에게 탄력적인 근무 시간을 갖도록 허용하는 것의 장단점은 무엇인가? 예시와 세부 정보를 활용해 의견을 뒷받침하시오.

## 문제 핵심 포인트

토플 응시자에게 생소한 주제가 바로 직장과 관련된 질문이다. 기존의 템플릿을 현명하게 활용하여 삶의 질 향상과 업무 능력 및 성과에 관한 정답을 만들어보자.

## 아웃라인

| [주장] | Pros & Cons | 장점과 단점 |
|---|---|---|
| [이유 1] | relieve stress (pros) | 스트레스 해소(장) |
| [추가 설명] | arrange sched- | 일정 조정 |
| [이유 2] | X work cohesi- (cons) | 응집력 있게 일 불가(단) |
| [추가 설명] | different time | 다른 시간대 |

## 나의 답변

| | |
|---|---|
| [나의 주장] | There are certain advantages and disadvantages of having flexible working hours. |
| [구조 제시] | (생략) |

[이유 1]    To begin with, workers can relieve their stress.

[추가 설명]  Working several hours in a fixed schedule can be stressful. But by having flexible working hours, they can arrange their schedule flexibly and do things that they want to do. They may go exercising in the morning or meet friends after work.

[이유 2]    On the other hand, workers would not be able to work cohesively.

[추가 설명]  If people at work have different time schedules, it would be more difficult for them to communicate and interact compared to before. This may cause some problems on their projects.

[시간이 남을 경우]  These are some advantages and disadvantages of having flexible working hours.

---

[나의 주장]    탄력 근무제에는 몇몇 장점과 단점이 있다.

[이유 1]    우선, 근로자들은 스트레스를 해소할 수 있다.

[추가 설명]  정해진 일정으로 몇 시간을 일하는 것은 스트레스를 유발할 수 있다. 하지만 유연한 근무 시간을 가짐으로써, 그들은 일정을 유연하게 조정하고 하고 싶은 일을 할 수 있다. 그들은 아침에 운동을 하러 가거나 일이 끝난 후에 친구들을 만날 수도 있다.

[이유 2]    반면에, 근로자들은 응집력 있게 일할 수 없을 것이다.

[추가 설명]  만약 직장인들이 다른 근무 시간을 가지고 있다면, 전에 비해 의사소통을 하고 교류하기 더 어려울 것이다. 이것은 그들의 프로젝트에 몇 가지 문제를 일으킬 수 있다.

[시간이 남을 경우]  이것들이 탄력 근무제의 장점과 단점이다.

**고득점 TIP**

25점 이상 고득점을 위해 아래 예시와 같이 자신의 경험을 바탕으로 답변 내용에 추가

In my case, I enjoy having flexible working hours.
I go to the gym every morning and exercise for an hour.
I feel great after working out, and this helps me focus on my work better.
나의 경우, 탄력 근무제가 좋다.
나는 매일 아침 체육관에 가서 한 시간 동안 운동을 한다.
운동을 하고 나면 기분이 좋아지고, 이것은 일에 더 잘 집중하게 해준다.

**어휘**

flexible 탄력적인, 유연한  flexible working hours 탄력 근무제  cohesively 응집력 있게  interact 교류하다  work out 운동하다

# 실전문제 4

문제 해석

학교 과제 또는 직장 업무를 위해 여론 조사 결과를 수집하도록 요청받을 경우, 대면 설문 조사를 실시하는 것과 온라인 설문지를 만드는 것, 또는 우편으로 설문지를 발송하는 것 중에서 어느 방법을 선호하는가? 구체적인 근거와 예시를 활용해 선택 사항을 설명하시오.

**문제 핵심 포인트**

세 가지 옵션 중 하나를 선택하여 업무나 과제를 수행하라는 문제가 출제된다. 이런 경우, 비교급 표현을 활용해 최대의 진행 효율성을 보일 수 있는 답안을 선택하여 아웃라인을 잡자.

**아웃라인**

| [주장] | online survey | 온라인 설문지 |
|---|---|---|
| [이유 1] | faster | 더 빠름 |
| [추가 설명] | gather auto / receiv- | 자동, 빠르게 수집 |
| [이유 2] | cheaper | 더 낮은 비용 |
| [추가 설명] | cost X / inter | 기타 비용 불필요 및 인터넷 |

**나의 답변**

| | |
|---|---|
| [나의 주장] | That is an interesting question. Personally, I think that creating an online survey is better. |
| [구조 제시] | And there are some reasons why I think so. |
| [이유 1] | First of all, creating an online survey is faster. |
| [추가 설명] | Unlike paper questionnaires, the information is gathered automatically. And responses are received much faster compared to other types of surveys. So, people can work efficiently. |
| [이유 2] | Moreover, online surveys can be cheaper. |
| [추가 설명] | Using online surveys reduces the research costs. People do not have to spend money on postage or use their time and resources. All people have to do is enter the information on the Internet. |
| [시간이 남을 경우] | For these reasons, an online survey would be the best choice. |

| | |
|---|---|
| [나의 주장] | 그것은 흥미로운 질문이다. 개인적으로, 나는 온라인 설문조사를 만드는 것이 더 낫다고 생각한다. |
| [구조 제시] | 그리고 내가 그렇게 생각하는 데 몇 가지 이유가 있다. |
| [이유 1] | 우선, 온라인 설문조사를 만드는 것이 더 빠르다. |
| [추가 설명] | 종이 설문지와 달리, 정보가 자동으로 수집된다. 그리고 다른 유형의 설문조사에 비해 훨씬 더 빠르게 응답을 받는다. 그래서, 사람들이 효율적으로 작업할 수 있다. |
| [이유 2] | 게다가, 온라인 설문조사는 더 저렴할 수 있다. |
| [추가 설명] | 온라인 설문조사를 이용하면 조사 비용이 절감된다. 사람들은 우편 요금에 돈을 쓰거나 시간과 자원을 이용할 필요가 없다. 사람들은 인터넷에 정보를 입력하기만 하면 된다. |
| [시간이 남을 경우] | 이러한 이유로, 온라인 설문조사가 최선의 선택일 것이다. |

**고득점 TIP**

**25점 이상 고득점을 위해 아래 예시와 같이 자신의 경험을 바탕으로 답변 내용에 추가**

In my case, I had an opportunity to conduct an online survey for my final paper.
It was not difficult at all because I could send links to my colleagues easily.
The answers were collected very fast.
It was really efficient for me to finish my survey.

나의 경우, 기말 과제를 위해 온라인 설문조사를 할 기회가 있었다.
동료들에게 링크를 쉽게 보낼 수 있어서 전혀 어렵지 않았다.
대답들은 매우 빠르게 수집되었다.
내가 설문조사를 끝마치는 게 정말 효율적이었다.

**어휘**

public opinion 여론  survey (설문) 조사  conduct ~을 실시하다  paper 과제물, 논문

# 실전문제 5

다음 주장에 동의하는가, 아니면 동의하지 않는가?
아이들은 설거지 같은 집안일을 하는 것에 대해 용돈을 받아야 한다.
구체적인 예시와 세부 정보를 활용해 의견을 뒷받침하시오.

## 문제 핵심 포인트

부모가 아이를 교육하는 과정에서 필요한 요소 중 하나가 바로 보상(reward)이다. 이러한 주제가 나올 경우, 보상의 중요성을 명확하게 전달해주는 것이 중요하다.

## 아웃라인

| [주장] | should give money | 돈을 주어야 한다 |
|---|---|---|
| [이유 1] | feel accomplished | 성취감 |
| [추가 설명] | replicate - feeling | 감정을 다시 느끼다 |
| [이유 2] | understand work | 일에 대한 이해 |
| [추가 설명] | complete / recei- reward | 완료 및 보상 받기 |

## 나의 답변

| | |
|---|---|
| [나의 주장] | I think that children should receive money for doing household chores. |
| [구조 제시] | And there are some reasons why I think so. |
| [이유 1] | To begin with, children can feel more accomplished. |
| [추가 설명] | Doing household chores is not easy for children. However, by earning money through hard work, this would make children feel happy and energetic. This will also encourage and motivate children to replicate this feeling. |
| [이유 2] | Moreover, children can understand the concept of work. |
| [추가 설명] | They can communicate and share ideas about household tasks with their parents. Children can learn valuable lessons by completing their tasks and receiving rewards. It can be great preparation for adulthood as well. |
| [시간이 남을 경우] | Therefore, receiving money is a great reward for children. |

| | |
|---|---|
| [나의 주장] | 나는 아이들이 집안일을 하는 것에 대해 돈을 받아야 한다고 생각한다. |
| [구조 제시] | 그리고 내가 그렇게 생각하는 데 몇 가지 이유가 있다. |
| [이유 1] | 우선, 아이들은 성취감을 더 많이 느낄 수 있다. |
| [추가 설명] | 집안일을 하는 것은 아이들에게 쉽지 않다. 하지만, 열심히 일해서 돈을 벌면, 이것은 아이들을 행복하고 활기차게 느끼게 할 것이다. 이것은 또한 아이들이 이 감정을 다시 느끼도록 격려하고 동기를 부여할 것이다. |
| [이유 2] | 게다가, 아이들은 일의 개념을 이해할 수 있다. |
| [추가 설명] | 그들은 부모님과 소통하고 집안일에 대한 생각을 공유할 수 있다. 아이들은 그들의 일을 완수하고 보상을 받음으로써 가치 있는 교훈을 배울 수 있다. 그것은 또한 성인이 되기 위한 훌륭한 준비가 될 수 있다. |
| [시간이 남을 경우] | 그러므로, 돈을 받는 것은 아이들에게 큰 보상이다. |

**고득점 TIP**

25점 이상 고득점을 위해 아래 예시와 같이 자신의 경험을 바탕으로 답변 내용에 추가

In my case, my parents used to pay me for doing dishes.
Because I got money, I always believed that I had to do dishes really well.
I could feel a strong sense of responsibility for my job.

나의 경우, 부모님이 나에게 설거지 비용을 주곤 했다.
돈을 받았기 때문에, 나는 항상 설거지를 정말 잘해야 한다고 믿었다.
나는 내 일에 대한 강한 책임감을 느낄 수 있었다.

**어휘**

household chore(s) 집안일  concept 개념  replicate the feeling 감정을 다시 느끼다

# 실전문제 6

문제 해석

어떤 사람들은 18세들이 투표하기에 충분히 성숙하지 않다고 생각한다. 이러한 생각에 동의하는가, 아니면 동의하지 않는가? 구체적인 예시와 세부 정보를 활용해 의견을 뒷받침하시오.

## 문제 핵심 포인트

청소년(teenagers) 또는 청년(young adults)은 경험과 지식이 부족한 연령대로 볼 수 있다. 이런 경우, 경험과 지식을 보완할 수 있는 인터넷, 친구, 또는 부모와 같은 존재를 대입하여 문제를 해결해 보자.

## 아웃라인

| | | |
|---|---|---|
| [주장] | old enough | 충분한 나이 |
| [이유 1] | avail- Internet | 인터넷의 정보 이용 가능 |
| [추가 설명] | watch / read | 시청하고 읽기 |
| [이유 2] | better idea | 더 나은 생각 |
| [추가 설명] | comm- share | 소통하고 공유 |

## 나의 답변

| | |
|---|---|
| [나의 주장] | That is an interesting question. I think eighteen-year-olds are mature enough to vote. |
| [구조 제시] | And I will explain why. |

[이유 1]　First of all, information about politics is available on the Internet.
[추가 설명]　Teenagers can access information within a minute. They can watch the news or read articles on the Internet. This allows them to understand the policies, recent issues, and public opinions for their votes.

[이유 2]　Moreover, eighteen-year-olds can have better ideas.
[추가 설명]　Unlike the elderly, eighteen-year-olds can communicate and share ideas with others online. They can pool their knowledge and suggest better, practical ideas to change the world.

[시간이 남을 경우]　Therefore, eighteen-year-olds should be able to vote.

---

[나의 주장]　그것은 흥미로운 질문이다. 나는 18세가 투표하기에 충분히 성숙하다고 생각한다.
[구조 제시]　그리고 그 이유를 설명하겠다.

[이유 1]　우선, 정치에 대한 정보는 인터넷에서 구할 수 있다.
[추가 설명]　십대들은 1분 안에 정보에 접근할 수 있다. 그들은 인터넷에서 뉴스를 보거나 기사를 읽을 수 있다. 이것은 그들이 그들의 투표를 위한 정책, 최근의 문제들, 그리고 여론을 이해할 수 있게 해준다.

[이유 2]　게다가, 18세들은 더 나은 생각을 가질 수 있다.
[추가 설명]　노인들과 달리, 18세들은 온라인에서 다른 사람들과 소통하고 아이디어를 공유할 수 있다. 그들은 그들의 지식을 모을 수 있고 세상을 바꾸기 위해 더 좋고 실용적인 아이디어를 제안할 수 있다.

[시간이 남을 경우]　그러므로, 18세들은 투표할 수 있어야 한다.

### 고득점 TIP

25점 이상 고득점을 위해 아래 예시와 같이 자신의 경험을 바탕으로 답변 내용에 추가

In my case, my brother is a high school student.
But he knows much more about political issues than I do.
He told me that he watches news or videos on the Internet.
He sometimes gives me great, novel ideas about recent problems such as environmental campaigns.
나의 경우에 남동생이 고등학생이다.
하지만 그는 나보다 정치 문제에 대해 훨씬 더 많이 알고 있다.
그는 인터넷에서 뉴스나 동영상을 본다고 나에게 말했다.
그는 때때로 환경 캠페인과 같은 최근의 문제들에 대해 훌륭하고 참신한 아이디어를 준다.

### 어휘

**mature** 성숙한　**policy** 정책　**pool** 모으다　**novel** 새로운, 참신한

# 실전문제 7

문제 해석

어떤 사람들은 일정표를 계속 비워 놓은 채로 아무것도 미리 계획하지 않는다. 다른 이들은 앞으로의 몇 주 또는 몇 달 동안에 대한 다양한 활동 일정을 신중하게 잡아 두는 것을 선호한다. 당신은 어느 것을 선호하며, 그 이유는 무엇인가?

### 문제 핵심 포인트

돈, 여행, 일정 등에 대한 계획을 하는 것이 중요한지, 자유롭고 즉흥적인 활동이 좋은지를 묻는 질문이 등장한다. 계획은 언제나 위험 요소를 줄이고 만족감을 줄 수 있다는 점을 강조하자.

### 아웃라인

| | | |
|---|---|---|
| [주장] | should schedule various activities | 다양한 활동 일정을 짜야 한다 |
| [이유 1] | relieve stress | 부담 줄이기 |
| [추가 설명] | right time / prevent prob | 적절한 시간 / 문제 예방 |
| [이유 2] | feel accomplished | 성취감 |
| [추가 설명] | productive & happy | 생산적이고 행복함 |

### 나의 답변

### 모범 답변

| | |
|---|---|
| [나의 주장] | I personally think that carefully scheduling activities is much better. |
| [구조 제시] | And there are many reasons why I think so. |
| [이유 1] | First, people can relieve stress. |
| [추가 설명] | Having a schedule guides people in determining what their priorities are. This means that people can spend the right amount of time on the right tasks. It also reminds people of any |

deadlines or other schedules. This prevents people from facing overwhelming obstacles or problems while doing various activities.

[이유 2]　　　Moreover, people can feel more accomplished.

[추가 설명]　Unlike doing things without any schedule, scheduling things ahead of time allows people to think they have had productive and meaningful days. This would make people feel happy and energetic. This will also encourage and motivate people to replicate this feeling.

[시간이 남을 경우]　Therefore, I believe scheduling activities is a good idea.

---

[나의 주장]　　나는 개인적으로 활동 일정을 신중하게 짜는 것이 훨씬 더 좋다고 생각한다.

[구조 제시]　　그리고 내가 그렇게 생각하는 데 많은 이유가 있다.

[이유 1]　　　첫째, 사람들은 부담을 줄일 수 있다.

[추가 설명]　일정을 갖는 것은 사람들이 그들의 우선순위가 무엇인지를 결정하도록 안내한다. 이것은 사람들이 알맞은 일에 적절한 시간을 보낼 수 있다는 것을 의미한다. 그것은 또한 사람들에게 마감기한이나 다른 일정도 상기시킨다. 이것은 사람들이 다양한 활동을 하는 동안 압도적인 장애물이나 문제에 직면하는 것을 막는다.

[이유 2]　　　게다가, 사람들은 더 성취감을 느낄 수 있다.

[추가 설명]　아무런 일정 없이 뭔가 하는 것과 달리, 사전에 뭔가 계획하는 것은 사람들에게 생산적이고 의미 있는 날들을 보냈다고 생각할 수 있게 한다. 이것은 사람들을 행복하고 활기차게 만들 것이다. 이것은 또한 사람들이 이 감정을 반복하도록 격려하고 동기를 부여할 것이다.

[시간이 남을 경우]　그러므로, 나는 활동 일정을 짜는 것이 좋은 생각이라고 생각한다.

**고득점 TIP**

**25점 이상 고득점을 위해 아래 예시와 같이 자신의 경험을 바탕으로 답변 내용에 추가**

In my case, I always try to make a to-do list before I start a project.
By making a visible timeline, I can complete tasks in order.
Also, I easily deal with unexpected problems thanks to my list.
나의 경우, 프로젝트를 시작하기 전에 항상 해야 할 일 목록을 만들려고 노력한다.
시각적으로 표시된 시간표를 만들면, 순서대로 작업을 완료할 수 있다.
또한, 나는 내 목록 덕분에 예상치 못한 문제들을 쉽게 처리할 수 있다.

**어휘**

determine 결정하다　priority 우선 사항　deadline 마감기한　overwhelming 압도적인　obstacle 장애물　ahead of time 사전에　replicate 복제하다, 반복하다　to-do list 해야 할 일 목록　visible 가시적인　timeline 시간표

# 실전문제 8

문제 해석

다음 주장에 동의하는지, 아니면 동의하지 않는지 말하시오. 그런 다음, 구체적인 세부 정보를 활용해 그 이유를 설명하시오.
사람들은 친구들과 함께 가면 콘서트장이나 영화관에서 더 즐거운 시간을 보낼 가능성이 있다.

**문제 핵심 포인트**

학업, 일 그리고 기타 활동을 홀로 할 것인지 함께할 것인지에 대한 주제가 자주 등장한다. 타인과 함께할 때 느낄 수 있는 즐거움, 소통, 관계 형성 등을 자연스럽게 답안으로 제시하자.

**아웃라인**

| [주장] | with a group of friends | 친구들과 함께 |
|---|---|---|
| [이유 1] | relieve stress | 스트레스 해소 |
| [추가 설명] | share exp - happy | 경험 공유와 행복 |
| [이유 2] | build relation- | 관계 형성 |
| [추가 설명] | comm- & share ideas | 소통과 생각 공유 |

**나의 답변**

| [나의 주장] | I strongly believe that people can enjoy themselves more if they are with a group of friends. |
| [구조 제시] | Here are the reasons why I think so. |

| [이유 1] | First, people can relieve stress. |
| [추가 설명] | Nowadays, people spend too much time alone. However, by spending time together watching films, they can share an experience and stop worrying. This would make people feel happy and energetic. |

| [이유 2] | Moreover, people can build a stronger relationship. |
| [추가 설명] | Concerts or films can be a great topic for communication. So, spending time together at a concert would enable them to communicate and share ideas about it. |

| [시간이 남을 경우] | Therefore, it would be better to spend time with friends. |

---

| [나의 주장] | 나는 사람들이 친구들과 함께 있으면 더 즐길 수 있다고 굳게 믿는다. |
| [구조 제시] | 내가 그렇게 생각하는 이유들은 다음과 같다. |

| [이유 1] | 첫째, 사람들은 스트레스를 해소할 수 있다. |
| [추가 설명] | 요즘, 사람들은 너무 많은 시간을 혼자 보낸다. 하지만, 영화를 보면서 함께 시간을 보내면, 그들은 경험을 공유할 수 있고 걱정을 멈출 수 있다. 이것은 사람들을 행복하고 활기차게 만들 것이다. |

| [이유 2] | 게다가, 사람들은 더 강한 관계를 만들 수 있다. |
| [추가 설명] | 콘서트나 영화는 의사소통을 위한 훌륭한 주제가 될 수 있다. 그래서, 콘서트에서 함께 시간을 보내는 것은 그들이 그것에 대해 소통하고 생각을 공유할 수 있게 할 것이다. |

| [시간이 남을 경우] | 그러므로, 친구들과 시간을 보내면 더 좋을 것이다. |

**고득점 TIP**

25점 이상 고득점을 위해 아래 예시와 같이 자신의 경험을 바탕으로 답변 내용에 추가

In my case, my family always goes to the theater at least once a month.
The best part is that we have a discussion after our movie night.
To be honest, because my dad and I have different points of view all the time, sharing ideas is always fun.
나의 경우, 우리 가족은 적어도 한 달에 한 번은 극장에 간다.
가장 좋은 점은 저녁 영화 관람이 끝난 후에 토론을 한다는 것이다.
솔직히, 아버지와 나는 항상 다른 관점을 가지고 있기 때문에, 생각을 공유하는 것은 항상 즐겁다.

**어휘**

energetic 활기에 찬  to be honest 솔직히 말하자면  point of view 관점

# 실전문제 9

문제 해석

다음 주장에 동의하는가, 아니면 동의하지 않는가?
미래의 진로를 결정하는 일과 관련해, 부모가 아이들의 의사 결정 과정에 관여해야 한다.
구체적인 예시와 세부 정보를 활용해 의견을 뒷받침하시오.

### 문제 핵심 포인트

중심 소재로 부모님 또는 선생님이 등장하는 경우, 풍부한 경험과 아이에 대한 높은 이해를 가지고 있다는 정의를 내려 답안을 전개하자. 의사소통과 공감 능력을 강조하는 것도 좋은 방법이다.

### 아웃라인

| [주장] | parents should be involved | 부모들이 관여해야 한다 |
|---|---|---|
| [이유 1] | less stress | 더 적은 스트레스 |
| [추가 설명] | give info & focus | 정보 제공 및 집중 |
| [이유 2] | more exp- | 더 많은 경험 |
| [추가 설명] | better option | 더 나은 선택권 |

### 나의 답변

| [나의 주장] | I agree with the statement. |
| [구조 제시] | And there are many reasons why I think so. |

| [이유 1] | First of all, children can have less stress. |
| [추가 설명] | What I mean is that thinking of a future career is not an easy thing. Children already have a lot of things to take care of. However, parents can give useful information and sincere support. This would help children fully focus on their exams or preparation for their future careers. |

| [이유 2] | Moreover, parents have more experience. |
| [추가 설명] | Parents have experienced a lot more than their children have. They have made more decisions. This allows children to avoid making poor decisions and choose better options for their future careers. |

| [시간이 남을 경우] | So, it is better for parents to be involved in the process. |

---

| [나의 주장] | 나는 이 주장에 동의한다. |
| [구조 제시] | 그리고 내가 그렇게 생각하는 데 많은 이유가 있다. |

| [이유 1] | 무엇보다도, 아이들은 스트레스를 덜 받을 수 있다. |
| [추가 설명] | 내 말은 미래의 진로를 생각하는 게 쉬운 일이 아니라는 것이다. 아이들은 이미 신경 써야 할 것들이 많다. 하지만, 부모들은 유용한 정보와 진심 어린 지원을 제공해 줄 수 있다. 이것은 아이들이 시험이나 미래의 진로를 위한 준비에 완전히 집중하도록 도울 것이다. |

| [이유 2] | 게다가, 부모들은 더 많은 경험을 가지고 있다. |
| [추가 설명] | 부모들은 자녀들보다 훨씬 더 많은 것을 경험해왔다. 그들은 더 많은 결정을 해왔다. 이것은 아이들이 잘못된 결정을 하는 것을 피하고 미래의 진로를 위해 더 나은 선택권을 고를 수 있도록 해준다. |

| [시간이 남을 경우] | 그러므로, 부모님들은 그 과정에 관여하는 것이 더 좋다. |

### 고득점 TIP

25점 이상 고득점을 위해 아래 예시와 같이 자신의 경험을 바탕으로 답변 내용에 추가

In my case, my mom is a teacher.
This means that my mom knows everything about college admissions.
She gives me important tips and ideas about my future goals.
나의 경우, 엄마가 교사이다.
이것은 우리 엄마가 대학 입학에 대해 모든 것을 알고 있다는 것을 의미한다.
엄마는 나에게 미래의 목표에 대한 중요한 조언과 아이디어를 준다.

### 어휘

when it comes to ~와 관련해  decision-making 의사 결정  take care of ~을 신경쓰다, 처리하다  sincere 진심 어린

# 실전문제 10

문제 해석

당신은 40년 전 또는 50년 전보다 지금이 건강에 좋은 음식을 먹는 것이 더 쉽다고 생각하는가? 구체적인 예시와 세부 정보를 활용해 답변을 뒷받침하시오.

문제 핵심 포인트

현재와 과거를 비교하는 개념이 등장하는 경우, 현재의 기술 발달과 사회 시설 및 시스템을 제시하는 것이 유리하다. 높은 이용 가능성과 비용 절감으로 현재 누리는 많은 장점들을 강조하자.

아웃라인

| [주장] | easier than ever | 전보다 더 쉬움 |
|--------|------------------|---------------|
| [이유 1] | available | 이용 가능 |
| [추가 설명] | recipe on the internet | 인터넷에 요리법 |
| [이유 2] | affordable | 비용 합리적 |
| [추가 설명] | online store - reasonable | 온라인 매장 / 합리적인 가격 |

나의 답변

| [나의 주장] | I think it is easier to eat heathily now. |
|---|---|
| [구조 제시] | And here's the reason why I think so. |

[이유 1]  First of all, healthy foods are more available nowadays.

[추가 설명]  Unlike in the past, it is not difficult to look for healthy foods on the Internet nowadays. There are great recipes or products in many stores. People can visit online stores to find quality food or even cook whenever they want.

[이유 2]  What's more, healthy foods are much more affordable.

[추가 설명]  In the past, eating healthily was likely to be expensive. However, there are many department stores or online stores that sell healthy food nowadays. So, people can eat healthy food at a reasonable price. In other words, people would not feel any burden when it comes to eating healthy foods.

[시간이 남을 경우]  Therefore, I think it is easier to eat heathily now than before.

---

[나의 주장]  나는 지금이 건강에 좋은 음식을 먹는 것이 더 쉽다고 생각한다.

[구조 제시]  내가 그렇게 생각하는 이유는 이렇다.

[이유 1]  무엇보다도, 요즘에는 건강에 좋은 음식들을 더 많이 구할 수 있다.

[추가 설명]  과거와 달리, 요즘에는 인터넷에서 건강에 좋은 음식을 찾는 것이 어렵지 않다. 많은 상점에 훌륭한 요리법이나 상품들이 있다. 사람들은 양질의 음식을 찾기 위해 온라인 상점을 방문하거나 심지어 언제든 원할 때 요리할 수도 있다.

[이유 2]  게다가, 건강에 좋은 음식이 훨씬 더 저렴하다.

[추가 설명]  과거에는 건강하게 먹는 것이 비쌌을 것이다. 하지만, 요즘은 건강에 좋은 음식을 판매하는 백화점이나 온라인 매장이 많이 있다. 그래서, 사람들은 합리적인 가격으로 건강한 음식을 먹을 수 있다. 다시 말해서, 사람들은 건강에 좋은 음식을 먹는 것에 대해 어떠한 부담도 느끼지 않을 것이다.

[시간이 남을 경우]  그러므로, 나는 전보다 지금이 건강에 좋은 음식을 먹는 것이 더 쉽다고 생각한다.

**고득점 TIP**

**25점 이상 고득점을 위해 아래 예시와 같이 자신의 경험을 바탕으로 답변 내용에 추가**

In my case, I try to eat clean. And there are a lot of good websites for me.
I download healthy recipes online to make nice, healthy salads and pasta.
I also buy organic products there. It is not difficult to eat healthily at all.
나의 경우 건강 식품을 먹으려 한다. 그리고 나를 위한 좋은 웹사이트들이 많이 있다.
나는 맛있고 건강한 샐러드와 파스타를 만들기 위해 건강에 좋은 요리법을 온라인으로 다운받는다.
나는 그곳에서 유기농 제품도 산다. 건강하게 먹는 것은 전혀 어렵지 않다.

**어휘**

available 구할 수 있는  purchase 구매하다  eat clean (가공식품 없는) 건강 식품을 먹다  organic 유기농의

# 실전문제 1

**우리 대학교에서 무작위 룸메이트 구성을 중단합니다**

우리 대학교는 무작위로 룸메이트를 구성하는 일반적인 관행을 지속하는 대신, 1학년 학생들에게 비슷한 관심사를 지니고 있는 기숙사 룸메이트를 배정하기 시작할 계획입니다. 신입생들은 이제 캠퍼스 도착 전에 각자의 취미와 관심사에 관한 설문지를 작성 완료하도록 요청받게 됩니다. 우리 대학교는 공통 관심사를 지닌 룸메이트를 함께 배치함으로써 1학년 학생들의 경험이 더욱 편안해지기를 바라고 있습니다. 이러한 변화에 따른 추가적인 이점은 학사 연도 중에 방을 이동하도록 요청하는 학생들이 더 줄어들 것이라는 점이며, 이는 기숙사 담당 직원들의 업무량을 감소시켜줍니다.

Now listen to two students discussing the plan.

W: Actually, this is a great idea. I'm surprised they didn't do this sooner.

M: Really? I don't think it's a smart move.

W: How come?

M: Well, I think it's nice to make friends with people who have different interests. Take me and my roommate, for example. We have barely anything in common. He likes to stay in and play video games, whereas I prefer being outside. He's studying IT, while I'm majoring in geography.

W: Yeah, and you guys get along great!

M: That's what I'm saying! We love living together. It's a great way to get to know new friends.

W: I get it, but that might not be the case with other people...

M: True... I know a few people who moved to new residences, partly because they didn't have the same interests as their roommates. But there were other more important factors involved.

W: Like what?

이제 계획에 대해 토론하는 두 학생의 대화를 들으시오.

여: 사실, 이건 아주 좋은 생각이야. 이걸 더 빨리 하지 않았다는 게 놀라워.

남: 정말로? 난 현명한 조치라고 생각하지 않아.

여: 어째서?

남: 음, 난 서로 다른 관심사를 지니고 있는 사람들과 친구가 되는 게 아주 좋다고 생각해. 나랑 내 룸메이트를 예로 한번 들어볼게. 우린 거의 아무런 공통점도 없어. 걔는 방에 있으면서 비디오 게임을 하는 걸 좋아하지만, 난 밖에 있는 게 더 좋거든. 걔는 IT를 공부하고 있지만, 난 지리학을 전공하고 있어.

여: 응, 그리고 너희 둘은 아주 잘 어울려 지내고 있지!

남: 그러니까 말이야! 우린 함께 생활하는 걸 아주 좋아해. 새로운 친구를 알게 되는 아주 좋은 방법이지.

여: 무슨 말인지 알겠는데, 그게 다른 사람들에겐 해당되지 않을 수도 있어...

남: 맞아... 내가 아는 몇몇 사람들은 새로운 숙소로 옮겼는데, 룸메이트와 관심사가 같지 않다는 게 일부 이유였어. 하지만 더 중요한 다른 요인들이 관련되어 있었어.

여: 예를 들면?

| M: Well, sometimes people just prefer better housing. There were students complaining about it. And others wanted a more convenient location near campus. Anyway, I guess this might not result in a big drop in moving requests. <br><br> W: Right, people will still move for a wide range of reasons. | 남: 음, 때때로 사람들은 단지 더 나은 주거 시설을 선호해. 그와 관련해서 불만을 제기하는 학생들이 있었어. 그리고 어떤 학생들은 캠퍼스 근처의 더 편리한 곳을 원했어. 어쨌든, 난 이렇게 한다고 이동 요청이 크게 감소하는 결과로 나타날 것 같진 않아. <br><br> 여: 응, 사람들은 여전히 아주 다양한 이유로 이사하게 될 거야. |
| --- | --- |

## 문제 해석

남성이 대학의 계획과 관련해 의견을 제시하고 있다. 그의 의견을 말하고, 그가 그러한 의견을 갖고 있는 이유를 설명하시오.

## 핵심 토픽

기숙사 룸메이트 배정

## 노트테이킹

### 지문 노트테이킹

[주제] to stop random matching room-     랜덤 룸메이트 배정 중지

[근거 1] be more comfortable     편안한 경험 제공

[근거 2] fewer stu- ask to move     이동 요청 줄어듦

### 음원 노트테이킹

[입장] X     반대

[주장 1] make fr- diff - inter-     다른 취향 친구 사귐
[세부사항]
- X common → play vid game / be outside     공통점 없음 - 게임 좋아함 / 밖 좋아함
- study IT / geo-     룸메이트 IT 전공 / 본인은 지리학 전공
- get along / love live toge-     잘 지냄 / 함께 생활 좋아함

[주장 2] a few move becuz → X have same inter- / other factors
          몇몇 사람 이동 이유 - 공통점 없어서가 아님 / 다른 요인
[세부사항]
- prefer better hous- / complai-     더 나은 주거시설 선호 / 불만 제기
- want conven- loca     편리한 위치 선호
- move for wide range reason     아주 다양한 이유(이사)

[주제 정리] Two students are discussing the college's plan to stop matching random roommates.

[화자의 의견] And the man does not agree with this plan for two reasons.

[지문과 화자의 접점] First, the man does not agree that sharing common interests always makes students more comfortable.

[세부사항] He believes having friends with different interests is nice. For example, his roommate loves to play games while he loves to be outside. They even have different majors. But they love living together.

[지문과 화자의 접점] Moreover, the man does not think that roommates are the only reason for students to want to move rooms.

[세부사항] He suggests other reasons such as better housing or location near campus. So, he still thinks that this plan will not reduce the requests to move rooms.

[마무리] These are the reasons why the man is against the plan.

---

[주제 정리] 두 학생이 무작위로 룸메이트를 배정하는 것을 중단하려는 대학의 계획에 대해 논의하고 있다.

[화자의 의견] 그리고 남성은 두 가지 이유로 이 계획에 동의하지 않는다.

[지문과 화자의 접점] 첫째, 남성은 공통의 관심사를 공유하는 것이 항상 학생들을 더 편안하게 만든다는 것에 동의하지 않는다.

[세부사항] 그는 다른 관심사를 지닌 친구를 갖는 것이 좋다고 믿는다. 예를 들어, 그가 밖에 있는 것을 좋아하는 반면 그의 룸메이트는 게임하는 것을 좋아한다. 그들은 심지어 전공도 다르다. 하지만 그들은 함께 사는 것을 좋아한다.

[지문과 화자의 접점] 게다가, 남성은 룸메이트가 방을 옮기고 싶어하는 학생들의 유일한 이유라고 생각하지 않는다.

[세부사항] 그는 더 나은 주거지나 캠퍼스 근처의 위치와 같은 다른 이유를 제시한다. 그래서, 그는 여전히 이 계획이 방을 옮기려는 요청을 줄이지 못할 것이라고 생각한다.

[마무리] 이것이 남성이 그 계획에 반대하는 이유이다.

**어휘**

random 무작위의 practice 관행, 관례 assign ~을 배정하다 survey 설문 조사(지) benefit 이점, 혜택 barely 거의 ~ 않다 get along great 아주 잘 어울려 지내다 A might not be the case with B A가 B에게 해당되지 않을 수도 있다 residence 숙소 result in ~의 결과를 낳다 drop in ~의 감소 a wide range of 아주 다양한

# 실전문제 2

### 도서관 내에 개장하는 새로운 카페

우리 대학교는 도서관 안내 구역에서 카페 공사가 진행된다는 사실을 알려 드리게 되어 기쁩니다. 대학 관계자들은 이 카페가 도서관에서 공부하는 학생들에게 편리한 보탬이 될 것으로 생각하고 있습니다. 도서관에서 자주 공부하는 학생들은 음식을 구입하고 싶을 때마다 도서관에서 나가야 하기 때문에, 이것이 일상적인 공부에 지장을 준다는 불만을 제기해왔습니다. 대학 관계자들은 또한 학생들이 도서관 내 카페를 방문하기 위해 잠깐 공부를 멈추고 쉴 수 있다면 전반적으로 더욱 생산적일 것이라고 확신하고 있습니다.

**음원 스크립트 및 해석**

| | |
|---|---|
| Now listen to two students discussing the plan. | 이제 계획에 대해 토론하는 두 학생의 대화를 들으시오. |
| W: I think the university's plan is foolish. | 여: 난 학교의 계획이 바보 같다고 생각해. |
| M: Oh, why do you say that? | 남: 아, 왜 그렇게 말하는 거야? |
| W: Well, I don't think that giving people a reason to never leave the library is a good thing. Once the café opens, nobody is going to bother going across campus to the cafeteria, especially if they're short on time. They'll all just gather in the library reception area. | 여: 음, 난 사람들에게 도서관을 절대로 벗어나지 못하게 만들 이유를 제공하는 게 좋은 일이라고 생각하지 않아. 일단 카페가 개장하고 나면, 일부러 캠퍼스를 가로질러서 구내식당까지 가려고 하는 사람이 아무도 없을 거야, 특히 시간이 부족할 경우에. 모두 그냥 도서관 안내 구역에 모여들게 될 거야. |
| M: I don't see your point. What's so bad about that? | 남: 무슨 말인지 모르겠어. 그게 왜 그렇게 좋지 못한 건데? |
| W: Well, a lot of students love the cafeteria because of the healthy food. But the café in the library will probably just have unhealthy snacks, like donuts and sugary drinks. Students are going to end up eating junk food while studying, and that can't be good for them. | 여: 음, 많은 학생들이 건강에 좋은 음식 때문에 구내식당을 아주 마음에 들어 해. 하지만 도서관에 생기는 카페에는 아마 도넛이나 당분이 많은 음료 같이 건강에 좋지 못한 간식만 있을 거야. 학생들은 결국 공부하는 동안 정크푸드를 먹게 될 텐데, 그게 좋지 않을 수 있지. |
| M: I suppose you're right. Yeah, I'd probably be tempted to do that rather than go to the cafeteria. | 남: 네 말이 맞는 것 같아. 응, 나도 아마 구내식당에 가는 대신 그렇게 하고 싶을 거야. |
| W: And there's another thing they're wrong about. There's no way that having a café in the library will make students more productive in their studies. It will end up being a social gathering spot, and people are going to stay there far too long, just chatting with friends. | 여: 그리고 학교 관계자들이 잘못 알고 있는 게 또 있어. 도서관에 카페가 생긴다고 해서 학생들의 공부가 더 생산적으로 변할 리는 없어. 그곳은 결국 사교적인 모임 장소가 되어서 사람들이 아주 오래 머물러 있으면서 친구들과 수다나 떨게 될 거야. |
| M: Yeah, I see what you mean. Perhaps they should rethink it. | 남: 응, 무슨 말인지 알겠어. 아마 학교 측에서 재고해봐야 할 것 같네. |

여성이 대학의 계획과 관련해 의견을 제시하고 있다. 그녀의 의견 및 그녀가 그러한 의견을 갖고 있는 이유를 설명하시오.

**핵심 토픽**

도서관 내 카페

**노트테이킹**

### 지문 노트테이킹

[주제] to open new cafe in the library     도서관 새로운 카페 개장

[근거 1] be conveni- stu- - complain leave library     편리함 제공 - 학생들 도서관 떠나는 것 불평함

[근거 2] be more productive     더욱 생산적

### 음원 노트테이킹

[입장] X     반대

[주장 1] X think - X leave libra - good     도서관 밖 나가지 않는 것 좋은 생각 X

[세부사항]

- nobody go across - cafet- / gather libra- area     건너편 카페테리아 안감 / 도서관에 모두 모일 것

- love cafet - healthy food / have X health- snack - donuts

    카페테리아 건강한 음식 판매 / 새 카페 건강하지 않은 음식 판매(도넛)

- eat junk food - study - X good     공부하며 정크푸드 먹는 것 안 좋음

[주장 2] no way - make stu- productive - study     공부 생산적 X

[세부사항]

- be social gather-spot     사교적 모임 장소 될 것

- stay too long / chat w/ friends     오래 머물면서 수다 떨 것

**모범 답변**

| | |
|---|---|
| [주제 정리] | Two students are discussing the college's plan to open a new cafe in the library. |
| [화자의 의견] | And the woman is against the plan for two reasons. |
| [지문과 화자의 접점] | First of all, she thinks that keeping students inside the library is not a good thing. |
| [세부사항] | To be specific, she states that students would not go to the cafeteria if there is a new cafe in the library. While the cafeteria has healthy food, the cafe would probably have unhealthy snacks like donuts. So she is worried that students would have junk food because of the new cafe. |
| [지문과 화자의 접점] | Moreover, she does not think that this plan will make students be more productive. |
| [세부사항] | She argues that students will stay in the cafe for a long time and chat there. Students would not be able to study well. |

| [마무리] | Therefore, she is against the college's plan. |
|---|---|

---

| [주제 정리] | 두 학생이 도서관에 새로운 카페를 열려는 대학의 계획에 대해 논의하고 있다. |
|---|---|
| [화자의 의견] | 그리고 여성은 두 가지 이유로 그 계획에 반대한다. |
| [지문과 화자의 접점] | 우선, 그녀는 학생들이 도서관에만 머무는 것이 좋은 것은 아니라고 생각한다. |
| [세부사항] | 구체적으로, 그녀는 도서관에 새로운 카페가 있다면 학생들이 카페테리아에 가지 않을 것이라고 말한다. 카페테리아에는 건강에 좋은 음식이 있지만, 카페에는 도넛과 같은 건강에 좋지 않은 간식이 있을 것이다. 그래서 그녀는 새로운 카페 때문에 학생들이 정크푸드를 먹을까 봐 걱정한다. |
| [지문과 화자의 접점] | 게다가, 그녀는 이 계획이 학생들을 더 생산적으로 만들 것이라고 생각하지 않는다. |
| [세부사항] | 그녀는 학생들이 카페에 오래 머물면서 그곳에서 수다를 떨 것이라고 주장한다. 학생들은 공부를 잘 할 수 없을 것이다. |
| [마무리] | 그러므로, 그녀는 대학의 계획에 반대한다. |

### 어휘

**disrupt** ~에 지장을 주다, 방해가 되다 **overall** 전반적으로 **on-site** 구내에 있는, 현장에 있는 **bother -ing** 일부러 ~하다, 애써 ~하다 **end up -ing** 결국 ~하게 되다 **be tempted to do** ~하고 싶다 **gathering** 모임

# 실전문제 3

### 지문 해석

**새로운 학사 과정 관리 웹 사이트**

졸업 요건을 충족하기 위해, 학생들은 반드시 해당 전공 분야에 속하는 특정 과목들을 이수해야 합니다. 지금까지는, 지도 교수님들이 이러한 요건을 충족할 수 있도록 학생들을 이끌어 주시는 일을 책임지고 계셨습니다. 하지만, 다음 학기부터는, 학생들이 확실히 각자의 요건을 충족시킬 수 있도록 새로운 학사 과정 관리 웹 사이트를 이용할 수 있습니다. 이 웹 사이트는 학생들에게 졸업을 위해 어느 과목을 여전히 이수해야 하는지, 그리고 어느 과목을 이미 이수했는지 손쉽게 확인할 수 있게 해주므로, 학생들은 더욱 효율적으로 학업 일정을 계획할 수 있습니다. 추가로, 이 웹 사이트는 학사 과정 이수 요건과 관련된 면담의 필요성을 줄여 줌으로써 지도 교수님들에게 가해지는 일부 부담을 완화하는 데에도 도움이 될 것입니다.

### 음원 스크립트 및 해석

| Now listen to two students discussing the article. | 이제 기사에 대해 토론하는 두 학생의 대화를 들으시오. |
|---|---|
| W: Did you read this article? It sounds like a great idea. | 여: 이 기사 읽어 봤어? 아주 좋은 아이디어 같아. |
| M: I did, but I'm not sure this type of thing is necessary. | 남: 응, 근데 난 이런 것이 필요한지 잘 모르겠어. |

W: Maybe not, but it might be helpful to some people. Some of the degree programs involve so many different classes, and it can be hard to keep track of everything.

M: I suppose so. I guess I have a lot of math and statistics courses that are required for my bioinformatics course.

W: Exactly. And it's easy for students to forget about a certain class. One of my friends did that, and she ended up having to complete a class during the summer break. As a result, she graduated a few months late.

M: Oh, really? I didn't even know that could happen.

W: Yeah, so that's why it's important to get all the required classes completed during your course.

M: I see. Well, this system should help people avoid that kind of situation, since they can see the necessary courses online. And it will be better for the advisors.

W: Yeah, they have so much to do already. Most of the advisors are professors who teach classes here.

M: That's right. They don't have much time to meet with students about course requirements.

W: Right. And this gives them more time to speak with students about more critical issues, like switching majors during a semester, or how to improve their grades in order to pass a course.

여: 그럴지도 모르지만, 어떤 사람들에겐 도움이 될지도 몰라. 일부 학위 프로그램들은 아주 많은 다른 수업들을 포함하기 때문에, 모든 걸 파악하기 어려울 수 있거든.

남: 그런 것 같아. 내 생물 정보학 과정에 필수적인 수학 수업과 통계학 수업이 많이 있는 것 같거든.

여: 맞아. 그리고 학생들은 특정 수업에 대해서 잊기 쉬워. 내 친구 한 명이 그랬는데, 결국 여름 방학 중에 수업 하나를 이수해야 했어. 결과적으로, 몇 달 늦게 졸업하게 됐지.

남: 아, 정말? 그런 일이 생길 수 있는지도 몰랐어.

여: 응, 그래서 학사 과정 중에 모든 필수 과목을 이수하는 게 중요한 거야.

남: 알겠어. 음, 사람들이 필수 과목을 온라인으로 볼 수 있으니까 이 시스템이 그런 종류의 상황을 피하게 하는 데 도움이 될 거야. 그리고 지도 교수님들에게 더 좋을 거고.

여: 응, 이미 하셔야 하는 일이 너무 많으니까. 대부분의 지도 교수님들은 이곳에서 수업을 가르치시는 교수님들이시잖아.

남: 그렇지. 학사 과정 이수 요건과 관련해서 학생들과 만나실 시간이 많지 않으시지.

여: 맞아. 그리고 이 시스템이 더 중요한 문제들과 관련해서 학생들과 이야기하실 수 있는 시간을 더 많이 만들어 드릴 거야, 학기 중에 전공을 바꾸거나 과목 이수를 위해 학점을 향상시키는 방법 같은 것처럼 말이야.

**문제 해석**

여성이 기사에서 설명하는 계획과 관련된 의견을 제시하고 있다. 그 계획을 간략히 요약하시오. 그런 다음, 그 계획과 관련된 그녀의 의견을 말하고, 그녀가 그러한 의견을 갖고 있는 이유를 설명하시오.

**핵심 토픽**

대학교 학사 과정 관리 웹 사이트 활용

### 지문 노트테이킹

[주제] a new course checker web site  학사 과정 관리 웹 사이트

[근거 1] allow stu- check course / plan effi-  가능하게 함 학생들이 과목 체크 / 효율적 계획 가능

[근거 2] help alleviate burden - advisors  부담 덜어줄 수 있음 - 지도 교수들

### 음원 노트테이킹

[입장] O  찬성

[주장 1] helpful to ppl  도움이 됨

[세부사항]

- prg- involve many class-  학위 프로그램 다양한 수업 포함함
- hard - keep track - easy forget  따라가기 쉽지 않고 - 쉽게 잊어버림
- friend - graduated - late  친구 졸업 늦게 함

[주장 2] be better - advisors  지도 교수들에게 좋음

[세부사항]

- most are prof-  대부분 교수
- X have time - meet  만날 시간이 많지 않음
- give time - speak - issues: improve grades  학생들과 문제에 대해 이야기할 시간을 더 제공: 학점 향상 등

---

| | |
|---|---|
| [주제 정리] | Two students are discussing the college's plan to provide a new course checker Web site for students. |
| [화자의 의견] | And the woman is in support of the plan for two reasons. |
| [지문과 화자의 접점] | First, the woman thinks that this will allow students to plan their study schedule more efficiently. |
| [세부사항] | She states that some programs involve so many classes. She also mentions her friend who forgot about certain classes. So, she thinks that students will not graduate late if they have this course checker Web site. |
| [지문과 화자의 접점] | Second, the woman also agrees that this will alleviate the burden on academic advisors. |
| [세부사항] | She argues that advisors already have a lot of things to do. With this new Web site, she thinks that professors would be able to talk more with students about important issues like improving grades. |
| [마무리] | These are the reasons why the woman is in support of the plan. |

| [주제 정리] | 두 학생이 학생들을 위해 새로운 학사 과정 관리 웹 사이트를 제공하려는 대학의 계획에 대해 논의하고 있다. |
| [화자의 의견] | 그리고 여성은 두 가지 이유로 이 계획을 지지하고 있다. |
| [지문과 화자의 접점] | 첫째, 여성은 이것이 학생들에게 그들의 공부 일정을 더 효율적으로 계획할 수 있게 해줄 것이라고 생각한다. |
| [세부사항] | 그녀는 어떤 프로그램들은 매우 많은 수업을 포함한다고 말한다. 그녀는 또한 특정 수업을 잊어버린 그녀의 친구를 언급한다. 그래서 그녀는 학생들이 이 관리 웹 사이트가 있다면 늦게 졸업하지 않을 것이라고 생각한다. |
| [지문과 화자의 접점] | 둘째, 여성은 또한 이것이 지도 교수들의 부담을 덜어줄 것이라는 것에 동의한다. |
| [세부사항] | 그녀는 지도 교수들이 이미 할 일이 많다고 주장한다. 이 새로운 웹 사이트로, 그녀는 교수들이 성적 향상과 같은 중요한 문제들에 대해 학생들과 더 많은 이야기를 나눌 수 있을 것이라고 생각한다. |
| [마무리] | 이것이 여성이 그 계획을 지지하는 이유이다. |

## 어휘

**meet requirements** 요건을 충족하다 **keep A on track** A를 올바르게 이끌다, A에게 방향을 잡아주다 **take advantage of** ~을 이용하다 **alleviate** ~을 완화시키다 **involve** ~을 포함하다, 수반하다 **keep track of** ~을 파악하다 **statistics** 통계학 **bioinformatics** 생물 정보학 **end up -ing** 결국 ~하게 되다

# 실전문제 4

## 지문 해석

### 새로운 라이팅 센터

다음 학기 시작과 함께, 새로운 라이팅 센터가 우리 대학 캠퍼스에서 문을 열 것입니다. 우리 대학은 이 시설이 학생들의 작문 실력을 향상시키는 데 도움이 될 것이라고 생각합니다. 이 센터의 지도 강사들이 글쓰기에서 더욱 효과적으로 아이디어를 표현하는 방법을 학생들에게 가르칠 것입니다. 학교 대변인인 짐 애쉬모어 씨에 따르면, "학생들이 점점 더 많이 에세이나 연구 논문 같은 작문 과제를 제출해야 하기 때문에, 새로운 라이팅 센터가 학생들의 학점을 향상시키는 데 도움이 될 것입니다." 애쉬모어 씨는 "그리고, 대학에서는 글쓰기에 소질이 있는 상급생들로 이 센터 직원들을 구성할 계획이기 때문에, 여러 매력적인 구직 기회를 제공하게 될 것입니다."라고 덧붙였습니다.

## 음원 스크립트 및 해석

| Now listen to two students discussing the article. | 이제 기사에 대해 토론하는 두 학생의 대화를 들으시오. |
| W: Do you like the university's new plan? | 여: 대학교의 새 계획이 마음에 들어? |
| M: The writing center? Of course! | 남: 라이팅 센터? 물론이지! |
| W: How come? | 여: 어째서? |

M: Well, our course professors always award higher grades for good writing. But, they don't have time to explain how to properly organize our essays and present our ideas using advanced writing.

W: I guess you're right.

M: They have enough to deal with already - like teaching us their course topic, whether it be art history or computer science!

W: Good point. And the other bonus is that some students can earn some income as tutors.

M: Yeah, and that's not all. It gives some students some valuable job experience in their field, too.

W: Oh, really?

M: Yeah, think about those who plan to pursue a career in journalism or creative writing... or even teaching! Becoming a tutor would look good on their resume later.

W: I hadn't considered that.

M: And, competition for jobs is so fierce these days that this extra experience might be the thing that helps them get a job over other candidates.

W: Yeah, it could really help them in the job market.

남: 음, 우리 학과 교수님들은 항상 좋은 글에 대해 더 높은 학점을 주시니까. 하지만, 높은 수준의 작문 능력을 활용해 우리 에세이를 적절히 구성하고 생각을 제시하는 방법을 설명해주실 시간은 많지 않으시지.

여: 맞는 말인 것 같아.

남: 교수님들은 미술사든, 아니면 컴퓨터 공학이든 상관없이 강의 내용을 가르치시는 일 같이 이미 처리하실 일이 충분히 많으셔.

여: 좋은 지적이야. 그리고 또 다른 이점은 일부 학생들이 지도 강사로서 수입도 좀 올릴 수 있다는 거야.

남: 응, 그리고 그게 다가 아니야. 일부 학생들에게 전공 분야에 대한 소중한 실무 경험도 좀 제공해주게 돼.

여: 아, 정말?

남: 응, 저널리즘이나 창의적 글쓰기... 아니면 심지어 교직 분야에서 진로를 추구할 계획을 갖고 있는 사람들을 생각해봐! 지도 강사가 된다는 건 나중에 이력서를 좋아 보이게 만들어 줄 거야.

여: 그건 생각해 보지 못했네.

남: 그리고, 요즘 일자리에 대한 경쟁이 너무 치열해서 이 별도의 경험이 다른 지원자들보다 일자리를 구하는 데 도움이 되는 요소가 될 수도 있어.

여: 응, 구직 시장에서 정말로 도움이 될 수 있을 거야.

**문제 해석**

남성이 기사에서 설명하는 계획과 관련된 의견을 제시하고 있다. 그 계획을 간략히 요약하시오. 그런 다음, 그 계획과 관련된 그의 의견을 말하고, 그가 그러한 의견을 갖고 있는 이유를 설명하시오.

**핵심 토픽**

학생을 돕는 교내 라이팅 센터

**노트테이킹**

**지문 노트테이킹**

[주제] to open new writing center    새로운 라이팅 센터 개설
[근거 1] help boost students' grade    학점 향상에 도움
[근거 2] provide job opport-    구직 기회 제공

[입장] O    찬성

[주장 1] prof - award high grade - good WR      교수들은 잘 쓴 글에 높은 점수 줌
[세부사항]
-X have time - explain - present ideas      생각을 제시하는 방법을 정확하게 설명 시간 X
-have enough - teach - art history      처리할 일이 너무 많음 - 예를 들어 미술사

[주장 2] give value- job exp      소중한 실무경험 제공
[세부사항]
- plan to - career in creative WR      창의적 글쓰기와 같은 진로 계획하는 사람
-look good - resume      이력서 좋아보이게 함
-compet- fierce : extra exp - help - get - job      일자리 경쟁 치열 - 직업 갖도록 도와줄 것

**모범 답변**

[주제 정리]      Two students are discussing the college's plan to open a new writing center.
[화자의 의견]      And the man is in support of the plan for two reasons.

[지문과 화자의 접점]      First, the man agrees that the writing center will help students boost their grades.
[세부사항]      He points out that professors do not have enough time to explain how to write well. He thinks that students can learn things such as organizing essays well.

[지문과 화자의 접점]      Moreover, the man thinks that this will provide attractive job opportunities.
[세부사항]      He mentions that this will be a valuable experience to add to students' resumes. He also states that this extra experience of being a tutor can help students get a job over other candidates.

[마무리]      These are the two reasons why the man is in support of the plan.

---

[주제 정리]      두 학생이 새로운 라이팅 센터를 열려는 대학의 계획에 대해 토론하고 있다.
[화자의 의견]      그리고 남성은 두 가지 이유로 그 계획을 지지하고 있다.

[지문과 화자의 접점]      첫째, 남성은 라이팅 센터가 학생들의 성적을 올리는 데 도움이 될 것이라는 데 동의한다.
[세부사항]      그는 교수들이 글을 잘 쓰는 방법을 설명할 시간이 부족하다고 지적한다. 그는 학생들이 에세이를 잘 구성하는 것과 같은 것들을 배울 수 있다고 생각한다.

[지문과 화자의 접점]      게다가, 남성은 이것이 매력적인 직업 기회를 제공할 것이라고 생각한다.
[세부사항]      그는 이것이 학생들의 이력서에 추가할 수 있는 값진 경험이 될 것이라고 언급한다. 그는 또한 지도 강사의 추가적인 경험이 학생들이 다른 구직자들보다 직업을 얻는 데 도움을 줄 수 있다고 말한다.

[마무리]      이것이 남성이 그 계획을 지지하는 두 가지 이유이다.

facility 시설(물) representative 대변인, 대리인 submit ~을 제출하다 assignment 과제(물) boost ~을 향상시키다, 증진하다 intend to do ~할 계획이다 aptitude 소질, 적성 advanced 높은 수준의, 고급의 income 수입, 소득 field 분야 fierce 치열한, 격렬한 candidate 지원자, 후보자

# 실전문제 5

## 지문 해석

### 체육을 의무화해야 합니다

현재 우리 대학교의 체육 수업은 선택 사항이지만, 저는 이것이 바뀌어야 한다고 생각합니다. 모든 학생이 육상이나 축구, 또는 배드민턴 같은 체육 수업을 최소 한 가지는 수강하도록 의무화해야 합니다. 운동은 모든 사람에게 아주 중요한데, 교내 체육관이 제가 갈 때마다 보통 비어 있기 때문에 저는 대부분의 우리 학교 학생들이 정말로 충분히 운동하고 있는 것 같다는 생각이 들지 않습니다. 체육 수업을 의무화하는 것의 또 다른 이점은 학생들이 각자 신청하는 활동이 정말로 즐겁다는 사실을 알게 될 수도 있습니다. 이는 학생들의 건강을 향상시키는 것뿐만 아니라, 새로운 친구를 사귀고 새로운 관심사를 찾는 데에도 도움을 줄 수 있습니다.

안녕히 계십시오.
브리타니 플레밍

## 음원 스크립트 및 해석

| | |
|---|---|
| Now listen to two students discussing the letter. | 이제 편지에 대해 토론하는 두 학생의 대화를 들으시오. |
| M: Hey Linda, did you see Brittany's letter? | 남: 있잖아, 린다, 브리타니가 쓴 편지 봤어? |
| W: Yeah, why do you ask? | 여: 응, 왜 묻는 거야? |
| M: Well, I don't think it's a very good idea. | 남: 음, 난 그게 아주 좋은 생각 같진 않아서. |
| W: Oh, how come? | 여: 아, 어째서? |
| M: Well, for a start, I think she's got the wrong idea about students and their exercise habits. I mean, she's just basing things on what she sees at the gym. | 남: 음, 우선, 학생들 및 학생들의 운동 습관에 대해서 잘못 알고 있는 것 같아. 내 말은, 단지 체육관에서 보는 것만 근거로 삼고 있다는 거야. |
| W: So, you think she's wrong? | 여: 그럼, 브리타니가 틀렸다고 생각하는 거야? |
| M: Actually, yeah! Even though students don't use the gym much, that doesn't mean they aren't exercising outside. I see loads of people riding bikes and jogging around campus, and people get together to play sports, too. | 남: 실은, 맞아! 학생들이 체육관을 많이 이용하고 있지는 않지만, 그게 밖에서도 운동하지 않는다는 뜻은 아니야. 캠퍼스 곳곳에서 자전거도 타고 조깅도 하는 사람들도 많이 보이고, 사람들이 스포츠 경기를 하기 위해 모이기도 하거든. |
| W: That's a good point. I guess she didn't really consider that. | 여: 좋은 지적이야. 브리타니가 그 부분은 정말로 고려해보지 않은 것 같아. |

| | |
|---|---|
| M: And then there's her idea that mandatory exercise classes would result in new friendships and interests. Well, this isn't going to happen for those who simply don't like physical exercise.<br><br>W: You don't think so?<br><br>M: No way! It's not a crime to dislike physical activity. And, if those students are forced to do it, they're going to feel resentful and frustrated about it, so I really doubt they're going to make it their new hobby or make friends.<br><br>W: I guess you're right. It should be left up to them. | 남: 그리고 그 다음으로 의무적인 운동 수업이 새로운 친구 관계와 관심사로 이어질 거라고 말한 그녀의 생각도 있어. 이건 단순히 신체적인 운동을 좋아하지 않는 사람들에겐 해당되지 않을 거야.<br><br>여: 그렇게 생각해?<br><br>남: 당연하지! 신체 활동을 좋아하지 않는 게 죄는 아니니까. 그리고, 그 학생들이 억지로 하게 된다면, 억울하고 불만스러운 기분이 들게 될 거라서, 정말로 새로운 취미로 삼거나 새 친구를 사귀게 될 거라는 생각은 들지 않아.<br><br>여: 네 말이 맞는 것 같아. 학생들에게 맡겨 둬야 해. |

### 문제 해석

남성이 편지에서 설명하는 제안과 관련해 의견을 제시하고 있다. 그 제안을 간략히 요약하시오. 그런 다음, 그 제안과 관련된 그의 의견을 말하고, 그가 그러한 의견을 갖고 있는 이유를 설명하시오.

### 핵심 토픽

교내 체육 수업의 의무화

### 노트테이킹

**지문 노트테이킹**

[주제] to make PE compulsory        체육 수업 의무화하기

[근거 1] doubt stu- exerc- enough        학생들 운동 충분하지 않음

[근거 2] imprv health + make friends + disc new int-        체력 향상 및 친구 사귀기 + 새 취미 발견

**음원 노트테이킹**

[입장] X        반대

[주장 1] have wrong idea - exerc- habit        운동 습관에 대한 잘못된 이해
[세부사항]
- stu- X use gym : excer- outside        체육관 이용 안하지만, 밖에서 운동함
- ride bike, jogging        자전거 타기, 조깅함
- get toge- play sports        모여서 함께 운동도 함

[주장 2] X going to happen        일어나지 않을 일
[세부사항]
- X like physical exer- / dislike physi- acti-        운동을 싫어하는 사람

- feel frustrated     불만을 느낌
- doubt - make friends     친구 사귈거라는 것에 대한 생각 안듦

**모범 답변**

| | |
|---|---|
| [주제 정리] | Two students are discussing the student's letter to argue that physical education should be compulsory. |
| [화자의 의견] | And the man is against the letter for two reasons. |
| [지문과 화자의 접점] | First, the man does not agree that students don't exercise enough. |
| [세부사항] | The man points out that an empty gym does not mean that students don't exercise. He mentions that there are a lot of people jogging around the campus. People also play sports too. |
| [지문과 화자의 접점] | Moreover, the man does not think that exercise classes will lead to new friendships. |
| [세부사항] | He argues that there are students who dislike exercise. Some may feel frustrated about it. |
| [마무리] | These are the reasons why the man is against the letter. |

| | |
|---|---|
| [주제 정리] | 두 학생이 체육이 의무화되어야 한다고 주장하는 학생의 편지에 대해 토론하고 있다. |
| [화자의 의견] | 그리고 남성은 두 가지 이유로 그 편지에 반대한다. |
| [지문과 화자의 접점] | 첫째, 남성은 학생들이 충분히 운동하지 않는다는 것에 동의하지 않는다. |
| [세부사항] | 남성은 빈 체육관이 학생들이 운동을 하지 않는 것을 의미하지 않는다고 지적한다. 그는 많은 사람들이 캠퍼스 곳곳에서 조깅하고 있다고 언급한다. 사람들은 또한 스포츠도 한다. |
| [지문과 화자의 접점] | 게다가, 남성은 체육 수업이 새로운 친구 관계로 이어질 것이라고 생각하지 않는다. |
| [세부사항] | 그는 운동을 싫어하는 학생들이 있다고 주장한다. 어떤 사람들은 그것에 대해 좌절감을 느낄 수 있다. |
| [마무리] | 이것이 남성이 그 편지에 반대하는 이유이다. |

**어휘**

compulsory 의무적인, 강제의(= mandatory)  crucial 아주 중요한, 중대한  doubt that ~라고 생각하지 않다, ~라는 데 의구심을 갖다  benefit 이점, 혜택  sign up for ~을 신청하다, ~에 등록하다  interests 관심사  base A on B A의 근거를 B에 두다  result in ~로 이어지다, ~의 결과를 낳다  be forced to do 억지로 ~하다, 어쩔 수 없이 ~하다  resentful 억울해 하는, 분개하는  be left up to (결정권 등을) ~에게 맡겨 두다

# 실전문제 6

### 도서관 내에서 더 이상 포스터 게시가 허용되지 않습니다

과거에, 우리 대학은 학생들에게 도서관 안내 구역의 벽에 동아리와 행사를 홍보하는 포스터를 부착할 수 있도록 허용했습니다. 하지만, 내년 3월부터, 학생들은 도서관 내부의 모든 벽에 어떤 것도 게시하도록 허용되지 않을 것입니다. 대학 관계자에 따르면, 이 정책은 도서관을 학업에 더 나은 환경처럼 보이도록 만들기 위해 고안된 것입니다. "이 모든 포스터를 벽마다 부착해 놓는 것은 학생들을 너무 산만하게 만듭니다. 그래서 저희는 포스터를 없애고자 합니다."라고 이 관계자는 밝혔다. 이 관계자는 도서관 입구에 있는 게시판에 여전히 포스터를 부착할 수 있다고 언급했습니다. "학생들은 홍보를 위해 도서관 정문에 있는 게시판을 이용할 수 있으므로, 정책 변경 때문에 그렇게 큰 차이가 나지는 않을 것입니다."

음원 스크립트 및 해석

| | |
|---|---|
| Now listen to two students discussing the article. | 이제 기사에 대해 토론하는 두 학생의 대화를 들으시오. |
| W: I'm really not a fan of this new policy. | 여: 난 이 새로운 정책이 그렇게 마음에 들진 않아. |
| M: What's the matter with it? | 남: 무슨 문제라도 있어? |
| W: Well, think about it... Do you remember when the library first opened before any posters were put up? It was a pretty dull place, to be honest. It never made me feel creative or motivated because it was just another gray, concrete building. | 여: 음, 생각해봐... 도서관이 처음 문을 열면서 어떤 포스터든 부착하기 전의 상태가 기억나? 솔직히 말해서, 아주 칙칙한 곳이었거든. 단지 또 다른 회색 콘크리트 건물일 뿐이었기 때문에 창의적이거나 동기 부여가 되는 느낌을 전혀 받지 못했어. |
| M: Actually, yeah. I do remember it was quite boring. | 남: 사실, 그랬지. 꽤 지루한 느낌이었던 게 분명히 기억나. |
| W: Right. But these days, we have all the advertisements for concerts, clubs, and activities, and it makes the place so much more interesting. It gives it some energy and personality. | 여: 응. 하지만 요즘엔, 콘서트와 동아리, 그리고 여러 활동에 대한 온갖 광고가 있어서, 그곳을 아주 훨씬 더 흥미롭게 만들어주고 있어. 에너지와 개성을 제공해 주는 거지. |
| M: I see your point. | 남: 무슨 말인지 알겠어. |
| W: And there's always new stuff being put up, so there's always something new to check out. | 여: 그리고 항상 뭔가 새로운 게 부착되기 때문에, 항상 확인할 새로운 게 생겨. |
| M: That's true. | 남: 맞아. |
| W: So, I don't know why they want to go back to just having boring, plain walls again. | 여: 그래서, 난 왜 지루하고 평범한 벽으로 다시 돌아가고 싶어하는지 모르겠어. |
| M: Yeah, it will lose a lot of its aesthetic appeal. | 남: 응, 미적인 매력을 많이 잃게 될 거야. |

| | |
|---|---|
| W: Yeah. And the idea about using the noticeboards instead. They're located right beside the main entrance, and people never feel comfortable stopping there to read things because they end up blocking people who are entering or leaving the library. | 여: 응. 그리고 게시판을 대신 이용하는 것과 관련된 견해도 있잖아. 그게 정문 바로 옆에 위치해 있는데, 도서관을 출입하는 사람들을 가로막게 되니까 사람들이 거기 서서 뭔가 읽는 걸 절대로 편하게 느끼지 않아. |
| M: That's true. I never check those noticeboards. | 남: 맞아. 난 그 게시판을 절대 확인하지 않아. |
| W: So, do you see what I mean? Who is going to bother to stop and look at the posters? | 여: 그러니까, 내 말이 무슨 뜻인지 알지? 누가 일부러 거기 서서 포스터를 보려고 하겠어? |
| M: Not me. | 남: 난 아니야. |
| W: That's what I'm talking about. | 여: 내 말이 바로 그 거야. |

### 문제 해석

여성이 새로운 정책과 관련된 의견을 제시하고 있다. 그 정책을 간략히 요약하시오. 그런 다음, 그 정책과 관련된 그녀의 의견을 말하고, 그녀가 그러한 의견을 갖고 있는 이유를 설명하시오.

### 핵심 토픽

교내 포스터 부착

### 노트테이킹

**지문 노트테이킹**

[주제] not to permit posters inside the library      포스터 게시를 허용하지 않을 것

[근거 1] is too distracting for stu-      학생들에게 너무 산만함

[근거 2] use the noticeboards      게시판 활용 가능

**음원 노트테이킹**

[입장] X      반대

[주장 1] first open - dull place      처음 오픈 때 칙칙한 곳
[세부사항]
- X made feel motivated:      gray, concrete      동기부여 느낌 없었음. 회색 콘크리트
- ads - clubs : make interest- , energy      동아리 광고 등으로 흥미롭게 만들고 에너지 제공
- aesthetic appeal      미적 매력 제공

[주장 2] X feel comfortable      불편함을 느낌
[세부사항]
- stop and read : block people entering      멈추고 읽으면 오가는 사람 막음
- X check notice-      게시판 체크 안함
- who stop/look posters      멈춰서 볼 사람 없음

| | |
|---|---|
| [주제 정리] | Two students are discussing the college's plan to stop permitting posters inside the library. |
| [화자의 의견] | And the woman is against the plan for two reasons. |
| [지문과 화자의 접점] | First, the woman does not agree that posters on the walls are too distracting. |
| [세부사항] | She states that posters there are advertisements for clubs or activities. And she thinks this makes the place more interesting and energetic, unlike the past. This plan will make the walls look boring. |
| [지문과 화자의 접점] | Second, she thinks that using noticeboards is not a good idea. |
| [세부사항] | She points out that the location is not comfortable for students. Students who are reading the noticeboards will block people who are entering the library. So, she thinks that students will not stop and read things there. |
| [마무리] | These are the reasons why the woman is against the plan. |

| | |
|---|---|
| [주제 정리] | 두 명의 학생이 도서관 내에서 포스터를 허용하는 것을 중단하려는 대학의 계획에 대해 논의하고 있다. |
| [화자의 의견] | 그리고 여성은 두 가지 이유로 그 계획에 반대한다. |
| [지문과 화자의 접점] | 첫째, 여성은 벽에 붙어 있는 포스터가 너무 산만하다는 것에 동의하지 않는다. |
| [세부사항] | 그녀는 그곳 포스터가 클럽이나 활동을 위한 광고라고 말한다. 그리고 그녀는 이것이 그 장소를 과거와 달리 더 흥미롭고 활기차게 만든다고 생각한다. 이 계획은 벽을 지루해 보이게 할 것이다. |
| [지문과 화자의 접점] | 둘째, 그녀는 게시판을 이용하는 것은 좋은 생각이 아니라고 생각한다. |
| [세부사항] | 그녀는 그 위치가 학생들에게 편안하지 않다고 지적한다. 게시판을 읽고 있는 학생들은 도서관에 들어가는 사람들을 막을 것이다. 그래서 그녀는 학생들이 거기서 멈춰서 읽지 않을 것이라고 생각한다. |
| [마무리] | 이것이 여성이 그 계획에 반대하는 이유이다. |

promote ~을 홍보하다 reception area 안내 구역 policy 정책, 방침 be designed to do ~하기 위해 고안되다, 계획되다 distracting 산만하게 만드는 get rid of ~을 없애다, 제거하다 make much of a difference 큰 차이를 만들다 dull 칙칙한, 따분한 motivated 동기 부여가 된 plain 평범한, 단조로운 aesthetic 미적인 end up -ing 결국 ~하게 되다 bother to do 일부러 ~하다

# 실전문제 7

지문 해석

### 교재 목록을 더 빨리 볼 수 있어야 합니다

학생들이 학기 첫 주나 되어서야 어느 교재가 새 강의마다 필요한지 알아볼 수 있다는 사실이 유감스럽게 생각됩니다. 많은 학생들이 몇 주 또는 몇 달 미리 강의에 등록하고 있기 때문에, 등록 과정을 완료하는 대로 각 수업에 필요한 교재 목록을 볼 수 있어야 한다고 생각합니다. 이렇게 하면, 학생들이 많은 시간을 갖고 교재들을 둘러보면서 더 나은 가격 조건을 찾게 될 것입니다. 또한, 학생들이 각자의 시간에 먼저 읽기 시작해 다가오는 수업 과정에 더 잘 대비할 수 있게 해줄 것입니다.

안녕히 계십시오.
루시 그린

음원 스크립트 및 해석

Now listen to two students discussing the letter.

M: Hey, did you see Lucy's letter?

W: Yeah, do you agree with her points?

M: Absolutely. She explained the problems perfectly. I mean, the thing about buying books, for example. A lot of the textbooks are expensive when you buy them brand-new from bookstores. But if we had more time to find copies of them, we could buy used versions for half the price.

W: That's right.

M: So, it helps students to save a little money, and that's a good thing, as many students are on a tight budget once the semester begins.

W: Yeah, I totally agree. So, how about her second point about having more time to prepare for coursework?

M: She's right about that, too. A lot of students want to use their initiative and study course topics in advance, and that's difficult for them to do if they don't know which textbooks to buy. They should be given the opportunity to study topics even before the semester begins.

W: Yeah, right now, it's like they're being discouraged from preparing in advance.

M: Exactly.

이제 편지에 대해 토론하는 두 학생의 대화를 들으시오.

남: 있잖아, 루시가 쓴 편지 봤어?

여: 응, 그 의견에 동의해?

남: 당연하지. 문제점들을 완벽하게 설명했어. 내 말은, 예를 들어서, 책 구입과 관련된 것 말이야. 많은 교재들이 서점에서 완전히 새로 구입하려면 비싸거든. 하지만 우리가 그 책들을 찾을 시간이 더 많다면, 반값에 중고 버전을 구입할 수 있어.

여: 맞아.

남: 그래서, 학생들이 적은 돈이나마 아끼는 데 도움이 되고, 많은 학생들이 일단 학기가 시작되면 금전적으로 빠듯하기 때문에 그렇게 하면 좋지.

여: 응, 전적으로 동의해. 그럼, 수업 과정을 준비할 시간이 더 많아지는 것과 관련된 두 번째 의견은 어때?

남: 그것도 맞는 말이야. 많은 학생들이 스스로 진취성을 발휘해서 미리 강의 주제들을 공부하기를 원하는데, 어느 교재를 구입해야 하는지 알지 못하면 그렇게 하기 어렵지. 학기가 시작되기 전에도 주제들을 공부할 기회가 주어져야 해.

여: 응, 지금은, 마치 미리 준비하려는 학생들의 의욕을 꺾고 있는 것 같아.

남: 바로 그거야.

남성이 편지에서 설명하는 제안과 관련해 의견을 제시하고 있다. 그 제안을 간략히 요약하시오. 그런 다음, 그 제안과 관련된 그의 의견을 말하고, 그가 그러한 의견을 갖고 있는 이유를 설명하시오.

**핵심 토픽**

학기의 시작에 필요한 교재 목록

**노트테이킹**

**지문 노트테이킹**

[주제] make textbook list available    교재 목록 볼 수 있게 만들 것
[근거 1] have time to look / find deals    시간 갖고 좋은 거래 조건을 찾아볼 수 있음
[근거 2] better prepare for coursework    수업 잘 대비

**음원 노트테이킹**

[입장] O    찬성

[주장 1] textbook - expensive - bookstores    서점 구매가 너무 비쌈
[세부사항]
- have more time - find copies    시간이 있다면 책을 찾을 수 있음
- used version - half price    중고 버전을 반값에 살 수 있음

[주장 2] study topics in advance    미리 공부할 수 있음
[세부사항]
- difficult do - if X know    교재를 모르면 미리 공부 힘듦
- give opp- study before - semester begins    학기 시작 전 공부할 수 있는 기회 제공

**모범 답변**

[주제 정리]    Two students are discussing the student's letter to make it possible to view the textbook list.
[화자의 의견]    And the man is in support of the letter for two reasons.

[지문과 화자의 접점]    First, he agrees that students would have more time to find better deals.
[세부사항]    He points out that new textbooks are expensive. However, students can find copies or used versions for half the price. So students would be able to save money.

[지문과 화자의 접점]    Moreover, he thinks that students could better prepare for their coursework.
[세부사항]    He argues that it's difficult to study topics in advance if they don't know which textbook to buy. He believes this will give students the opportunity to study before the semester starts.

[마무리]    These are two reasons why the man is in support of the letter.

| [주제 정리] | 두 학생이 교재 목록을 볼 수 있게 만들자는 학생의 편지에 대해 논의하고 있다. |
|---|---|
| [화자의 의견] | 그리고 남성은 두 가지 이유로 그 편지를 지지하고 있다. |
| [지문과 화자의 접점] | 첫째, 그는 학생들이 더 나은 거래를 찾을 수 있는 시간이 더 많아질 것이라는 데 동의한다. |
| [세부사항] | 그는 새 교과서가 비싸다고 지적한다. 하지만, 학생들은 반값에 복사본이나 중고 버전을 찾을 수 있다. 그래서 학생들은 돈을 절약할 수 있을 것이다. |
| [지문과 화자의 접점] | 게다가, 그는 학생들이 수업 과정을 더 잘 준비할 수 있다고 생각한다. |
| [세부사항] | 그는 어떤 교과서를 사야 할지 모르면 주제를 미리 공부하기가 어렵다고 주장한다. 그는 이것이 학생들에게 학기가 시작하기 전에 공부할 수 있는 기회를 줄 것이라고 믿는다. |
| [마무리] | 이것이 남성이 편지를 지지하는 두 가지 이유이다. |

## 어휘

register for ~에 등록하다  in advance 미리, 사전에  registration process 등록 과정  enable A to do A에게 ~할 수 있게 해주다  get a head start 먼저 시작하다, 유리한 출발을 하다  tight (비용, 일정 등이) 빠듯한, 빡빡한  budget 예산, 예상 지출 비용  initiative 진취성, 결단력, 계획  be discouraged from ~하지 못하게 의욕이 꺾이다, 좌절되다

# 실전문제 8

## 지문 해석

### 시작 준비가 된 온라인 일정 관리 시스템

우리 대학교에서는 학생과 교수 사이의 면담 일정 협의를 용이하게 해줄 새로운 온라인 일정 관리 시스템의 시행을 알려 드리게 되어 기쁩니다. 현재, 학생들은 과제물 및 강의 관련 문제를 논의하기 위한 면담 일정을 잡기를 원할 때마다 반드시 이메일로 교수에게 연락해야 합니다. 이 새로운 시스템은 면담 일정 관리를 훨씬 더 간단하게 만들어줄 것입니다. 학생들은 대학 웹 사이트를 통해 가능한 면담 날짜와 시간을 선택하게 되며, 교수는 즉시 알림을 받게 됩니다. 이는 또한 매일 아주 많은 이메일을 받는 교수가 느끼는 부담감도 줄여줄 것입니다.

## 음원 스크립트 및 해석

| | |
|---|---|
| Now listen to two students discussing the article. | 이제 기사에 대해 토론하는 두 학생의 대화를 들으시오. |
| M: Did you see this announcement? | 남: 이 공지 내용 봤어? |
| W: Yeah, and I think it's a great idea. | 여: 응, 그리고 아주 좋은 생각 같아. |
| M: Why? | 남: 왜? |
| W: Well, it'll be much more efficient than e-mailing professors. There have been many times that I've tried to arrange a meeting by e-mail, but my professors didn't respond for almost a week. That's not good enough when we have | 여: 음, 교수님들께 이메일을 보내는 것보다 훨씬 더 효율적일 거야. 내가 이메일로 면담 일정을 잡아보려 했던 경우가 많이 있었는데, 교수님들께서 거의 일주일 동안 답장하지 않으셨거든. 이렇게 되는 건 우리가 급하게 논의할 문제가 있을 땐 좋지 않지. |

| | |
|---|---|
| urgent issues to discuss.<br><br>M: Yeah, I can see your point.<br><br>W: And the new system sounds very simple to use, too. Students can quickly choose from available meeting times, and professors can receive a meeting notification without having to send e-mails back and forth. It'll be particularly useful during the busy exam times each semester.<br><br>M: Right. It does sound like it will benefit students and professors.<br><br>W: Exactly. | 남: 응, 무슨 말인지 알겠어.<br><br>여: 그리고 새로운 시스템은 이용하기에도 아주 간단한 것 같아 보여. 학생들은 가능한 면담 시간대를 빠르게 선택할 수 있고, 교수님들은 이메일을 주고받으실 필요 없이 면담 알림 메시지를 받으실 수 있으니까. 특히 각 학기의 바쁜 시험 기간 중에 유용할 거야.<br><br>남: 맞아. 분명 학생들과 교수님들에게 유익할 것 같아.<br><br>여: 바로 그거야. |

문제 해석

여성이 대학의 계획에 대해 의견을 제시하고 있다. 대학의 계획을 간략히 요약하시오. 그런 다음, 그 계획과 관련된 그녀의 의견을 말하고, 그녀가 그러한 의견을 갖고 있는 이유를 설명하시오.

**핵심 토픽**

교수 면담을 위한 온라인 일정 관리 시스템

**노트테이킹**

### 지문 노트테이킹

[주제] to implement a new online scheduling system      온라인 일정 관리 시스템 실행

[근거 1] make scheduling meetings simpler      일정 관리를 더 간단하게 만듦

[근거 2] lessen burden on profs      교수가 느끼는 부담감 줄임

### 음원 노트테이킹

[입장] O      찬성

[주장 1] be effici- than e-mail      이메일보다 효율적임
[세부사항]
- try to arrange meet- / X respond      면담 일정 잡아보려 했지만 / 응답 X
- X good when - urgent issues      급하게 논의할 문제 있을 때 좋지 않음

[주장 2] sounds simple to use      이용하기 간단해 보임
[세부사항]
- quick- choose - avail- time      빠르게 가능한 시간대를 선택
- prof- receive notifi-      교수 알람 받음
- useful during busy exam times      바쁜 시험 기간에 유용함
- bene- both      모두에게 유익함

[주제 정리]    Two students are discussing the college's plan to start an online scheduling system.
[화자의 의견]    And the woman is in support of the plan for two reasons.

[지문과 화자의 접점]    First, she thinks that selecting an available meeting date and time via a Web site is more efficient than sending e-mails.
[세부사항]    For example, when she wrote an e-mail, she couldn't get a response for a week from the professor. If students have issues to discuss, an e-mail is not good.

[지문과 화자의 접점]    Second, she agrees that this will lessen the burden on professors.
[세부사항]    She argues that professors do not have to write e-mails back because the system is simple to use. She believes that this will be useful during the busy exam times.

[마무리]    These are the reasons why the woman is in support of the plan.

---

[주제 정리]    두 학생이 온라인 스케줄 시스템을 시작하려는 대학의 계획에 대해 논의하고 있다.
[화자의 의견]    그리고 여성은 두 가지 이유로 이 계획을 지지하고 있다.

[지문과 화자의 접점]    첫째, 그녀는 웹 사이트를 통해 가능한 면담 날짜와 시간을 선택하는 것이 이메일을 보내는 것보다 더 효율적이라고 생각한다.
[세부사항]    예를 들어, 그녀가 이메일을 썼을 때, 그녀는 교수로부터 일주일 동안 답장을 받지 못했다. 만약 학생들이 논의할 문제가 있다면, 이메일은 좋지 않다.

[지문과 화자의 접점]    둘째, 그녀는 이것이 교수들의 부담을 줄여줄 것이라는 것에 동의한다.
[세부사항]    그녀는 이 시스템이 이용하기 쉽기 때문에 교수들이 이메일에 답장할 필요가 없다고 주장한다. 그녀는 이것이 바쁜 시험 기간에 유용할 것이라고 믿는다.

[마무리]    이것이 여성이 그 계획을 지지하는 이유이다.

**어휘**

implementation 시행 facilitate ~을 용이하게 하다 available 시간이 나는 notify ~에게 알리다, 통지하다 lessen ~을 줄여주다 without having to do ~할 필요 없이 benefit ~에게 유익하다, 이득이 되다

# 실전문제 9

### 새 주차장 부지

저는 우리 대학교에서 캠퍼스 내에 점점 더 늘고 있는 자동차에 필요한 추가 공간을 마련하기 위해 새 주차장을 지을 계획이라는 사실을 알게 되어 기뻤습니다. 새 주차장 부지가 아직 선정되지 않았다는 사실을 알고 있기 때문에, 저는 이스턴 플라자를 이용하도록 권해 드리고 싶습니다. 이 플라자는 거의 3년 전에 대학교의 새 야외 무대가 설치된 이후로 어떤 특별 행사나 기념식이든 주최하는 데 이용되지 않고 있습니다. 현재, 이곳은 아무런 용도가 없는 것처럼 보이기 때문에, 대학 측에서 주차장으로 개조하는 편이 나을 것입니다. 캠퍼스 내에서 생활하는 학생들은 항상 주차 공간을 찾는 데 힘겨워하고 있으며, 캠퍼스 밖에서 거주하는 사람들도 추가 주차장을 환영할 것입니다.

안녕히 계십시오.
크레이그 브라운

Now listen to two students discussing the letter.

M: What did you think of Craig's letter in the college paper?

W: I don't agree with him. That plaza is still pretty popular with students. I know it isn't used for any special college events these days, but a lot of people would miss it if it were gone. A lot of students eat lunch there, for example.

M: Yeah. Actually, I eat there with my friends quite a lot when the weather is nice. And some people even go there to study.

W: Exactly. It's nice to have that type of open area on campus. It's a nice relaxing spot for students to gather, whether they plan to eat lunch or do some work. It seems like a waste to turn it into a car park.

M: Yes. I'd certainly miss hanging out there.

W: And Craig isn't right when he says students have problems with parking.

M: Are you sure about that?

W: I sometimes take a ride with a classmate who drives here, and there are always plenty of spaces available.

M: True. But maybe a new parking lot would be convenient for those who live on campus.

---

이제 편지에 대해 토론하는 두 학생의 대화를 들으시오.

남: 대학 신문에 실린 크레이그 편지에 대해 어떻게 생각했어?

여: 난 동의하지 않아. 그 플라자는 여전히 학생들에게 꽤 인기 있는 곳이야. 요즘 어떤 특별한 대학 행사에도 쓰이지 않는다는 건 알지만, 그곳이 없어지면 많은 사람들이 그리워할 거야. 예를 들면, 많은 학생들이 거기서 점심 식사를 하고 있거든.

남: 응. 실은, 나도 날씨가 좋을 때 친구들과 함께 그곳에서 꽤 자주 밥을 먹어. 그리고 어떤 사람들은 심지어 공부하러 가기도 해.

여: 바로 그거야. 캠퍼스 내에 그런 식으로 개방된 공간이 있는 게 아주 좋아. 점심을 먹을 계획이든, 아니면 뭔가 일할 계획이든 상관없이, 학생들이 느긋하게 모일 수 있는 아주 좋은 곳이거든. 그곳을 주차장으로 개조하는 게 낭비인 것 같아.

남: 응. 거기서 시간을 보냈던 게 분명 그리울 거야.

여: 그리고 학생들이 주차 문제를 겪고 있다고 크레이그가 말하는 것도 맞지 않아.

남: 확실해?

여: 운전해서 이곳에 오는 친구 차를 가끔 얻어 타는데, 항상 이용 가능한 공간이 많이 있어.

남: 맞아. 하지만 아마 새 주차장이 캠퍼스 내에서 생활하는 사람들에게 편리할 수도 있어.

| W: That's the other thing. The campus dorms are on the opposite side of campus from Eastern Plaza, so it would make no sense for people to park their cars so far away from their dorm.<br><br>M: Yeah. I guess that's quite a long distance. | 여: 그게 또 다른 문제야. 캠퍼스 내의 기숙사들은 이스턴 플라자 반대쪽에 위치해 있기 때문에, 사람들이 기숙사에서 아주 멀리 떨어진 곳에 차를 주차한다는 게 말도 안 되는 소리일 거야.<br><br>남: 응. 그게 꽤 먼 거리인 것 같아. |
| --- | --- |

## 문제 해석

여성이 편지에 제시된 학생의 제안에 대해 자신의 의견을 제시하고 있다. 그녀의 의견을 말하고, 그녀가 그러한 의견을 갖고 있는 이유를 설명하시오.

## 핵심 토픽

교내 주차 공간

## 노트테이킹

### 지문 노트테이킹

[주제] recommend Eastern Plaza as a new parking lot    이스턴 플라자를 새로운 주차장으로 추천

[근거 1] serve no purpose    아무런 용도가 없음

[근거 2] students welcome the parking lot    학생들이 반길 것임

### 음원 노트테이킹

[입장] X    반대

[주장 1] still popular w/ stu-    여전히 학생들 사이에서 인기
[세부사항]
- would miss - gone    사라지면 그리워 할 것
- eat lunch there / go there to study    점심 식사하고 공부도 함
- nice relax- spot for stu / waste to turn - car park    느긋하게 모일 수 있는 공간 / 개조하면 낭비

[주장 2] X have prob- parking    주차에 큰 문제가 없음
[세부사항]
- I take a ride / plenty space avail-    본인이 차 얻어타는데 이용 가능한 공간이 있음
- dorm - opposite side    기숙사는 반대쪽 위치함
- X park cars far from dorm    기숙사에서 떨어진 곳 차 주차 안함

[주제 정리]      Two students are discussing the student's letter to recommend Eastern Plaza as a new parking lot.

[화자의 의견]    And the woman is against the letter for two reasons.

[지문과 화자의 접점]  First, the woman does not agree that the plaza serves no purpose.

[세부사항]      She argues that it is still popular with students. For example, students eat lunch or study in the plaza. Since it is a place to relax, she thinks it would be a waste of space if it becomes a parking lot.

[지문과 화자의 접점]  Moreover, the woman thinks that students don't have problems with parking.

[세부사항]      She mentions that there are always places to park. And she points out that the location of the parking lot would be on the opposite side of the campus from the dormitory. So, students living on campus would not park their cars there.

[마무리]       These are two reasons why the woman is against the letter.

---

[주제 정리]      두 학생이 이스턴 플라자를 새로운 주차장으로 추천하는 학생의 편지에 대해 토론하고 있다.

[화자의 의견]    그리고 여성은 두 가지 이유로 그 편지에 반대한다.

[지문과 화자의 접점]  첫째, 여성은 광장이 아무런 용도가 없다는 것에 동의하지 않는다.

[세부사항]      그녀는 그것이 여전히 학생들에게 인기가 있다고 주장한다. 예를 들어, 학생들은 광장에서 점심을 먹거나 공부를 한다. 휴식을 취할 수 있는 공간이다 보니 주차장이 되면 공간 낭비일 것이라는 게 그녀의 생각이다.

[지문과 화자의 접점]  게다가, 여성은 학생들이 주차에 문제가 없다고 생각한다.

[세부사항]      그녀는 항상 주차할 곳이 있다고 말한다. 그리고 그녀는 주차장의 위치가 기숙사와 캠퍼스 반대편에 있을 것이라고 지적한다. 그래서, 캠퍼스에 사는 학생들은 그곳에 차를 주차하지 않을 것이다.

[마무리]       이것이 여성이 그 편지에 반대하는 두 가지 이유이다.

## 어휘

**serve no purpose** 아무런 용도가 없다, 쓸모없다 **might as well do** ~하는 편이 낫다 **convert A into B** A를 B로 개조하다, 변모시키다(= turn A into B) **struggle to do** ~하는 데 힘겨워 하다, ~하기 위해 발버둥치다 **oppose** ~에 반대하다 **hang out** (특정 장소에서) 시간을 보내다, 놀다 **dorm** 기숙사 **make no sense** 말이 되지 않다, 앞뒤가 맞지 않다

# 실전문제 10

### 전자 교재로의 변화

다음 학기부터, 우리 대학은 기존에 쓰이던 종이 인쇄 교재를 줄여 나가기 시작할 것입니다. 대신, 학생들은 전자 기기를 활용해 교재 내용을 다운로드하고 화면을 통해 직접 읽을 수 있게 됩니다. 이 기기는 비용이 대략 250달러이지만, 이 초기 비용을 지불한 후에는 하드웨어 또는 업그레이드에 필요한 추가 비용이 전혀 들지 않습니다. 이로 인해 학생들은 시간이 흐를수록 돈을 절약할 수 있게 되는데, 전자 교재의 내용이 일반 교재보다 상당히 더 저렴하기 때문입니다. 게다가, 기기가 사용하기 쉽고 메모 작성 및 강조 표시 같은 여러 유용한 기능을 포함하고 있기 때문에, 우리 대학은 그것이 효과적인 학습 도구가 될 것으로 생각합니다.

**음원 스크립트 및 해석**

Now listen to two students discussing the announcement.

W: Oh, I don't like this idea.

M: About the electronic textbooks? Why not?

W: For many reasons!

M: Tell me more.

W: Well, for a start, that's way too much for students to pay.

M: Even though normal textbooks are very expensive?

W: Well, I know they cost quite a lot, but I really doubt students are going to use one device for their entire course. Devices are going to break, or students will lose them, and then what happens? They'll need to pay another $250.

M: Yeah, I guess that could happen.

W: Right! And even repairs will cost money. People drop devices and crack screens all the time.

M: True, but, don't you think they will help students to study? They do sound quite convenient.

W: Well, maybe for some people, but not for others.

M: Why only for some?

W: Well, it's only helpful if people enjoy using electronic devices, but some people struggle with gadgets.

M: Oh, really? I thought everyone would be used to using them by now.

이제 공고문에 대해 토론하는 두 학생의 대화를 들으시오.

여: 아, 난 이 아이디어가 마음에 안 들어.

남: 전자 교재와 관련된 것 말이야? 왜?

여: 이유야 많지!

남: 자세히 좀 얘기해 봐.

여: 음, 우선, 학생들이 내기엔 돈이 너무 많이 들어.

남: 일반 교재들이 아주 비싼데도?

여: 음, 꽤 돈이 많이 든다는 건 알지만, 학생들이 전체 학업 과정 내내 기기 하나만 사용하게 될 거라는 생각은 정말로 들지 않아. 기기는 고장 나기 마련이고, 학생들이 잃어버릴 수도 있는데, 그 다음엔 어떻게 해야 해? 250달러를 또 내야 할 거야.

남: 응, 그럴 수 있을 것 같아.

여: 맞아! 심지어 수리 작업에도 돈이 들 거야. 사람들은 항상 기기를 떨어뜨려서 화면이 깨지거든.

남: 그렇지, 하지만, 학생들이 공부하는 데 도움이 된다고 생각하진 않아? 분명 꽤 편리할 것 같아.

여: 음, 아마 어떤 사람들에겐 그렇겠지만, 다른 사람들에겐 그렇지 않겠지.

남: 왜 어떤 사람들에게만 그렇다고 하는 거야?

여: 음, 전자 기기를 사용하는 게 즐거운 사람이라면 도움이 되겠지만, 어떤 사람들은 기계 장치를 힘들어 하거든.

남: 아, 정말? 난 모든 사람이 지금쯤 기기를 사용하는 데 익숙해져 있을 줄 알았어.

| | |
|---|---|
| W: Not really. I know a few people that prefer traditional study methods, with paper and pens. And there are some mature students in my classes who would probably not enjoy using a device for everything.<br><br>M: I guess you're right.<br><br>W: So, even if the device has all these convenient study features, it's pointless if people don't feel comfortable when using them. A lot of us prefer the old-fashioned methods, and it would be a shame if we could no longer study the way that we like. | 여: 꼭 그런 건 아니야. 내가 아는 몇몇 사람들은 종이와 펜으로 하는 기존의 학습 방식을 선호해. 그리고 내 수업에는 아마 모든 일에 대해 기기를 이용하는 걸 즐거워하지 않을 수도 있는 몇몇 원숙한 학생들도 있어.<br><br>남: 네 말이 맞는 것 같아.<br><br>여: 그래서, 설사 그 기기가 공부와 관련해서 그렇게 편리한 기능을 모두 지니고 있다 하더라도, 사람들이 이용하면서 편하다고 느끼지 못한다면 무의미한 거지. 우리들 중 많은 학생들이 예전의 방식을 선호하고 있는데, 더 이상 우리가 좋아하는 방법으로 공부할 수 없다면 안타까울 거야. |

**문제 해석**

여성이 공고된 변화에 대한 의견을 제시하고 있다. 그녀의 의견을 말하고, 그녀가 그러한 의견을 갖고 있는 이유를 설명하시오.

**핵심 토픽**

기존 교재를 대체하는 전자 교재

**노트테이킹**

**지문 노트테이킹**

[주제] to change paper book into electric textbook      종이 교재를 전자 교재로 변경

[근거 1] allow stu- to save money      학생들이 돈을 아낄 수 있음

[근거 2] be an effective study tool      효과적인 학습 도구가 될 것

**음원 노트테이킹**

[입장] X      반대

[주장 1] way too much to pay      더 많은 돈을 씀
[세부사항]

- doubt - use one device for entire course      학기 내내 기기 하나만 이용할 거라고 생각하지 않음

- break or lose      깨지거나 잃어버릴 수 있음

- need to pay another 250 + repair cost      추가 250달러 내야함 + 수리에도 돈 들어감

[주장 2] some - struggle with gadgets      어떤 사람은 기계 장치 이용 힘들어 함
[세부사항]

- a few ppl - prefer tradi- study w/ paper      몇몇 사람은 기존 학습 방식 선호 - 종이 사용

- mature stu- X enjoy using device      원숙한 학생 기기 사용 즐기지 않음

- X feel comfort- / prefer old-fashioned methods      불편함을 느낄 수 있음 / 예전 방식 선호

| | |
|---|---|
| [주제 정리] | Two students are discussing the college's plan to change paper textbooks into electronic textbooks. |
| [화자의 의견] | And the woman is against the plan for two reasons. |
| [지문과 화자의 접점] | First, she does not agree that students will save money with electronic textbooks. |
| [세부사항] | It is because students would not use one device for the entire course. Students may break or lose them. This would make students buy a new one or repair them, which would lead to extra costs. |
| [지문과 화자의 접점] | Moreover, she does not think that electronic textbooks would be effective study tools. |
| [세부사항] | Some students will struggle with these devices. And there are many students who prefer traditional study methods. So, she thinks this change is pointless. |
| [마무리] | These are the reasons why the woman is against the plan. |

---

| | |
|---|---|
| [주제 정리] | 두 학생이 종이 교과서를 전자 교재로 바꾸려는 대학의 계획에 대해 논의하고 있다. |
| [화자의 의견] | 그리고 여성은 두 가지 이유로 그 계획에 반대한다. |
| [지문과 화자의 접점] | 첫째, 그녀는 학생들이 전자 교재로 돈을 절약할 것이라는 것에 동의하지 않는다. |
| [세부사항] | 왜냐하면 학생들은 전체 학업 과정에서 하나의 기기를 이용하지 않을 것이기 때문이다. 학생들은 그것들을 망가뜨리거나 잃어버릴 수 있다. 이것은 학생들이 새로운 것을 사거나 수리하도록 만들 것이고, 추가 비용으로 이어질 것이다. |
| [지문과 화자의 접점] | 게다가, 그녀는 전자 교재가 효과적인 학습 도구가 될 것이라고 생각하지 않는다. |
| [세부사항] | 일부 학생들은 이 기기들로 어려움을 겪을 것이다. 그리고 전통적인 공부 방법을 선호하는 학생들이 많다. 그래서, 그녀는 이 변화가 무의미하다고 생각한다. |
| [마무리] | 이것이 여성이 그 계획에 반대하는 이유이다. |

## 어휘

initial 초기의, 처음의 **significantly** 상당히, 많이 **feature** 기능, 특징 **struggle with** ~을 힘겨워 하다 **gadget** (작은) 기기, 장치 **mature** 원숙한, 성숙한 **pointless** 무의미한

# 실전문제 1

**지문 해석**

### 불신의 유예

의구심을 무시하거나 유보하고 연극 공연을 현실로 받아들일 수 있는 것을 불신의 유예라고 일컫는다. 관객이 연극 공연을 온전히 감상하기 위해 무대 위에서 벌어지는 사건 및 인물들과의 감정적 연결고리를 확립하는 것은 중요하다. 이러한 효과가 나도록 하기 위해, 우리는 무대를 통해 보게 되는 것이 여러 배우 및 소품이 아니라 실제라고 스스로를 납득시켜야 한다. 각자의 불신을 유예함으로써, 관객은 더 깊이 있게 연극에 빠져들고 마치 이야기와 인물들이 실제인 것처럼 진심 어린 감정으로 반응할 수 있게 된다.

**음원 스크립트 및 해석**

Now listen to part of a lecture on this topic in a theatre studies class.

Let me tell you a story about when I was at college. Marcello, my roommate at the time, had the lead role in a play, and I went along to see it on opening night. I must admit, I found it a little strange to see him walk onto the stage. Marcello was playing the part of a high school student, and wearing clothes a teenager would wear. I could tell that he was making his voice higher, trying hard to seem younger. And he spoke faster, with a lot of slang, the way a high school student would. At first, I could only see my roommate, not the teenaged character he was supposed to be. But after a few scenes, I began to see him not as Marcello, but as an insecure high school student, struggling with the pressures of adolescence. And as the play continued, the student experiences bullying and prejudice. And, to my surprise, I felt genuinely sad for him. And when the student tells his teachers about his problems, they just turn the other cheek and ignore the situation. This made me actually get mad! Well, in the end, the student meets a group of students who he forms strong friendships with, and his troubles at school disappear. He even finds a girlfriend and falls in love for the first time. And, I don't mind admitting that this moved me to tears.

이제 이 주제에 관한 연극학 수업의 강의 일부를 들어보시오.

제가 대학에 다니던 당시와 관련된 이야기를 하나 해보겠습니다. 당시 제 룸메이트였던 마르첼로가 한 연극에서 주인공 역할을 맡게 되었고, 저는 개막일 밤에 그 공연을 보러 갔습니다. 정말이지, 그 친구가 무대 위로 걸어 올라가는 것을 보는 게 조금 어색하게 느껴졌습니다. 마르첼로는 고등학교 학생 역할을 했고, 십대들이 입을 만한 옷을 입고 있었습니다. 저는 이 친구가 목소리를 더 높게 내면서 더 어려 보이도록 열심히 노력하고 있었다는 것을 알 수 있었습니다. 그리고 많은 속어와 함께 고등학생 같은 말투로 더 빠르게 말했습니다. 처음에는, 이 친구가 보여주었어야 하는 십대의 인물이 아니라 제 룸메이트로만 보였습니다. 하지만 몇몇 장면들이 지나고 난 후, 마르첼로가 아니라 청소년기의 압박감으로 힘겨워하는 불안정한 고등학생으로 보이기 시작했습니다. 그리고 연극 공연이 지속되면서, 이 학생은 집단 괴롭힘과 편견을 경험하게 됩니다. 그리고, 놀랍게도, 저는 이 학생 때문에 진심으로 마음이 아팠습니다. 그리고 이 학생이 자신의 문제를 선생님들에게 이야기하자, 선생님들은 그저 고개를 돌려 그 상황을 무시하게 됩니다. 이는 실제로 저를 화나게 만들었습니다! 음, 결국, 이 학생은 함께 끈끈한 우정을 쌓는 한 무리의 학생들을 만나게 되고, 학교에서 겪었던 문제는 사라지게 됩니다. 심지어 여자친구를 찾아 처음으로 사랑에 빠지기까지 합니다. 그리고, 저는 솔직히 말해서 이 이야기에 감동해 눈물까지 흘렸습니다.

강의에 제시되는 예시가 어떻게 불신의 유예를 보여주는지 설명하시오.

## 주제(전공) / 강의 예시 종류

불신의 유예(심리학) / 개인 경험

## 노트테이킹

### 지문 노트테이킹

[주제] suspension of disbelief       불신의 유예

[주제에 대한 정의]

Being able - suspend - doubt & acpt - perfor- play as reality

의심을 멈추고 연극의 연기를 현실로 받아들일 수 있는 것

### 음원 노트테이킹

[예시 1]

-story - at college - roommate had lead role - play

자신이 대학교에서 경험한 이야기 - 룸메이트가 연극의 주요 역할 맡음

[세부사항]

-see opening night - found strange - walk stage       개막일 공연 보러감 - 어색함 느낌 - 무대 걷기

-Marcello - play - high school stu / wear- clothes - teen       룸메 - 고등학생 연기 - 옷도 10대처럼

-try to seem young- / spoke slang       어려보이려고 하고 / 속어 구사

-at first - see roommate - not teen       처음에 - 룸메가 10대로 보이지 않음

[예시 2]

-but after a few scenes / began - see - high stu-       그러나 일부 장면이 지나고 학생처럼 보이기 시작

[세부사항]

-stu - exp- bullying / felt sad       괴롭힘을 당하는 학생 / 속이 상함

-tell teacher prb + ignore sit - / made - get mad       선생님께 문제 이야기해도 무시 상황 / 나를 화나게 함

-stu- meet - students - form strong relation- / trb disappear       학생들 만나고 - 끈끈한 우정 맺음 - 문제 해결

-finds gf + moved       여자친구도 생김 + 감동받음

## 모범 답변

[주제 정의]       Being able to suspend our doubt and accept the performance of a play as reality is referred to as suspension of disbelief.

[구조 제시]       And the professor gives an example of his own story to explain this.

[예시 본문 1]       When he was in college, his roommate had a role in a play.

[세부사항]       He went to see the play and knew that his roommate was playing the part of a high school student. His roommate dressed and talked like a teenager. But at first, he could only see his roommate, not the teenaged character.

| [예시 본문 2] | However, after a few scenes, the professor began to see his roommate as a high school student. |
|---|---|
| [세부사항] | As the play continued, he felt really sad about the pressure and problems that the character had. He even got mad in some scenes. But as the character became happy at the end, the professor was moved by it. |
| [마무리] | That is the example of suspension of disbelief. |

| [주제 정의] | 우리의 의심을 유보하고 연극의 공연을 현실로 받아들일 수 있는 것을 불신의 유예라고 한다. |
|---|---|
| [구조 제시] | 그리고 교수는 이것을 설명하기 위해 자신의 이야기를 예로 든다. |
| [예시 본문 1] | 그가 대학에 다닐 때, 그의 룸메이트는 연극에서 역할을 했다. |
| [세부사항] | 그는 연극을 보러 갔고 그의 룸메이트가 고등학생 역할을 하고 있다는 것을 알았다. 그의 룸메이트는 십대처럼 옷을 입고 말을 했다. 하지만 처음에, 그는 십대 인물이 아닌 룸메이트만 볼 수 있었다. |
| [예시 본문 2] | 하지만, 몇 장면 후에, 교수는 그의 룸메이트를 고등학생으로 보기 시작했다. |
| [세부사항] | 연극이 계속되면서, 그는 그 인물이 가졌던 압박감과 문제점에 대해 정말 슬픔을 느꼈다. 그는 심지어 어떤 장면에서는 화를 내기도 했다. 하지만 마지막에 그 인물이 행복해지자 교수는 그것에 감동했다. |
| [마무리] | 그것이 불신의 유예를 보여주는 예이다. |

## 어휘

suspension 유보, 유예  disregard ~을 무시하다  be referred to as ~라고 일컫다  appreciate ~을 감상하다  convince ~을 납득시키다  witness ~을 보다, 목격하다  an assortment of 여러 가지의  props 소품  engage with ~에 빠져들다, 관련되다  genuine 진심 어린, 진짜의  I must admit (강조를 위해 삽입하여) 정말이지  slang 속어  be supposed to do ~해야 하다, ~하기로 되어 있다  insecure 불안정한  struggle with ~로 힘겨워 하다, 발버둥치다  adolescence 청소년기  bullying 집단 괴롭힘  prejudice 편견  move ~을 감동시키다

# 실전문제 2

### 지문 해석

<br>

### 사회적 태만

한 팀의 사람들이 한 가지 일을 완료해야 할 때, 그 팀에 속한 일부 인원은 그 일을 완료할 책임이 팀 내에 전체적으로 나눠져 있다고 생각하기 때문에 다른 사람들보다 노력을 덜 기울일 수 있다. 따라서, 이러한 팀원들은 개별적인 노력이 직접적으로 고려되지 않을 것이라는 생각에, 더 천천히 일하면서 덜 기여할 수 있는 기회를 엿보게 된다. 이렇게 단체 활동 참여 시의 개인 동기 부여 부족 문제를 사회적 태만이라고 일컫는다. 무의식적인 행동일 수 있지만, 사회적 태만은 혼자 일할 때보다 팀의 일부로서 일할 때 개인의 노력과 헌신이 더 감소되는 결과를 낳는다.

| | |
|---|---|
| Now listen to part of a lecture in a psychology class. | 이제 심리학 수업의 강의 일부를 들어보시오. |
| Let me tell you about a research study that focused on this phenomenon. So, the researchers asked participants in the study to perform a simple, everyday task that should be easy for anyone. All they had to do was remove the shells of boiled eggs, but they had to try and remove as many as they possibly could within 30 minutes. Well, some of the participants worked by themselves, and they knew that the researchers would count the number of removed shells at the end. Others worked in groups, knowing that only the total number of removed shells would be counted at the end, and not the number removed by each respective group member. | 이 현상에 초점을 맞춘 한 연구 내용에 관해 얘기해 보겠습니다. 자, 연구자들은 연구 참가자들에게 누구나 쉽게 할 수 있는 간단하면서 일상적인 일을 수행하도록 요청했습니다. 이들은 삶은 계란의 껍데기를 제거하기만 하면 됐지만, 30분 내에 가능한 한 많이 제거하도록 시도해야 했습니다. 음, 일부 참가자들은 혼자 작업했는데, 마지막에 연구자들이 껍데기를 제거한 계란의 숫자를 셀 것을 알고 있었습니다. 다른 이들은 여러 팀을 이뤄 작업했으며, 각각의 팀원이 껍데기를 제거한 계란의 숫자가 아니라 껍데기를 제거한 계란의 총합을 마지막에 셀 것이라고 알고 있었습니다. |
| When the researchers compiled their findings, they saw an obvious difference between the people who worked within a group and those who removed shells alone. They looked at the total number of shells removed per group, and then for each group they calculated the average number of shells removed by each group member. Then they compared those numbers with the average number removed by those working on their own. They found that those working by themselves removed far more shells than those working as part of a group. | 연구자들이 결과물을 취합했을 때, 팀 내에서 작업한 사람들과 혼자 껍데기를 제거한 사람들 사이에서 명백한 차이를 확인했습니다. 연구자들은 팀마다 껍데기를 제거한 계란의 총합을 살펴본 다음, 각 팀에 대해 팀원마다 껍데기를 제거한 계란의 평균 숫자를 계산했습니다. 그런 다음, 이 숫자를 혼자 작업한 사람들이 제거한 평균 숫자와 비교했습니다. 연구자들은 혼자 작업한 사람들이 팀의 일원으로 작업한 사람들보다 훨씬 더 많은 껍데기를 제거했다는 사실을 알게 되었습니다. |

강의에 제시되는 예시가 어떻게 사회적 태만 현상을 보여주는지 설명하시오.

사회적 태만(심리학) / 연구

### 지문 노트테이킹

[주제] social loafing      사회적 태만

[주제에 대한 정의]

lack of indiv- motiv- when engaging in group activities      그룹 활동을 할 때 개인적인 동기부여의 부족함

## 음원 노트테이킹

[예시 1]

- researchers - asked - parti- - perform simple task

  연구자들-참가자들-요청-간단한 일 수행

[세부사항]

- remove shells of boil- egg / as many as

  삶은 달걀 껍데기 제거 / 가능한 많이

- some worked - them- / knew resear- count num- shell

  일부는 혼자 일함 / 연구자가 수를 센다는 점을 알고 있음

- others - work - groups - total num-count - end

  다른 이들은 그룹으로 일하고 - 이후 마지막에 총합 개수 카운트

- X num removed - each group mem-

  각자 제거한 수X - 그룹 멤버가 깐 숫자 카운트라 생각

[예시 2]

- saw differ- btw ppl work group / alone

  차이점을 보임 - 그룹으로 일한 사람과 홀로 일한 사람

[세부사항]

- total num - calculate - averg- num       총합 계산 - 평균 개수 계산

- compared num own       혼자 제거한 사람의 수와 비교함

- work- themselves - far more than those - group

  혼자 일한 사람이 그룹보다 훨씬 더 많은 껍데기를 제거함

### 모범 답변

[주제 정의]    The lack of individual motivation when engaging in group activities is referred to as social loafing.

[구조 제시]    And the professor gives an example of some research to explain this.

[예시 본문 1]    In the research study, the researchers asked people in the study to perform a simple task.

[세부사항]    They had to remove the shells from as many boiled eggs as possible. Some of the participants worked by themselves while others worked in groups. They all knew that only the total number of shells would be counted in the end.

[예시 본문 2]    And the researchers found a difference between people who worked alone and those who worked in a group.

[세부사항]    They counted the average number per group and per each member. They found that those working alone removed more shells than those working as part of a group.

[마무리]    That was because of social loafing.

| [주제 정의] | 단체 활동을 할 때 개인의 동기부여가 부족한 것을 사회적 태만이라고 한다. |
|---|---|
| [구조 제시] | 그리고 교수는 이것을 설명하기 위해 어떤 연구의 예를 든다. |
| [예시 본문 1] | 연구에서, 연구자들은 그 연구에 참여한 사람들에게 간단한 작업을 하도록 요청했다. |
| [세부사항] | 참가자들은 가능한 한 많은 삶은 달걀에서 껍데기를 제거해야 했다. 참가자 중 일부는 혼자 일을 했고 다른 이들은 그룹으로 일을 했다. 그들은 모두 결국 총 껍데기 숫자만 계산될 것이라는 점을 알고 있었다. |
| [예시 본문 2] | 그리고 연구자들은 혼자 일한 사람들과 그룹에서 일한 사람들 사이에서 차이를 발견했다. |
| [세부사항] | 그들은 그룹당 그리고 각 구성원당 평균 수를 세었다. 그들은 혼자 일한 사람들이 그룹의 일부로 일한 사람들보다 더 많은 껍데기를 제거했다는 것을 발견했다. |
| [마무리] | 그것은 사회적 태만 때문이었다. |

## 어휘

social loafing 사회적 태만  as a whole 전체적으로, 전체로서  as such 따라서, 그런 이유로  contribute 기여하다, 도움이 되다  take A into account A를 고려하다  engage in ~에 참여하다, 관여하다  be referred to as ~라고 일컬어지다  unconscious 무의식적인  commitment 헌신, 전념  phenomenon 현상  respective 각각의  compile (자료 등을) 모아 정리하다, 취합하다

# 실전문제 3

## 지문 해석

### 성적 이형성

동일 종의 두 성이 생식 기관의 차이를 넘어 서로 다른 특징들을 나타내는 경우, 이러한 상태를 성적 이형성이라고 일컫는다. 그 예시들은 대부분의 동물 종과 몇몇 식물 종에서 찾아볼 수 있다. 가장 흔한 차이점으로는 수컷과 암컷 동물의 크기나 무게, 또는 색과 관련된 것들이 있다. 이 차이들은 자연 선택과 성 선택의 과정, 또는 짝을 찾기 위한 경쟁과 밀접하게 연관되어 있으며, 그로 인해 동물의 생존 또는 짝짓기 능력에 직접적으로 영향을 미친다. 특정 종의 양성 사이에서 나타나는 색 차이는 성적 이색성이라고 알려져 있으며, 이는 특히 많은 조류 및 파충류 종에서 보편적이다.

## 음원 스크립트 및 해석

Now listen to part of a lecture in a biology class.

Today I'd like to discuss several differences that can be identified between male and female birds in species that belong to the Paradisaeidae family, otherwise known as birds of paradise. The majority of species are found in Papua New Guinea and eastern Australia. From one ancestor, birds of paradise have evolved into 40 different kinds. Each male bird of paradise has a unique display for attracting mates.

이제 생물학 수업의 강의 일부를 들어보시오.

오늘은, 풍조과에 속한 종, 달리 말해서 극락조라고도 알려진 새의 수컷과 암컷 사이에서 찾아볼 수 있는 여러 차이점을 이야기해 보겠습니다. 이 종의 대부분은 파푸아뉴기니와 호주 동부 지역에서 발견됩니다. 하나의 조상에서 시작된, 극락조는 40가지의 서로 다른 종류로 진화해왔습니다. 각각의 수컷 극락조는 짝을 유혹하는 데 있어 독특한 과시 행동을 합니다.

The reason the males have such eye-catching feathers, including long, colorful tail feathers, is directly influenced by the females. Female birds of paradise select mates based on the color and condition of the males' feathers. Bright colorful markings indicate that a male is healthy and is capable of producing healthy offspring. Accordingly, genes associated with these aesthetically pleasing features are passed down to younger generations and the attributes become more prominent within the species.

On the other hand, female birds of paradise lack the attractive coloring of their male counterparts, as they do not need to attract potential mates. Instead, their dull gray or brown feathers help them to blend into their nest, allowing them to take care of their offspring while remaining hidden from predators.

수컷이 길고 화려한 꼬리 깃털을 포함해 그렇게 눈길을 끄는 깃털을 지니고 있는 이유는 암컷에게서 직접적으로 영향을 받습니다. 암컷 극락조는 수컷이 지닌 깃털의 색과 상태를 바탕으로 짝을 선택합니다. 밝고 화려한 무늬는 수컷이 건강한 상태임을 나타낼 뿐만 아니라 건강한 새끼를 낳을 능력이 있음을 나타내기도 합니다. 따라서, 이렇게 미적으로 즐거움을 주는 특징들과 연관된 유전자가 후대에 전해지게 되고 그 특성들이 종 내에서 더욱 두드러지게 됩니다.

반면에, 암컷 극락조는 잠재적인 짝들을 끌어들일 필요가 없기 때문에 수컷 새들이 지닌 것 같은 매력적인 색깔이 부족합니다. 대신, 그들의 칙칙한 회색이나 갈색 깃털은 그들이 둥지와 뒤섞이도록 도와주고, 포식자들을 피해 숨어 있는 동안 그들의 새끼를 돌볼 수 있게 해줍니다.

## 문제 해석

강의에 제시되는 예시가 어떻게 극락조의 이형성을 보여주는지 설명하시오.

## 주제(전공) / 강의 예시 종류

성적 이형성(생물학) / 특정 동식물 예시

## 노트테이킹

### 지문 노트테이킹

[주제] sexual dimorphism       성적 이형성

[주제에 대한 정의]

condit- where 2 sexes - the same species exhibit diff- charac- beyond sexual organs

같은 종의 두 성별이 성적 기관을 넘어 다른 특징을 보이는 상태

### 음원 노트테이킹

[예시 1]

- several diff- identified - male / female - birds of paradise       여러 차이점 - 발견된 - 수컷/암컷 - 극락조

[세부사항]

- evolved - 40 diff- kinds       40가지 다른 종류로 진화
- male - has uniq display - attract mate       수컷은 독특한 과시행동 - 짝을 유혹하기 위해
- colorful feather - healthy & produce health- offspring       화려한 꼬리깃털 - 건강한 상태 & 건강한 새끼 낳음
- passed down - attribute - prominent       후대에 전달됨 - 특성 - 두드러짐

[예시 2]
- female - lack coloring / X need attract       암컷 색이 부족함 / 매혹할 필요 없음
[세부사항]
- gray or brown help - blend - nest - take care - hidden - predators
  회색 또는 갈색 - 뒤섞이도록 도와줌 - 돌볼 수 있음 - 숨어있는 - 포식자로부터

### 모범 답변

| | |
|---|---|
| [주제 정의] | Sexual dimorphism is the condition where two sexes of the same species exhibit different characteristics beyond sexual organs. |
| [구조 제시] | And the professor gives an example to explain this. |
| [예시 본문 1] | There is a bird species called birds of paradise which evolved into many different varieties. And the male birds of paradise have unique physical characteristics to attract mates. |
| [세부사항] | Female birds of paradise choose mates based on the color of the males' feathers. They think that bright and colorful feathers mean a male is healthy. So, genes with pleasing features are passed down. |
| [예시 본문 2] | But female birds of paradise have gray or brown colors instead of attractive colors. |
| [세부사항] | It is because these colors help them take care of offspring while remaining hidden against predators. |
| [마무리] | That is the example of sexual dimorphism. |

| | |
|---|---|
| [주제 정의] | 성적 이형성은 같은 종의 두 성별이 성적 기관을 넘어 서로 다른 특징을 보이는 상태를 말한다. |
| [구조 제시] | 그리고 교수는 이것을 설명하기 위해 예를 든다. |
| [예시 본문 1] | 많은 다른 품종으로 진화한 극락조라고 불리는 조류 종이 있다. 그리고 수컷 극락조들은 짝을 유혹하기 위해 독특한 신체적 특징을 가지고 있다. |
| [세부사항] | 암컷 극락조들은 수컷의 깃털 색깔에 따라 짝을 고른다. 그들은 밝고 화려한 깃털이 수컷이 건강하다는 것을 의미한다고 생각한다. 그래서, 좋은 특징을 가진 유전자들이 후대로 전해진다. |
| [예시 본문 2] | 하지만 암컷 극락조들은 매력적인 색 대신에 회색이나 갈색의 색을 가지고 있다. |
| [세부사항] | 왜냐하면 이 색들은 그들이 포식자들로부터 숨어 있는 동안 새끼들을 돌보는 데 도움을 주기 때문이다. |
| [마무리] | 그것이 성적 이형성의 예이다. |

### 어휘

dimorphism 이형(성), 동질 이상 exhibit ~을 나타내다, 드러내 보이다 organ (신체) 기관, 장기 be referred to as ~라고 일컬어지다 species (동식물의) 종 be closely linked to ~와 밀접하게 연관되다 natural selection 자연 선택 affect ~에 영향을 미치다 mating 짝짓기 dichromatism 이색성(각도나 농도 등에 따라 색이 달라 보이는 성질) prevalent 보편적인, 일반적인 reptiles 파충류 bird of paradise 극락조 Paradisaeidae family 풍조과 ancestor 조상 evolve 진화하다, 발전하다 display (동물의) 과시 행동 be capable of -ing ~할 수 있다 offspring 새끼, 자손 gene 유전자 associated with ~와 관련된 aesthetically 미적으로 pass A down to B A를 B에게 전하다, 물려주다 attribute 특성, 속성 prominent 두드러진

# 실전문제 4

**지문 해석**

### 모델링

기업들은 아주 다양한 광고 방법을 활용해 제품을 판매하고 매출을 향상시킨다. 모델링은 특히 이용하기 복잡하다고 여겨지는 제품에 대해 가장 효과적인 광고 전략들 중의 하나이다. 이러한 접근 방식을 통해, 회사들은 제품을 이용하는 정확한 방법을 사람이 시범 보이는 일, 즉 모델링을 포함하는 광고를 제작한다. 그러므로, 모델링은 제품이 이용하기 쉽다는 점뿐만 아니라 그 기능을 수행하는 데 있어 효과적이라는 점까지 소비자들에게 보여준다. 따라서, 광고에 모델링을 활용해, 회사들은 해당 제품의 여러 이점들을 소비자들에게 전달할 수 있다. 이로 인해 소비자들은 해당 제품을 더욱 편하게 느끼게 되고 구매하는 데 더 많은 관심을 갖게된다.

**음원 스크립트 및 해석**

Now listen to part of a lecture in a marketing class.

This is a strategy I have witnessed myself many times, even this past weekend. My kids had been asking me to buy a home cinema system — you know, one of those systems with a projector and numerous surround sound speakers, so we can have amazing movie nights at home. But I was never keen on getting one of these systems, because they seemed... um... very complicated. I'd heard they are too hard to set up, and that the movie-watching experience isn't as good as expected.

But one day, I saw an advertisement on the Internet. A man demonstrated how to install a home cinema system, and he made it seem so simple. He set the projector up, put the speakers around the room, and got comfortable on the couch. It only took him about ten minutes. He selected a movie with a few clicks on the remote control, and it looked and sounded fantastic. The picture and sound were way better than I thought they would be. Anyway, after I saw this advertisement, I figured this would be something my whole family could enjoy. So, I ordered one

이제 마케팅 수업의 강의 일부를 들어보시오.

이 전략은 제가 수차례 직접 목격한 것으로, 심지어 지난 주말에도 봤습니다. 저희 아이들이 홈 시네마 시스템을 사달라고 계속 조르고 있었는데, 아시겠지만, 프로젝터와 여러 서라운드 사운드 스피커가 있어서 집에서 영화를 보면서 멋진 밤을 보낼 수 있는 시스템들 중의 하나 말입니다. 하지만 저는 그런 시스템들 중의 하나를 구입하는 데 전혀 관심이 있지 않았는데, 그게... 음... 매우 복잡해 보였기 때문이었습니다. 저는 그 시스템이 설치하기 너무 어렵고, 영화를 보는 경험이 기대만큼 좋지 않다는 얘기를 듣곤 했습니다.

그런데 어느 날, 인터넷에서 광고를 하나 봤습니다. 한 남성이 홈 시네마 시스템 설치 방법을 시범 보여주었는데, 그걸 보니까 아주 간단해 보였습니다. 그 남성은 프로젝터를 설치하고, 방 곳곳에 스피커를 놓은 다음, 소파에 편안하게 자리잡았습니다. 겨우 10분 정도밖에 시간이 걸리지 않았습니다. 그는 리모컨을 몇 번 클릭해 영화를 골랐고, 그 영화는 환상적으로 보이고 들렸습니다. 영상과 소리가 제가 생각했던 것보다 훨씬 더 좋았습니다. 어쨌든, 제가 이 광고를 본 뒤로, 이게 바로 우리 가족 모두가 즐길 수 있는 것일 수 있다는 생각이 들었습니다. 그래서, 온라인으로 주문했고, 도착했을 때 설치하기 아주 간단했는데, 이미 그 방법을 알고 있기 때문이었습니다. 지금, 저희는 일주일에 두 번씩 가족 영화의 밤 시간을 갖고 있으며, 마치 실제 영화관에 있는 것 같은 느낌이 듭니다. 그리고, 제가 만일 인터넷에서 그 광고를 보지 못했다면, 아마 실제로는 절대 구입하지 않았을 겁니다.

online, and when it arrived, it was very simple to set up, because I already knew how to do it. Now, we have family movie nights twice a week, and it feels like we are in an actual movie theater. And, if I hadn't seen that advert on the Internet, I probably never would have actually bought one.

**문제 해석**

강의에 제시되는 예시가 어떻게 모델링 개념을 보여주는지 설명하시오.

**주제(전공) / 강의 예시 종류**

모델링(마케팅) / 개인 경험

**노트테이킹**

### 지문 노트테이킹

[주제] modeling    모델링

[주제에 대한 정의 1]

most effec- strategies for products that are considered compli- to use

사용하기에 복잡한 것으로 간주되는 제품에 대한 가장 효과적인 전략 중 하나

### 음원 노트테이킹

[예시 1]

- kids - ask - buy - home cinema system - have movie nights

  아이들이 사달라고 조름 - 홈 시네마 시스템 - 집에서 저녁에 영화

[세부사항]

- becuz seem complicated / hard to set up    복잡해 보임 - 설치가 너무 어려워 보임

- heard - exp- X good    (영화보는) 경험이 좋지 않다고 들음

[예시 2]

- One day - saw ad - Int    어느날 인터넷에서 광고를 봄

[세부사항]

- A man demons- install - cinema / made so simple    남성이 설치 시범 보임 / 너무 간단해 보임

- took 10 minutes    10분밖에 안걸림

- selected movie / look- sound - fantastic    영화를 고르고 / 영상 소리 환상적임

- ordered online - simple to set up    온라인으로 주문함 - 설치가 아주 간단함

- X seen ad on Int / never bought    광고를 인터넷에서 보지 않았다면 / 사지 않았을 것

[주제 정의]    Modeling is one of the most effective strategies for products that are considered complicated to use.

[구조 제시]    And the professor gives his experience as an example to explain this.

[예시 본문 1]    The professor's kids wanted to buy a home cinema system so that they could watch movies at home.

[세부사항]    But the professor thought that it was very complicated. He thought it would be hard to set up.

[예시 본문 2]    Then, one day, the professor saw an advertisement.

[세부사항]    The man in the ad showed how to install the cinema system in 10 minutes. It was not difficult, and the quality was good. So, he decided to order one online. He bought one because he saw the advertisement on the Internet.

[마무리]    That is the example of modeling.

---

[주제 정의]    모델링은 이용이 복잡하다고 간주되는 제품에 대한 가장 효과적인 전략 중 하나이다.

[구조 제시]    그리고 교수는 이것을 설명하기 위해 자신의 경험을 예로 든다.

[예시 본문 1]    교수의 아이들은 그들이 집에서 영화를 볼 수 있도록 홈 시네마 시스템을 사고 싶어했다.

[세부사항]    하지만 교수는 그것이 매우 복잡하다고 생각했다. 그는 설치하기가 어려울 것이라고 생각했다.

[예시 본문 2]    그러던 어느 날, 교수가 광고를 봤다.

[세부사항]    광고 속의 남자는 10분 만에 영화 시스템을 설치하는 방법을 보여주었다. 그것은 어렵지 않았고, 품질도 좋았다. 그래서, 그는 온라인으로 하나를 주문하기로 결정했다. 그는 인터넷에서 광고를 봤기 때문에 하나를 샀다.

[마무리]    그것이 모델링의 예이다.

**어휘**

**a wide range of** 아주 다양한 **boost sales** 매출을 향상시키다 **strategy** 전략 **complicated** 복잡한 **involve** ~을 포함하다, 수반하다 **demonstrate** ~을 시범 보이다, 시연하다 **fulfill** ~을 수행하다, 이행하다 **feel more at ease with** ~을 더 편하게 느끼다 **witness** ~을 목격하다 **be keen on** ~에 관심이 아주 많다, ~에 열중하다 **as expected** 기대만큼, 예상대로 **advert** 광고

# 실전문제 5

### 생태계 회복력

생태계란 생물체들로 구성된 복잡한 공동체가 균형을 유지하기 위해 함께 작용하는 모든 환경이라는 말로 폭넓게 정의할 수 있다. 한 생태계의 균형은 취약하며, 인간의 활동에 의해 또는 자연 재해에 따른 결과로 망가질 수 있다. 심지어 한 가지 식물 또는 동물 종이라도 박멸되면 종의 다양성이 제한적인 어떤 생태계에 대해서도 돌이킬 수 없는 결과를 초래할 수 있다. 하지만, 회복력을 지닌 일부 생태계는 파괴적인 사건이 발생된 후에도 스스로를 애초의 상태로 회복시킬 수 있는 능력을 지니고 있을 수 있다. 이 생태계 회복력은 생태계에 아주 다양한 종이 존재할 때 가능하다. 이러한 경우에, 다른 종이 박멸된 종의 역할을 수행하게 되는데, 이는 해당 생태계가 어떤 상당한 변화도 겪지 않는다는 점을 의미한다.

**음원 스크립트 및 해석**

Now listen to part of a lecture on this topic in an ecology class.

So, let me tell you a story about something that happened a few years ago. Off the coast of Kenya, there was a healthy coral reef, made up of beautiful corals of all shapes and colors. And, it was protected by a diverse range of fish and plant species, which also provided food for the corals. But many shipping vessels were polluting the water with diesel fuel, and this led to a specific species of fish dying out in the region. And, this fish primarily consumed algae as the main component of its diet.

So, what happens when there are far fewer fish to eat the algae? Well, of course, the algae is allowed to grow and reproduce at a faster rate, and too much algae can be detrimental to coral. But, this particular coral reef didn't seem to suffer any long-lasting negative effects! Can you guess why not?

Well, it was because the region was home to other fish species that also consume algae. So when the amount of algae began to increase, it meant that there was more food for these fish species, so their populations began to grow, and this in turn stopped the amount of algae from getting out of control. Basically, these other species filled the role left by the fish that died out, and they helped the coral reef to return to its original state.

이제 생태학 수업에서 이 주제에 대한 강의 일부를 들어보시오.

자, 제가 몇 년 전에 있었던 일과 관련된 이야기를 하나 해 드리겠습니다. 케냐 앞 바다에, 온갖 형태와 색을 지닌 아름다운 산호들로 구성된 건강한 산호초가 있었습니다. 그리고, 아주 다양한 어류 및 식물 종에 의해 보호받고 있었는데, 이들은 또한 산호에 먹이를 제공해 주기도 했습니다. 하지만 여러 운송용 선박들이 디젤 연료로 물을 오염시키고 있었고, 이는 그 지역에서 특정 어류 종이 멸종되는 결과로 이어졌습니다. 그리고, 이 어류는 먹이의 주된 구성 요소로 해조류를 주로 먹었습니다.

자, 해조류를 먹는 어류가 훨씬 더 많이 줄어들 때 어떤 일이 벌어질까요? 음, 당연히, 해조류는 더 빠른 속도로 성장하고 번식할 수 있으며, 해조류가 너무 많으면 산호에게 해로울 수 있습니다. 하지만, 이 특정 산호초는 장기간 지속되는 어떤 부정적인 영향도 받지 않은 것으로 보였습니다! 왜 그랬는지 아시나요?

음, 그건 바로 그 지역이 마찬가지로 해조류를 먹는 다른 어류 종들의 서식지였기 때문이었습니다. 따라서, 해조류의 양이 늘어나기 시작했을 땐, 이 어류 종들에게 더 많은 먹이가 있다는 것을 의미했기 때문에, 그 개체수가 증가하기 시작했고, 이는 결과적으로 해조류의 양이 통제 불가능한 상태가 되는 것을 막아 주었습니다. 근본적으로, 이 다른 종들이 멸종된 어류가 남긴 역할을 수행한 것이며, 그 산호초가 애초의 상태로 돌아오는 데 도움을 준 것이었죠.

| But, what would have happened to this coral reef if it had been home to only a few different fish species? Well, if there were no species that fed on algae, then the entire reef would likely have been covered with algae after that one algae-consuming species had died out. | 하지만, 만일 그곳이 단지 몇몇 어류 종의 서식지였다면, 이 산호초에 어떤 일이 일어났을까요? 음, 해조류를 먹고 사는 종이 없었다면, 그 산호 전체는 해조류를 먹는 한 가지 종이 멸종된 후에 해조류로 뒤덮였을 것입니다. |
|---|---|

## 문제 해석

산호초를 예시로 활용해, 생태계가 회복력을 지닌다는 것이 어떤 의미인지 설명하시오.

## 주제(전공) / 강의 예시 종류

생태계 회복력(생태학) / 특정 동식물 예시

## 노트테이킹

### 지문 노트테이킹

[주제] ecosystem resilience      생태계 회복력

[주제에 대한 정의]

possible when an ecosystem has high species diversity

생태계가 높은 종 다양성을 가질 때 가능

### 음원 노트테이킹

[예시 1]

-Kenya - coral reef - beautiful corals      케냐 산호초 - 아름다운 산호

[세부사항]

- protected - fish & plants      보호받고 있음 - 어류와 식물에 의해

- shipping vessels - pollute - water / specific - fish die out

  운송 선박 - 오염시킴 - 물 / 특정한 물고기가 죽어나가기 시작

- fish consume - algae - diet      어류 먹음 - 해조류를 주 식단으로

- fewer fish - eat algae - allow grow fast rate - detrimental

  해조류 먹는 물고기 줄어듦 - 해조류 더 빠른 속도로 성장 - 해로움

[예시 2]

- X seem - suffer - neg- effect      하지만 부정적인 영향 안 받은 것으로 보임

[세부사항]

- becuz - other fish species - consume      다른 어류가 먹었기 때문

- increase - more food for fish      증가한 어류 - 더 많은 먹이

- pop- grow / stop - algae / filled role      개체수가 증가하기 시작 - 해조류 통제 - 역할 수행

- if X spec- - fed / reef cover- with algae after 1 all-consum- species die out

  만약 해조류 먹는 종이 없었다면 / 산호 전체는 해조류로 뒤덮임 - 해조류 먹고사는 한 가지 종 죽은 이후에

| [주제 정의] | Ecosystem resilience is possible when an ecosystem has high species diversity. |
| --- | --- |
| [구조 제시] | And the professor gives an example to explain ecosystem resilience. |
| [예시 본문 1] | In Kenya, there was a coral reef with beautiful corals. |
| [세부사항] | There were many plants and fish species around it. But as many ships polluted the water, the fish which consumed algae started to die out. So, algae started to grow at a faster rate, and this could be bad for coral. |
| [예시 본문 2] | However, when the algae began to increase, there were other fish species which consumed algae and protected the coral reef. |
| [세부사항] | The entire coral reef could not have recovered if there was only one algae-consuming fish species. |
| [마무리] | That is the example of ecosystem resilience. |

| [주제 정의] | 생태계 회복력은 생태계가 종 다양성이 높을 때 가능하다. |
| --- | --- |
| [구조 제시] | 그리고 교수는 생태계 회복력을 설명하기 위해 예를 든다. |
| [예시 본문 1] | 케냐에는 아름다운 산호를 가진 산호초가 있었다. |
| [세부사항] | 그 주변에는 많은 식물과 어종이 있었다. 그러나 많은 배들이 물을 오염시키면서, 해조류를 먹던 물고기들은 멸종하기 시작했다. 그래서, 해조류는 더 빠른 속도로 자라기 시작했고, 이것은 산호에게 나쁠 수 있다. |
| [예시 본문 2] | 하지만, 해조류가 증가하기 시작했을 때, 해조류를 소비하고 산호초를 보호하는 다른 어종들이 있었다. |
| [세부사항] | 해조류를 소비하는 어종이 단 한 종이었다면 산호초 전체가 회복될 수 없었을 것이다. |
| [마무리] | 그것은 생태계 회복력의 예시이다. |

**어휘**

ecosystem 생태계  resilience 회복력, 복원력  organism 생물체  function 기능하다, 작용하다  fragile 취약한, 부서지기 쉬운  disaster 재해, 참사  eradication 박멸, 근절  species (동식물의) 종  irreparable 돌이킬 수 없는  resilient 회복력 있는  restore ~회복시키다, 복원하다  disruptive 파괴적인, 지장을 주는  fill the role of ~의 역할을 하다  coral reef 산호초  made up of ~로 구성된  a diverse range of 아주 다양한  pollute ~을 오염시키다  lead to ~의 결과로 이어지다  consume ~을 먹다, 소비하다  algae 해조류  reproduce 번식하다  detrimental 해로운  populations 개체수  in turn 결과적으로, 결국  feed on ~을 먹고 살다

# 실전문제 6

## 습관화

많은 동물 종 사이에서, 한 가지 흔한 학습 방법은 습관화를 통해 배우는 것이다. 한 동물이 완전히 새로운 상황에 처해 있다는 사실을 알게 되었을 때, 특히 잠재적인 위협이 수반되는 경우에, 그 동물의 첫 번째 본능은 도망치거나 공동체 내의 다른 구성원들에게 알리는 일일 수 있다. 일반적으로, 같은 상황이 다시 발생될 때마다, 그 동물은 동일한 반응 행동을 보일 것이다. 하지만, 같은 상황에 대한 노출이 반복되면, 그 동물은 점차적으로 위협 요소가 존재하지 않는다는 것을 알게 되어 반응 행동이 덜 확연하게 나타나다가 결국 완전히 멈추게 된다. 이러한 본능적 행동의 점차적인 변화는 습관화라고 알려진 과정을 통해 나타난다.

## 음원 스크립트 및 해석

Now listen to part of a lecture in a biology class.

Throughout the expansive, flat plains of Africa, many packs of meerkats can be found. These small animals typically stay in large groups, and they try to avoid contact with humans. However, on occasion, contact with humans is inevitable. So, let's consider a situation where a group of meerkats starts coming into contact with humans, and discuss how the meerkats would respond.

Now, the first time the animals saw the humans, they'd instinctively react in fear, the same way they would if they saw a threat such as a snake or a bird of prey, both of which feed on meerkats. So, they would most likely jump around and make loud noises in order to warn other meerkats about the nearby danger. Then they'd closely watch the humans, until this potential threat had gone away. And, they'd react fearfully in this manner the next few times they saw humans, too. After some time, however, if humans continued coming into contact with the meerkats, and made no attempt to intimidate or attack them, the meerkats would eventually stop jumping around and making noises whenever they saw humans, because they would no longer recognize them as a threat.

이제 생물학 수업의 강의 일부를 들어보시오.

광활하고 평평한 아프리카 평원 전체에 걸쳐, 많은 미어캣 무리를 찾아볼 수 있습니다. 이 작은 동물은 일반적으로 대규모로 무리를 지어 지내며, 인간과의 접촉을 피하려 합니다. 하지만, 때때로, 인간과의 접촉은 불가피합니다. 따라서, 한 무리의 미어캣이 인간과의 접촉을 시작하게 되는 상황을 고려해보고, 미어캣이 어떻게 반응하곤 했는지 이야기해 보겠습니다.

자, 이 동물이 처음 인간을 봤을 때, 본능적으로 두려워하는 반응을 보이곤 했는데, 이는 뱀이나 맹금류와 같이 모두 미어캣을 잡아먹고 사는 위협적인 존재를 본 경우에 보일 법한 것과 동일한 방식입니다. 따라서, 근처의 위험 요소와 관련해 다른 미어캣들에게 경고하기 위해 팔짝팔짝 뛰거나 큰 소리를 냈을 가능성이 컸을 것입니다. 그런 다음, 인간이 사라질 때까지 잠재적으로 위협적인 이 존재를 면밀히 지켜보곤 했습니다. 그리고, 이후의 몇 차례에 걸쳐 인간을 봤을 때도 이런 방식으로 두려워하면서 반응하곤 했습니다. 하지만, 시간이 좀 지난 후, 인간이 계속 미어캣과 접촉하게 되면서 위협하거나 공격하려는 어떠한 시도도 하지 않으면, 미어캣도 인간을 볼 때마다 팔짝팔짝 뛰고 큰 소리를 내는 것을 결국 중단하게 되는데, 더 이상 인간을 위협적인 존재로 인식하지 않을 것이기 때문입니다.

## 문제 해석

강의에 제시되는 예시가 어떻게 습관화 과정을 보여주는지 설명하시오.

## 주제(전공) / 강의 예시 종류

**노트테이킹**

### 지문 노트테이킹
[주제] habituation     습관화
[주제에 대한 정의]
A gradual change in instinctive behav- occurs thru- the process
본능적인 행동의 점진적인 변화는 과정을 통해 발생

### 음원 노트테이킹
[예시 1]
- Africa - meerkats - found - stay in large groups     아프리카 미어캣 무리 지어 지냄
[세부사항]
- try to avoid contact - human / inevit-     인간과 접촉 피하려 함 - 불가피
- situat- start - come into contact     접촉 시작하는 상황

[예시 2]
- 1st time - instinctively react - fear - such as snake     처음 볼 때 - 본능적으로 반응 - 위협 - 뱀처럼
[세부사항]
- jump & make noise - warn other m-     뛰거나 소리를 냄 - 경고하기 위해 다른 미어캣에게
- watch until threat gone away     위협이 사라질 때까지 쳐다봄
- but - human continue - X attack / stop jump- & make noise     인간 지속 - 공격 시도 없음 / 뛰거나 소리내기 멈춤
- X recognize as threat     위협 존재로 인식하지 않음

**모범 답변**

[주제 정의]     A gradual change in instinctive behavior occurs through the process known as habituation.
[구조 제시]     And the professor gives an example to explain this.

[예시 본문 1]     In Africa, there are meerkats that live in large groups.
[세부사항]     They try to avoid humans, but their response to humans can actually change.

[예시 본문 2]     For example, meerkats would instinctively feel fear when they met humans, just like they would when seeing snakes.
[세부사항]     So, they would jump and make noises to warn other meerkats. Then they would continue this until they thought the humans were no longer threats to them. After some time, meerkats would stop jumping and making noises.

[마무리]     That is because of habituation.

·······································································································································

[주제 정의]     본능적인 행동의 점진적인 변화는 습관화라고 알려진 과정을 통해 일어난다.

| [구조 제시] | 그리고 교수는 이것을 설명하기 위해 예를 든다. |
|---|---|
| [예시 본문 1] | 아프리카에는 큰 무리를 지어 사는 미어캣들이 있다. |
| [세부사항] | 그들은 인간을 피하려고 하지만, 인간에 대한 그들의 반응은 실제로 바뀔 수 있다. |
| [예시 본문 2] | 예를 들어, 미어캣은 뱀을 볼 때 하는 것처럼 인간을 만났을 때 본능적으로 두려움을 느끼곤 했다 |
| [세부사항] | 그래서, 그들은 다른 미어캣들에게 경고하기 위해 점프하고 소리를 냈다. 그런 다음 그들은 인간이 더 이상 그들에게 위협이 되지 않는다고 생각할 때까지 이것을 계속하곤 했다. 얼마 후, 미어캣들은 점프와 소리 내는 것을 멈췄다. |
| [마무리] | 그것은 습관화 때문이다. |

## 어휘

habituation 습관화 **species** (동식물의) 종 **potential** 잠재적인 **threat** 위협 (요소), 위협적인 존재 **instinct** 본능 **flee** 도망치다 **exhibit** (감정, 특성 등) ~을 보이다, 드러내다 **pronounced** 확연한 **plains** 평원, 평지 **inevitable** 불가피한 **bird of prey** 맹금류 **feed on** ~을 먹고 살다 **intimidate** ~을 위협하다

# 실전문제 7

## 지문 해석

### 영향력 인식을 위한 질문하기

한 학생의 부적절한 행동으로 인해 수업이 지장을 받는 경우, 다른 학생들의 학습 경험뿐만 아니라 해당 수업을 맡은 교사의 교수 능력에도 부정적으로 영향을 미치게 된다. 영향력 인식을 위한 질문하기는 수업 중의 교사가 이러한 부정적인 행동을 해결하고 막는 데 활용할 수 있는 한 가지 방법이다. 여기에 수반되는 일은 교사가 지장을 주는 학생이 미치는 부정적인 영향을 강조하는 역할을 하는 질문을 학생들에게 던지는 것이다. 교사가 학생들의 반응을 기다릴 필요는 없다. 그저 나머지 학생들에게 해당 학생이 미치는 해로운 영향을 인식하게 함으로써, 교사는 그 학생이 더 이상 수업에 지장을 주는 일을 시도하지 못하도록 막을 수 있다.

## 음원 스크립트 및 해석

Now listen to part of a lecture in an education class.

So, when I was teaching history at an elementary school, I had my students give a presentation on various topics at the end of each month, and then the other students had a chance to ask the presenters questions. We basically only had two rules on these presentation days: remain silent while the presentations were being given, and ask the presenters one question after they had finished presenting. The problem was that some students would rudely interrupt the presenters, or just ask silly questions.

교육학 수업의 강의 일부를 들어보시오.

자, 제가 초등학교에서 역사를 가르쳤을 때, 저는 학생들에게 매달 말일에 다양한 주제로 발표하게 했으며, 그 후에 나머지 학생들은 발표자들에게 질문할 기회가 있었습니다. 이렇게 발표하는 날에는 기본적으로 오직 두 가지의 규칙만 있었는데, 발표가 진행되는 동안에는 정숙 상태를 유지하는 것과 발표가 끝난 후에 발표자에게 질문을 하나 하는 것이었습니다. 문제는 일부 학생들이 발표자를 무례하게 방해하거나, 그저 어리석은 질문을 한다는 것이었습니다.

In particular, there was a boy called James who often made negative comments, or jokes, while presenters were talking. He seemed to think the other students would find his behavior funny. But, actually, I could see that they were all becoming irritated and frustrated, especially the presenters. So when James interrupted again one day, I asked him if he realized the impact he was having on his classmates.

I said to him, "James, do you understand that by interrupting people with your immature comments, you're not entertaining anyone? All you're doing is wasting everyone's time, and making yourself look bad." After that, I just quickly carried on teaching, without giving him a chance to reply. And, from that point onwards, James stopped making comments during presentations. He sat quietly and listened, and then he even asked some good questions afterwards.

특히, 제임스라고 부르는 남학생이 한 명 있었는데, 발표자가 이야기하는 동안 자주 부정적인 말이나 농담을 던졌습니다. 이 남학생은 나머지 학생들이 자신의 행동을 재미있게 여길 거라고 생각하는 듯했습니다. 하지만, 실제로는, 학생들 모두 짜증을 내고 불만스러워하는 모습을 볼 수 있었고, 특히 발표자들이 그랬습니다. 그래서 어느 날 제임스가 다시 방해했을 때, 저는 반 친구들에게 미치는 영향을 알고 있는지 물었습니다.

저는 "제임스, 네가 성숙하지 못한 말로 사람들을 방해하는 게 누구에게도 즐겁지 못하다는 걸 알고 있니? 네가 하는 행동은 모두의 시간을 낭비하고 네 자신을 나빠 보이게 만들고 있어."라고 말했습니다. 그 뒤로, 저는 대답할 틈도 주지 않고 그저 빠르게 수업을 이어 나갔습니다. 그리고, 그 순간 이후로, 제임스는 발표 중에 참견하는 것을 멈췄습니다. 조용히 앉아 발표를 들었고, 그런 다음에는 나중에 몇몇 좋은 질문을 하기도 했습니다.

## 문제 해석

강의에 제시되는 예시가 어떻게 영향력 인식을 위한 질문하기 기술을 보여주는지 설명하시오.

## 주제(전공) / 강의 예시 종류

영향력 인식을 위한 질문(교육학) / 개인 경험

## 노트테이킹

### 지문 노트테이킹

[주제] Questioning awareness of effect          영향력 인식을 위한 질문

[주제에 대한 정의]

a method a class instructor can use to address neg- behav-

수업 중의 교사가 부정적인 행동을 해결하고 막는 데 활용할 수 있는 한 가지 방법

### 음원 노트테이킹

[예시 1]

- teach- history - elem- school, give presentation          역사를 가르칠 때 - 초등학교 - 발표를 하게 함

[세부사항]

- 2 rules - silent while - being given & ask after finish pre-

  2가지 규칙이 있음 - 발표 동안 정숙 유지 - 발표 끝난 뒤 질문하기

- some stu- interrupt          일부 학생 - 방해함

[예시 2]
- a boy James - neg- comments - while talking     제임스라는 학생 - 부정적인 말 - 발표 중에
[세부사항]
- they - become frustrated - presenters     학생들 짜증이 남 - 특히 발표자
- James - ask- - realize impact - having     제임스에게 물었다 - 방해가 미치는 영향을
- waste time / make look bad - quick carried on teaching
    시간을 낭비하는 것 / 나빠 보이게 만드는 것 - 빠르게 수업을 이어나감
- X give chance - reply     응답할 시간을 주지 않음
- stop- making comments & ask afterwards     말참견하는 것 멈추고 나중에 질문을 함

**모범 답변**

| | |
|---|---|
| [주제 정의] | Questioning awareness of effect is a method a class instructor can use to address negative behavior. |
| [구조 제시] | And the professor gives an example of her own story to explain this. |
| [예시 본문 1] | When she was teaching history at an elementary school, she made students give presentations. |
| [세부사항] | The rule was to remain silent and ask one question after the presentation. |
| [예시 본문 2] | But one boy named James would talk during the presentations. |
| [세부사항] | He made others frustrated too. So one day, she asked him the impact of his own behavior. After giving a comment, she did not give him a chance to reply. She continued teaching. After that, he was quiet and asked good questions. |
| [마무리] | That is the example of questioning awareness of effect. |

| | |
|---|---|
| [주제 정의] | 영향력 인식을 위한 질문하기는 교사가 부정적인 행동을 다루기 위해 이용할 수 있는 방법이다. |
| [구조 제시] | 그리고 교수는 이것을 설명하기 위해 그녀 자신의 이야기를 예로 든다. |
| [예시 본문 1] | 그녀가 초등학교에서 역사를 가르쳤을 때, 그녀는 학생들에게 발표를 하게 했다. |
| [세부사항] | 정숙 상태를 유지하는 것과 발표 후에는 한 가지 질문을 하는 것이 규칙이었다. |
| [예시 본문 2] | 하지만 제임스라는 이름의 한 소년이 발표 중에 떠들곤 했다. |
| [세부사항] | 그는 다른 사람들도 불만스럽게 만들었다. 그래서 어느 날, 그녀는 그에게 그의 행동이 미치는 영향을 물었다. 그녀는 말을 한 후 그에게 대답할 기회를 주지 않았다. 그녀는 수업을 계속했다. 그 후, 그는 조용했고 좋은 질문을 했다. |
| [마무리] | 그것은 영향력 인식을 위한 질문하기의 예이다. |

**어휘**

awareness of ~에 대한 인식, 의식  disrupt ~에 지장을 주다, ~을 방해하다  adversely 부정적으로, 불리하게  effect 영향  affect ~에 영향을 미치다  address ~을 해결하다, 처리하다  discourage ~을 막다, 단념하게 하다  entail ~을 수반하다  serve to do ~하는 역할을 하다

disruptive 지장을 주는, 방해하는  interrupt ~을 방해하다  irritated 짜증이 난  frustrated 불만스러운, 좌절한  impact 영향(력)
immature 성숙하지 못한  carry on -ing ~하는 것을 계속 이어 나가다

# 실전문제 8

## 지문 해석

**초점 착각**

초점 착각은 한 사람이 경험에 대해 단 한 가지 측면에만 너무 많이 초점을 맞출 때 발생되는 인지적 편견이다. 이는 그 사람이 전체적으로 해당 경험에 대해 정확한 기억을 갖지 못하게 막는다. 삶의 만족도를 평가할 때, 사람들은 각자 삶의 모든 요소들을 살펴보고, 정확하게 그 요소들을 가늠한 다음, 해당 요소들을 평가해야 한다. 하지만, 대부분의 사람들은 그것이 긍정적이든 부정적이든 오직 현재 중요한 사건에만 초점을 맞춰 정확히 그 순간에 어떻게 느끼는 지만 고려하는 경향이 있다. 이는 초점 착각이 미치는 가장 해로운 영향인데, 무언가를 생각할 때 그 사람이 삶에서 중요하다고 생각하는 것만큼 중요한 건 아무것도 없기 때문이다.

## 음원 스크립트 및 해석

Now listen to part of a lecture in a psychology class.

So, we've been talking about various ways that our minds can play tricks on us. In particular, we covered several examples of cognitive bias that led people to make bad assessments and bad decisions. Well, today, I'd like to talk about a good real-life example of this.

I have a nephew who, up until last summer, had been living in downtown Seattle. He moved there around 5 years ago when he was offered an excellent position at a local law firm, and his life went from strength to strength from that point onwards. He was making a lot of money, he was living in a beautiful apartment, and he enjoyed an active social life. But, there was one thing he'd often complain about: the weather. The cold and rainy Seattle climate really started to get him down, and he decided that he'd be less stressed and miserable if he moved to Los Angeles, where he could enjoy warm temperatures and sunshine for most of the year.

이제 심리학 수업의 강의 일부를 들어보시오.

자, 우리는 각자의 마음이 우리를 혼란스럽게 만들 수 있는 다양한 방법에 관해 계속 이야기해오고 있습니다. 특히, 우리는 사람들을 좋지 못한 평가 및 결과로 이끄는 인지적 편견의 여러 가지 예시를 다뤘습니다. 음, 오늘은, 이것의 좋은 실제 예시와 관련해 이야기해 보겠습니다.

저에겐 작년 여름까지 시애틀에서 계속 살았던 조카가 한 명 있습니다. 이 조카는 약 5년 전에 한 지역 법률회사에서 아주 좋은 일자리를 제안받고 그곳으로 이사했는데, 그 이후로 나날이 승승장구하는 삶을 살았습니다. 많은 돈을 벌었고, 아름다운 아파트에서 살았으며, 적극적인 사교 생활을 즐겼습니다. 하지만, 자주 불평했던 것이 한 가지 있었는데, 바로 날씨였습니다. 춥고 비가 많이 내리는 시애틀의 기후는 그를 정말로 우울하게 만들기 시작했고, 거의 일년 내내 따뜻한 기온과 햇빛을 즐길 수 있는 로스앤젤레스로 이사한다면 스트레스도 덜 받고 덜 우울한 기분이 들 것이라는 결정을 내렸습니다.

Well, against the advice of his family and friends, my nephew did make the move, and he regretted it almost immediately. He soon realized that property prices are higher in L.A., the pollution is worse, and traffic congestion can add hours to commute times. He hadn't considered factors like these, and to make matters worse, the law firm he set up struggled to attract clients due to the high level of competition in the region. He still enjoys the nice weather, but he now admits that he should've taken more time to properly evaluate his life satisfaction, rather than acting on impulse.

음, 가족과 친구들의 조언과 달리, 제 조카는 결국 그렇게 이사했고, 거의 그 즉시 후회했습니다. 로스앤젤레스의 부동산 가격이 더 높고 공해는 더 심각한데다, 교통 혼잡으로 인해 통근 시간이 몇 시간 더 늘어날 수 있다는 사실을 곧 알게 되었습니다. 제 조카는 이러한 요소들을 고려해보지 않았으며, 설상가상으로, 직접 설립한 법률회사는 그 지역의 치열한 경쟁으로 인해 고객들을 끌어들이는 데 힘겨워했습니다. 그는 여전히 좋은 날씨를 즐기고 있기는 하지만, 현재는 충동적으로 행동하기보다 더 많은 시간을 갖고 삶의 만족도를 제대로 평가했어야 했다는 점을 인정하고 있습니다.

## 문제 해석

교수의 강의에서 제시되는 요점과 예시를 활용해, 초점 착각이 한 사람의 생각과 행동에 어떻게 영향을 미칠 수 있는지 설명하시오.

## 주제(전공) / 강의 예시 종류

초점 착각(심리학) / 개인 경험

## 노트테이킹

### 지문 노트테이킹

[주제] The focusing illusion        초점 착각

[주제에 대한 정의]

is a cognit- bias that occurs when a person focuses too much on a single aspect of an exp-

사람이 경험에 대해 단 한 가지 측면에만 너무 많이 초점을 맞출 때 발생되는 인지적 편견

### 음원 노트테이킹

[예시 1]

- have nephew – lived Seattle        시애틀에 살았던 조카가 있음

[세부사항]

- moved 5 yrs ago – when offered posi- law firm

    5년전 이사함 – 법률회사에서 일자리 제안을 받음

- make lot- money & beauti- apt & enjoy social life

    많은 돈 벌고 & 아름다운 아파트 삶 & 사교 생활 즐김

- But – complain – weather / cold & rainy – get down

    그러나 날씨에 대해 불평함 / 춥고 비오는 날씨 – 우울하게 만듦

[예시 2]

- less stressed – if move – LA – enjoy sunshine

    더 적은 스트레스 받을 것 – 만약 LA로 이사한다면 – 햇빛 즐길 수 있는

[세부사항]
- against advice - regret immedi-
  조언과 달리 - 바로 후회함
- realize price high & pollut- worse & traffic - add hours
  높은 가격 & 공해 심각 & 통근 시간 늘어남
- law firm - struggle - high competi-
  법률회사도 치열한 경쟁으로 고군분투
- nice weather but should- take more time - evaluate
  날씨는 좋지만 - 더 시간을 갖고 평가했어야

**모범 답변**

[주제 정의]   The focusing illusion is a cognitive bias that occurs when a person focuses too much on a single aspect of an experience.

[구조 제시]   And the professor gives an example of her nephew to explain this.

[예시 본문 1]   The professor has a nephew who lived in Seattle.

[세부사항]   He moved there a few years ago and worked there at a law firm. His apartment was good and he enjoyed his life there. But there was one problem which was the weather. Cold weather made him feel stressed.

[예시 본문 2]   So, he decided to move to Los Angeles.

[세부사항]   But he realized that prices were higher. The traffic was not good. And his law firm struggled because of competition. Despite nice weather, he admits that he should have taken more time to make a decision.

[마무리]   That is the example of focusing illusion.

--------------------------------------------------------------------

[주제 정의]   초점 착각은 사람이 경험의 한 측면에 너무 많이 집중할 때 발생하는 인지적 편견이다.

[구조 제시]   그리고 교수는 이것을 설명하기 위해 조카의 예를 든다.

[예시 본문 1]   교수에게는 시애틀에 살았던 조카가 있다.

[세부사항]   그는 몇 년 전에 그곳으로 이사했고 그곳에서 법률회사에서 일했다. 그의 아파트는 좋았고 그곳에서 그의 삶을 즐겼다. 하지만 한 가지 문제가 있었는데 그것은 날씨였다. 추운 날씨가 그를 스트레스 받게 했다.

[예시 본문 2]   그래서 그는 로스앤젤레스로 이사하기로 결심했다.

[세부사항]   하지만 그는 물가가 더 높다는 것을 깨달았다. 교통은 좋지 않았다. 그리고 그의 법률 회사는 경쟁 때문에 어려움을 겪었다. 좋은 날씨에도 불구하고, 그는 결정을 내리는 데 더 많은 시간을 보냈어야 했다고 인정한다.

[마무리]   그것이 초점 착각의 예이다.

focusing illusion 초점 착각 cognitive bias 인지적 편견 aspect 측면, 양상 as a whole 전체적으로 weigh ~을 가늠하다 tend to do ~하는 경향이 있다 detrimental 해로운 play tricks on ~을 속이다 assessment 평가 go from strength to strength 승승장구하다, 나날이 발전하다 get A down A를 우울하게 만들다 miserable 우울한, 비참한 regret ~을 후회하다 property 부동산, 건물 traffic congestion 교통 혼잡 commute 통근 to make matters worse 설상가상으로 struggle to do ~하기 위해 안간힘을 쓰다, 발버둥치다 competition 경쟁 admit that ~라고 인정하다 evaluate ~을 평가하다 on impulse 충동적으로

# 실전문제 9

## 지문 해석

### 시스템 사고

과거에는, 대부분의 회사들이 한 가지 단순한 원인을 찾고 직접적인 해결책을 실행하는 방법으로 내부 문제들을 처리했다. 하지만 지금은, 회사들이 시스템 사고라고 부르는 접근 방식을 활용해 더욱 혁신적이고 효과적인 해결책을 제시하고 있다. 여기에는 "더 큰 그림"을 고려하면서 큰 시스템의 작은 부분들이 어떻게 상호 작용해 문제를 만들어내는지 인식함으로써 문제에 대한 장기적인 해결책을 찾는 일이 수반된다. 시스템 사고는 문제 해결 접근법의 하나로 인기를 얻고 있는데, 온전히 실시하는 데 많은 시간과 자원을 필요로 하는 복잡한 해결책을 만들어내고 있음에도 불구하고, 회사에 장기적으로 더 큰 이득을 제공하기 때문이다.

## 음원 스크립트 및 해석

Now listen to part of a lecture in a business class.

Let me give you an example of how businesses solve problems. A few years ago, I worked at a company that had a big problem with employees taking time off work... you know... being absent... The company decided to tackle this issue by hiring an HR specialist, who interviewed most of the staff to find out more about them. The specialist considered other factors, too, like what types of health services and eating options the company provides. The specialist found that most of the employees were absent from work due to actual health problems, and not simply due to a lack of motivation. And, these health problems were commonly a result of, or worsened by, an unhealthy lifestyle. The specialist concluded that the company was partly to blame for the high rate of absenteeism by failing to provide healthy meals and opportunities for staff to exercise.

이제 경영학 수업의 강의 일부를 들어보시오.

회사들이 문제를 해결하는 방법에 관한 예시를 하나 이야기해 보겠습니다. 몇 년 전에, 저는 휴무를 갖는... 그러니까... 결근하는 직원들 때문에 큰 문제를 겪었던 한 회사에서 일했습니다. 이 회사는 인사 전문가를 고용하는 방법으로 이 문제를 해결하기로 결정했으며, 그 전문가는 직원들과 관련해 더 많은 것을 파악하기 위해 대부분의 직원들과 면담을 했습니다. 이 전문가는 회사에서 어떤 종류의 보건 복지와 식사 선택권들을 제공하고 있는지 등과 같은 다른 요소들도 고려했습니다. 이 전문가는 대부분의 직원들이 단순히 동기 부족으로 인한 것이 아니라 실제 건강 문제로 인해 결근하고 있다는 사실을 알아냈습니다. 그리고, 이러한 건강 문제는 건강에 좋지 않은 생활 방식에 따른 결과로 흔히 나타나거나 악화되었습니다. 이 전문가는 건강에 좋은 식사 및 직원들이 운동할 기회를 제공하지 못한 이 회사가 높은 결근 비율에 대해 부분적으로 책임이 있다는 결론을 내렸습니다.

| As such, he then recommended that the company build a gym within the company office building for employees to use to exercise and add more nutritious dishes to the cafeteria menu. These changes took almost a year to fully implement, and cost a lot of money, but the company followed the specialist's advice and saw a steady decline in the rate of employee absenteeism. | 따라서, 그 후에 이 전문가는 회사 내에서 직원들이 운동하는 데 이용할 수 있는 체육관을 짓고 구내식당 메뉴에 영양가가 더 높은 음식을 추가하도록 회사에 권해주었습니다. 이러한 변화들은 온전히 실행되는 데 거의 1년이 소요되었고, 많은 돈이 들었지만, 회사는 전문가의 조언을 따랐고, 직원 결근 비율의 지속적인 감소를 경험했습니다. |
|---|---|

## 문제 해석

교수가 이야기하는 예시가 어떻게 문제 해결에 대한 시스템 사고 접근법을 보여주는지 설명하시오.

## 주제(전공) / 강의 예시 종류

시스템 사고(경영학) / 개인 경험

## 노트테이킹

### 지문 노트테이킹

[주제] systems thinking      시스템 사고
[주제에 대한 정의]
invol- long-term solut- to prb by taking the "bigger picture" into account
"더 큰 그림"을 고려하면서 문제에 대한 장기적인 해결책을 찾는 일 수반

### 음원 노트테이킹

[예시 1]
- busi- solve prb. worked at comp- big prb w/ empl- absent
   회사가 문제 해결하는 것 - 회사에서 일함 - 큰 문제가 있음 직원에 관한 - 결근
[세부사항]
- decide - tackle - hire HR spec- interview staff
   문제를 해결하기로 결정 - 인사 전문가 - 직원과 면담
- consider other factors - health serv- & eating opt
   다른 요소를 고려 - 보건 복지 & 식사 선택권
- found - absent - due to health prb. X motiv-
   발견함 - 결근 - 건강 문제였음, 동기 부족 문제 아님
- health prb - unhealthy lifestyle
   건강 문제 - 좋지 않은 생활 방식
- sp - fail - provide healthy meal & oppt- exercise -
   전문가 - 실패 - 건강에 좋은 식사 & 운동 기회 제공

[예시 2]
- recommend- build gym - add nutri- dish - café    체육관 짓기 - 영양가 있는 음식 추가 권장
[세부사항]
- took a year - implem- & money    실행하는 데 1년 걸림 & 돈 들임
- follow- advice - steady decline - employee absent-    조언을 따름 - 지속적인 감소 - 직원 결근

**모범 답변**

| | |
|---|---|
| [주제 정의] | Systems thinking involves long-term solutions to problems by taking the "bigger picture" into account. |
| [구조 제시] | And the professor gives an example to explain this. |
| [예시 본문 1] | A few years ago, the professor worked at a company having problems with employees being absent. |
| [세부사항] | The company hired an HR specialist to solve the problem. The specialist considered other factors such as eating options. The specialist found that employees were absent because of their unhealthy lifestyles. |
| [예시 본문 2] | So, the specialist recommended that the company build a gym and add nutritious dishes in the cafeteria. |
| [세부사항] | It took a lot of time and money. But the company followed the advice and the problem of employees being absent was solved. |
| [마무리] | That is the example of systems thinking. |

| | |
|---|---|
| [주제 정의] | 시스템 사고는 "더 큰 그림"을 고려하면서 문제에 대한 장기적인 해결책을 찾는 일을 수반한다. |
| [구조 제시] | 그리고 교수는 이것을 설명하기 위해 예를 든다. |
| [예시 본문 1] | 몇 년 전, 교수는 직원들이 결근하는 것에 문제가 있는 회사에서 일했다. |
| [세부사항] | 회사는 문제를 해결하기 위해 인사 전문가를 고용했다. 전문가는 식사 선택권과 같은 다른 요소들을 고려했다. 전문가는 직원들이 건강하지 못한 생활 방식 때문에 결근했다는 것을 발견했다. |
| [예시 본문 2] | 그래서, 그 전문가는 그 회사가 체육관을 짓고 구내식당에 영양가 있는 음식을 추가할 것을 추천했다. |
| [세부사항] | 그것은 많은 시간과 돈이 들었다. 하지만 회사는 조언을 따랐고 직원들의 결근 문제는 해결되었다. |
| [마무리] | 그것이 시스템 사고의 예시이다. |

**어휘**

**seek** ~을 찾다, 구하다 **implement** ~을 실행하다, 시행하다 **come up with** (아이디어 등) ~을 제시하다, 내놓다 **take A into account** A를 고려하다 **gain in popularity** 인기를 얻다 **carry out** ~을 실시하다, 수행하다 **in full** 온전히, 완전히 **take time off work** 직장에서 휴가를 내다 **tackle** (문제 등) ~을 해결하다, 처리하다 **worsen** ~을 악화시키다 **A be to blame for B** A가 B에 대한 책임이 있다 **absenteeism** 결근 **fail to do** ~하지 못하다 **nutritious** 영양가가 높은 **decline in** ~의 감소

# 실전문제 10

### 상리 공생에서의 속임수

상리 공생은 둘 이상의 종 사이에서 나타나는 생태학적 상호 작용의 한 종류를 말하는 것으로서, 각각의 종이 어떤 식으로든 이득을 보는 관계이다. 하지만, 상리 공생하는 관계 내에서, 흔히 속임수가 발생된다. 속임수를 쓰는 쪽은 상리 공생하는 관계에 충분한 기여는 하지 않으면서 여전히 그 관계를 통해 잠재적으로 제공되는 이득은 모두 취하기를 바라는 개체이다. 비록 자연 선택이 속임수의 편이기는 하지만, 많은 종이 이를 방지하기 위해 고유의 적응 방법을 발달시켜 왔다.

**음원 스크립트 및 해석**

Now listen to part of a lecture in an ecology class.

So, as we discussed, many species can form relationships in which they benefit each other, but some species try to exploit such relationships by trying to get what they want without putting in any hard work themselves.

Take, for example, the relationship between the yucca flower and the yucca moth. Female yucca moths deposit their eggs onto yucca flowers. During this process, they also take a small amount of pollen from the yucca flowers to provide food for the yucca moths when they hatch. The young moths only consume a small amount of the pollen, so they become active pollinators on behalf of the yucca plants once they fly away.

In some cases, though, a yucca moth might attempt to deposit too many eggs onto a yucca flower. When this occurs, the yucca plant receives virtually no benefit from the relationship, as the numerous offspring will consume all of the available pollen without dispersing any. However, the plant has a special mechanism to discourage this behavior. When the plant detects that a flower is overloaded with moth eggs, it can detach its petals, a part of the flower, causing the eggs to fall to the ground where they will likely be eaten. By doing so, it teaches moths not to use the yucca plant without providing the benefits of pollination.

이제 생태학 수업의 강의 일부를 들어보시오.

자, 우리가 이야기한 바와 같이, 많은 종이 서로에게 이득이 되는 관계를 형성할 수 있지만, 일부 종은 스스로 어떤 힘든 노력도 기울이지 않고 원하는 것을 얻으려 함으로써 그러한 관계를 부당하게 이용하려 합니다.

유카 꽃과 유카 나방 사이의 관계를 예로 들어 보겠습니다. 암컷 유카 나방은 유카 꽃에 알을 낳습니다. 이 과정 중에, 유카 꽃으로부터 소량의 꽃가루를 취해 부화하는 유카 나방에게 먹이로 제공합니다. 어린 나방은 오직 소량의 꽃가루만 먹기 때문에 일단 그곳에서 날아가버리고 나면 유카 식물을 대신해 움직이는 꽃가루 매개자가 됩니다.

하지만, 일부의 경우에 있어, 유카 나방은 유카 꽃에 너무 많은 알을 낳으려 시도할 수도 있습니다. 이런 일이 발생될 때, 유카 식물은 그 관계로부터 사실상 아무런 이득도 얻지 못하는데, 많은 새끼 나방들이 이용 가능한 꽃가루를 전혀 퍼뜨리지 않고 모두 먹어버리게 되기 때문입니다. 하지만, 이 식물은 이러한 행동을 막기 위한 특별한 방어 기제를 갖고 있습니다. 이 식물이 꽃에 나방 알이 과도하게 실려 있는 것을 감지하면, 꽃의 일부인 꽃잎을 분리시킬 수 있으며, 이로 인해 알이 땅바닥에 떨어지게 되어 누군가의 먹이가 될 가능성이 있습니다. 이렇게 함으로써, 수분이라는 이득을 제공하지 않으면 유카 식물을 이용할 수 없다는 교훈을 나방에게 가르쳐줍니다.

**문제 해석**

교수가 이야기하는 예시가 어떻게 상리 공생 관계에서의 속임수를 보여주는지 설명하시오.

상리 공생 관계(생태학) / 특정 동식물 예시

## 노트테이킹

### 지문 노트테이킹

[주제] cheating in mutualism       상리 공생에서의 속임수

[주제에 대한 정의]

Within mutualistic relation-, it is comm- for cheating to take place

상리 공생하는 관계 내에서, 흔히 속임수가 발생

### 음원 노트테이킹

[예시 1]

- species form relation- benefit each- try to exploit

   종들 관계 형성함 - 서로 이득이 되는 - 얻으려고만 함

- some - X put hard work - yucca flower & moth

   몇몇 종 - 노력하지 않음 - 유카꽃과 유카나방

[세부사항]

- moth deposit eggs on flowers

   나방은 꽃에 알을 낳음

- take small amo- pollen from flower / provide food

   소량의 꽃가루를 취함 / 먹이를 제공

- consume small amo- & become pollinators - fly away

   소량만 먹음 & 꽃가루 매개자되서 날아감

[예시 2]

- moth attempt - depo- too many eggs 나방이 너무 많은 알을 낳으려고 시도함

[세부사항]

- plant receive X benefit - offspring consume all pollen

   식물은 혜택 받지 못함 - 꽃가루 모두 먹음

- But plant - special mechani- discourage

   식물은 특별한 방어기제 가짐 - 막기 위해

- detect - overloaded - detach part of flower- / eggs fall ground

   과도하게 실림 감지 - 꽃 부분 분리시킴 - 알이 모두 떨어짐

- moth X use plant - X provide benefit of pollina-

   나방이 식물 이용 못함 - 수분이라는 이득을 제공하지 않는다면

모범 답변

| | |
|---|---|
| [주제 정의] | Within mutualistic relationships, it is common for cheating to take place. |
| [구조 제시] | And the professor gives an example to explain cheating in mutualism. |
| [예시 본문 1] | Yucca moths deposit eggs on yucca flowers. |
| [세부사항] | They also take pollen from the flower to provide food for yucca moths. The young will consume the pollen and become pollinators once they fly away. |
| [예시 본문 2] | However, a moth can deposit too many eggs on a flower. |
| [세부사항] | Then, moths will consume all of the pollen with no dispersal. So, the plant has a special way to detect eggs. A flower can detach the petal and cause eggs to fall if it is overloaded. The plant prevents moths from cheating and makes them provide pollination. |
| [마무리] | That is the example of cheating in mutualism. |

- - -

| | |
|---|---|
| [주제 정의] | 상리 공생 관계에서는 속임수가 일어나는 것이 일반적이다. |
| [구조 제시] | 그리고 교수는 상리 공생 관계에서의 속임수를 설명하기 위해 예를 든다. |
| [예시 본문 1] | 유카 나방은 유카 꽃에 알을 낳는다. |
| [세부사항] | 그들은 또한 유카 나방에게 먹이를 제공하기 위해 꽃가루를 가져간다. 어린 나방들은 꽃가루를 먹고 날아가면 꽃가루 매개자가 될 것이다. |
| [예시 본문 2] | 하지만, 나방은 꽃에 너무 많은 알을 낳을 수 있다. |
| [세부사항] | 그러면, 나방은 꽃가루를 옮기지 않고 모두 먹어 치울 것이다. 그래서, 그 식물은 알을 감지하는 특별한 방법을 가지고 있다. 꽃은 알이 과도하게 실려 있으면 꽃잎을 떼어내 알이 떨어지게 할 수 있다. 그 식물은 나방이 속임수를 쓰는 것을 방지하고 수분을 공급하게 한다. |
| [마무리] | 그것이 상리 공생 관계에서의 속임수를 보여주는 예이다. |

**어휘**

mutualism 상리 공생 ecological 생태학적인 species (동식물의) 종 benefit v. 이득을 얻다 n. 이득, 혜택 take place 발생되다 make a contribution 기여하다, 공헌하다 adequate 충분한 natural selection 자연 선택 favor ~의 편을 들다, ~에게 유리하다 exploit ~을 부당하게 이용하다 pollen 꽃가루 hatch 부화하다 pollinator 꽃가루 매개자 on behalf of ~을 대신해 offspring 새끼, 자식 disperse ~을 퍼뜨리다 mechanism (생물체가 특정 기능을 수행하는) 기제, 작용, 방법 discourage ~을 막다 detect ~을 감지하다 detach ~을 분리시키다 pollination 수분 (작용)

# 실전문제 1

**음원 스크립트 및 해석**

Listen to part of a lecture from a business class.

When people are out shopping, it's not only the products themselves that catch their attention, but also the packaging that they come in. For that reason, the design of the container is critical. When consumers are choosing between two or more similar products, a packet or box may be the deciding factor that leads to their purchase. So, let's discuss how to design packaging that makes products stand out to consumers.

One of the key design aims is to make the packaging extremely practical and convenient for consumers to use. Think back to the glass bottles that used to be used for condiments like ketchup, mustard, and mayonnaise. People had to take time to unscrew the lids of these bottles and then thump the bottoms of the bottles or use a long spoon to get the sauce out. Nowadays, condiments come in flexible plastic bottles that are far more attractive to consumers due to their convenience. Now, all it takes is a light squeeze of the bottle, and the ketchup or mustard will come out smoothly. No lids to screw off and back on again, and no hassle getting the condiment out of the bottle.

An equally important design goal is to make the packaging attractive so that consumers can comfortably imagine having it on display in their home. For instance, a company that sells cookies might choose to package their products in an attractive metal tin rather than a plain cardboard box. The reason for this is that customers will imagine presenting the cookies to guests in their home, and feel that the nice metal tin will have a more sophisticated, classic aesthetic. So, attractive packaging like that can inform the purchasing decisions of consumers, too.

경영학 수업의 강의 일부를 들어보시오.

사람들이 밖에서 쇼핑할 때, 제품 자체만 사람들의 관심을 끄는 것이 아니라, 제품이 담겨 나오는 포장도 그렇습니다. 이런 이유로, 포장 용기의 디자인은 매우 중요합니다. 소비자들이 두 가지 이상의 유사 제품들 사이에서 선택할 때, 그 봉지 또는 상자는 구매로 이어지는 결정적인 요인이 될 수 있습니다. 따라서, 제품을 소비자들의 눈에 띄게 만들어주는 포장 디자인 방법을 이야기해 보겠습니다.

디자인상의 중요한 목표들 중 하나는 소비자들이 이용하기에 매우 실용적이고 편리하도록 포장 용기를 만드는 것입니다. 한때 케첩과 머스터드, 그리고 마요네즈 같은 소스용으로 쓰였던 유리병을 떠올려 보세요. 사람들은 이 병의 뚜껑을 돌려서 연 다음, 병의 밑부분을 쿵 하고 내려놓거나 긴 숟가락을 이용해 소스를 퍼내기까지 시간을 들여야 했습니다. 요즘은, 소스들이 유연한 플라스틱 병에 담겨 나오고 그 편의성으로 인해 소비자들에게 훨씬 더 매력적입니다. 이젠, 이 병을 가볍게 쥐어짜기만 하면 케첩이나 머스터드가 부드럽게 나옵니다. 뚜껑을 돌려 열었다가 다시 닫을 필요도 없고, 병에서 소스를 퍼내야 하는 번거로움도 없습니다.

똑같이 중요한 또 다른 디자인상의 목표 한 가지는 소비자들이 각자의 집에 포장 용기를 진열해 놓은 모습을 쉽게 떠올릴 수 있도록 매력적으로 만드는 것입니다. 예를 들어, 쿠키를 판매하는 회사는 평범한 판지 상자 대신 매력적인 금속 통에 제품을 담아 포장하기로 결정할 수도 있습니다. 그 이유는 소비자들이 집에서 손님들에게 쿠키를 제공하는 모습을 떠올리면서 멋진 금속 통이 더욱 세련되고 전통적인 미적 요소를 지니고 있다고 생각하게 될 것이기 때문입니다. 따라서, 이처럼 매력적인 포장은 소비자들의 구매 결정에도 영향을 미칠 수 있습니다.

문제 해석

강의에 제시되는 예시를 활용해, 제품 포장이 소비자들의 마음을 끌도록 디자인될 수 있는 두 가지 방법을 설명하시오.

주제(전공) / 강의 예시 종류

제품 포장 디자인(경영학) / 방법들(ways)

노트테이킹

[주제]

two ways of designing packaging to attract customers　　　고객을 매료시키는 두 가지 포장 디자인 방법

[소주제1]

design p- - practi- & conven-　　　포장 용기 디자인하기 - 실용적이고 편리하게

[예시]

glass b - condi- ketcup　　　유리병 - 소스용 - 케첩과 같은

take time - unscrew - lid - use long spoon - get out

시간이 걸림 - 뚜껑을 열고 - 긴 스푼을 사용해서 꺼내는 것

nowa- - condi- come flexi- plas b- attra- - conve-

최근엔 소스가 유연한 플라스틱 병으로 나옴 - 소비자에게 매력적임 - 편리

light squeeze - come out smooth 가볍게 쥐어짬 - 부드럽게 나옴

[소주제2]

make - more attractive - imag- display　　　매력적으로 만드는 것 - 진열을 상상할 수 있는

[예시]

cookie comp- choose - metal tins - X cardboard box

쿠키 회사가 금속통을 선택함 - 금속 통 - 판지 상자 대신

img- present - cook- - guests - home & feel nice - metal t- aesthetic

상상할 수 있음 - 집에 온 손님에게 쿠키를 제공하는 모습 & 기분이 좋아짐 - 금속 통이 더욱 아름다움

so - attract- p- inform - deci- purchase deci-

그러므로 매력적인 포장 - 구매 결정에 영향 미침

모범 답변

[주제 소개]　　　The professor explains two ways that packaging can be designed to attract customers in this lecture.

[구조 제시]　　　And the professor gives two examples to explain this.

[소주제1]　　　The first way is to design packaging that is practical and convenient.

[예시]　　　For example, glass bottles for condiments such as ketchup were difficult to use.

[세부사항]　　　People had to use long spoons to get ketchup. But nowadays, the containers are flexible bottles that are easy to use. People can lightly squeeze the bottle and get the sauce, which makes them convenient.

| [소주제2] | The second way is to make the packaging more attractive. |
| [예시] | For instance, cookie companies can make their packaging with attractive metal tins rather than cardboard boxes. |
| [세부사항] | Consumers would think that the nice metal box is more beautiful in their home. This attractive packaging can influence the decision to purchase the product. |

---

| [주제 소개] | 교수는 강의에서 포장이 고객을 끌어들이도록 디자인될 수 있는 두 가지 방법을 설명한다. |
| [구조 제시] | 그리고 교수는 이를 설명하기 위해 두 가지 예시를 든다. |
| [소주제1] | 첫 번째 방법은 포장을 실용적이고 편리하게 디자인하는 것이다. |
| [예시] | 예를 들어, 케첩과 같은 소스를 담는 유리병은 이용하기 어려웠다. |
| [세부사항] | 사람들은 케첩을 꺼낼 때 긴 숟가락을 써야했다. 그러나 요즘은, 용기는 이용하기 쉬운 유연한 통이다. 사람들은 가볍게 병을 짜서 소스를 얻을 수 있고, 이는 사람들에게 편리함을 준다. |
| [소주제2] | 두 번째 방법은 포장을 더 매력적으로 만드는 것이다. |
| [예시] | 예를 들면, 쿠키 회사들은 그들의 포장을 판지 상자보다는 매력적인 금속 통으로 만들 수 있다. |
| [세부사항] | 소비자들은 멋진 금속 통이 집에 있으면 더 아름다워 보인다고 생각할 것이다. 이런 매력적인 포장은 제품을 구매하는 결정에 영향을 미칠 수 있다. |

### 어휘

packaging 포장 (용기) appeal to ~의 마음을 끌다 container 용기, 그릇 deciding factor 결정적인 요인 lead to ~로 이어지다
stand out to ~의 눈에 띄다 practical 실용적인, 현실적인 condiment 소스, 양념 unscrew ~을 돌려서 열다 thump ~을 쿵 하고 내려놓다
flexible 유연한, 탄력적인 hassle 번거로움, 귀찮은 일 on display 진열된, 전시된 present ~을 제공하다, 제시하다 sophisticated 세련된
aesthetic 미적 요소 inform ~에 영향을 미치다

# 실전문제 2

### 음원 스크립트 및 해석

| Listen to part of a lecture in a biology class. | 생물학 수업 강의의 일부를 들어보시오. |
|---|---|
| Today I'd like to continue our discussion about sea birds. Last week, we looked at how proficient sea birds are at hunting their prey, but now I'd like to focus on the methods they use to find their prey in such expansive marine and coastal environments. Or, more specifically, the special adaptations they have developed over time that enable them to locate food efficiently. | 오늘은, 바다 새와 관련된 이야기를 계속해 보겠습니다. 지난 주에, 우리는 바다 새들이 먹이를 사냥하는 데 있어 얼마나 능숙한지 살펴봤는데, 이제 이 새들이 아주 광활한 해양 및 해안 환경에서 먹이를 찾기 위해 활용하는 여러 방법에 초점을 맞춰 보고자 합니다. 즉, 더 구체적으로, 시간이 흐름에 따라 발달시켜오면서 효율적으로 먹이를 찾을 수 있게 해준 특별한 적응 요소들을 이야기해 보겠습니다. |

One adaptation is the development of an acute sense of vision. The gannet is a sea bird that must search far and wide for food, but it has one unique advantage over other species. Its eyes have adapted in order to let it spot prey at great distances, even when the prey is beneath the surface of the water. This ability is vital to the gannet, as it spends most of its time on the open sea, rarely venturing inland from the shore. The gannet can detect fish swimming several meters below the surface, and then it will swoop down, diving into the water to seize its prey.

Another important adaptation of many sea birds is an impressively large wingspan. The great white pelican needs to find food scattered widely throughout the ocean. In fact, this large sea bird spends a large proportion of its life searching for food in the ocean waters, both to feed itself and to carry to its nest and feed its offspring. Thanks to its huge wingspan, the great white pelican can fly even while its outstretched wings are motionless, so it does not use up energy the way most birds do by vigorously flapping their wings up and down. Instead, the great white pelican glides on air currents, which saves on energy and allows the sea bird to cover large areas in its search for food. It is common for great white pelicans to travel more than one hundred miles when foraging by taking advantage of their long wings and energy-efficient flying technique.

한 가지 적응 요소는 예리한 시각의 발달입니다. 부비새는 반드시 광범위하게 먹이를 찾아야 하는 바다 새이지만, 다른 종에 비해 한 가지 특별한 이점이 있습니다. 이 새의 눈은 심지어 먹이가 수면 아래에 있을 때조차도 먼 거리에서 발견할 수 있도록 적응되었습니다. 이러한 능력은 부비새에게 필수적인데, 이 새가 공해상에서 대부분의 시간을 보내면서, 좀처럼 해안에서 내륙으로 과감히 이동하지는 않기 때문입니다. 부비새는 수면보다 수 미터 아래에서 헤엄치는 물고기를 발견할 수 있으며, 그후 아래로 급강하해 물 속으로 뛰어들어 먹이를 낚아챕니다.

많은 바다 새들의 또 다른 중요한 적응 요소는 인상적일 정도로 넓은 날개폭입니다. 큰사다새는 바다에서 넓게 흩어져 먹이를 찾아야 합니다. 실제로, 이 대형 바다 새는 자신이 먹기 위해 그리고 둥지로 옮겨 새끼에게 먹이기 위해 일생의 대부분을 바다에서 먹이를 찾는 데 보냅니다. 엄청난 크기의 날개폭으로 인해, 큰사다새는 심지어 펼친 날개를 움직이지 않고도 날 수 있기 때문에, 대부분의 새들이 날개를 힘차게 위아래로 펄럭여 날아다니는 것과 같은 방식으로 에너지를 소모하지 않습니다. 대신, 큰사다새는 기류를 타고 활공하는데, 이로 인해 에너지를 절약하게 되어 이 바다 새가 먹이를 찾는 과정에서 넓은 지역에 이를 수 있게 해줍니다. 큰사다새가 긴 날개와 에너지 효율이 좋은 비행 기술을 이용해 먹이를 찾아 다닐 때 100마일 넘게 이동하는 것은 흔합니다.

부비새와 큰사다새의 예시를 활용해, 바다 새들이 먹이를 찾는 데 도움이 되도록 발달시켜온 두 가지 특별한 적응 요소를 설명하시오.

바다 새의 적응 요소(생물학) / 적응들(adaptations)

[주제]

two special adaptations that sea birds have developed to help them find food
바다 새들이 먹이를 찾는 데 도움이 되도록 발달시켜온 두 가지 특별한 적응 요소

[소주제1]

1st adapt- dev- acute sense - vision       첫 번째 적응은 예리한 시각의 발달
[예시]

gannet - search far / uniq adv- other species       부비새는 광범위하게 찾음 / 특별한 이점이 있음 - 다른 종에 비해
spot prey - dist-       멀리 있는 먹이를 찾음
abil- vital - as - spend most time - sea       이 능력 필수적임 - 대부분의 시간을 바다에서 보내기 때문
detect fish - below - surf- dive - seize prey       수면보다 아래에 있는 물고기 탐지 - 뛰어들어 먹이 낚아챔

[소주제2]

Ano- adapt- large wingspan       또 다른 적응은 넓은 날개폭
[예시]

white pelican - find food - scattered - thru- ocean       큰사다새는 먹이를 찾는다 - 바다에 흩어진
thanks to huge wingspan  - fly - motionless - X use up energy
넓은 날개폭으로 인해 날개를 움직이지 않고 날 수 있음 - 에너지를 소모하지 않음
save energy & cover large area - search food
에너지를 절약하고 넓은 범위에 이를 수 있음 - 먹이 찾을 때
100 miles - forag- take adv- of long wings & effi- fly- tech
먹이 구할 때 100마일 이동 - 긴 날개의 이점을 활용함 - 효율이 좋은 비행 기술

| | |
|---|---|
| [주제 소개] | In the lecture, the professor explains two special adaptations of sea birds to find food. |
| [구조 제시] | And the professor gives two examples to explain this. |
| [소주제1] | The first adaptation is an acute sense of vision. |
| [예시] | For example, unlike other birds, the gannet is a sea bird that can spot prey that is far away. |
| [세부사항] | With their highly developed eyes, the gannet can detect fish below the surface. So they can dive into the water and catch the prey. |
| [소주제2] | The second adaptation is a large wingspan. |
| [예시] | The great white pelican, for example, spends a lot of time flying over the ocean water to find food. |
| [세부사항] | But thanks to their huge wingspan, they do not have to use a lot of energy when flying. Unlike most birds, great white pelicans can travel long distances while foraging with their long wings and flying technique. |
| [마무리] | These are the adaptations of seabirds to find food. |

| [주제 소개] | 강의에서, 교수는 먹이를 찾기 위한 바다 새들의 두 가지 특별한 적응을 설명한다. |
|---|---|
| [구조 제시] | 그리고 교수는 이를 설명하기 위해 두 가지 예시를 든다. |
| [소주제1] | 첫 번째 적응은 잘 발달된 시각이다. |
| [예시] | 예를 들어, 다른 새들과 달리, 부비새는 멀리 있는 먹이도 찾아낼 수 있는 바다 새이다. |
| [세부사항] | 매우 발달된 시각으로 부비새는 수면 아래의 물고기를 찾아낼 수 있다. 그래서 그들은 물에 뛰어 들어 먹이를 잡을 수 있다. |
| [소주제2] | 두 번째 적응은 긴 날개폭이다. |
| [예시] | 예를 들면, 큰사다새는 먹이를 찾기 위해 바다 위를 나는 데 많은 시간을 보낸다. |
| [세부사항] | 그러나 그들의 긴 날개폭 덕분에, 그들은 비행 시 많은 에너지를 소비하지 않아도 된다. 대부분의 새들과는 달리, 큰사다새는 그들의 긴 날개와 비행 기술로 먹이를 찾으며 긴 거리를 이동할 수 있다. |
| [마무리] | 이것이 먹이를 찾기 위한 바다 새들의 적응이다. |

### 어휘

gannet 부비새 great white pelican 큰사다새 adaptation 적응 proficient 능숙한 prey 먹이 expansive 광활한, 광범위한 locate ~의 위치를 찾다 efficiently 효율적으로 acute (감각 등이) 예리한 species (동식물의) 종 spot ~을 발견하다, 알아채다 venture 과감히 이동하다 inland 내륙으로 detect ~을 발견하다, 감지하다 swoop down 급강하하다 wingspan 날개폭 scattered 흩어진 a large proportion of 대부분의, 많은 부분의 offspring 새끼 outstretched 펼친 vigorously 힘차게, 활기차게 flap ~을 펄럭이다 glide 활공하다 air currents 기류 cover (거리 등) ~을 이동하다 forage 먹이를 찾아다니다 take advantage of ~을 이용하다

# 실전문제 3

### 음원 스크립트 및 해석

Listen to part of a talk in a biology class.

I want to continue our discussion about animal survival strategies by focusing on protective resemblance. This is the term we use to describe the way some animals assume the color or shape of nearby natural features in order to blend into their environment. There are generally two types of protective resemblance, and the type used by an organism depends on whether it moves through various habitats or remains in one permanent place.

Let's start with flounders. These are a type of flatfish that are able to actually change their color and skin pattern in order to remain undetected by predators, which is necessary for them as they will move through various habitats when feeding and

생물학 수업의 강의 일부를 들어보시오.

보호 의태에 초점을 맞춰 동물 생존 전략에 관한 이야기를 계속해 보겠습니다. 이는 일부 동물들이 그들의 환경과 조화를 이루기 위해 주변 자연적 특징의 색 또는 형태를 취하는 방법을 설명하기 위해 우리가 이용하는 용어입니다. 일반적으로 두 가지 종류의 보호 의태가 존재하며, 생물체가 다양한 서식지를 거쳐 이동하는지 또는 한 곳의 영구적인 장소에 계속 남아 있는지에 따라 이용되는 종류가 달라집니다.

가자미과 물고기들부터 시작해 보겠습니다. 이 물고기들은 납작한 물고기의 한 종류로서, 포식자들에게 발견되지 않는 상태를 유지하기 위해 실제로 색과 피부 패턴을 변경할 수 있으며, 이는 먹이를 구하고 짝짓기를 할 때 다양한 서식지를 거쳐 이동하게 되므로 이 물고기들에게 필수적입니다. 따라서, 우리는 이러한 종류의 보호 의태를 영구적인 것이 아니라 순응적인 것이라고 말합니다. 가자미과 물고기들은 피부 속에 색소 세포라고 부르는 색소가 포함된 세포를 갖고 있는데, 이 세포들이 이 물고기 바로 밑에 있는 지표면을

mating. So, we describe this kind of protective resemblance as adaptive, rather than permanent. Flounders have pigmented cells in their skin called chromatophores, and these change color to simulate the surface beneath the fish. If the flounder is resting on rocks or coral, it might turn black or white, while it turns yellow-brown when swimming over sand.

Now, several kinds of frogfish, on the other hand, display a different type of protective resemblance. They've got the permanent type of protective resemblance because they tend to remain in one habitat throughout their lives. Different species of frogfish resemble inconspicuous features of their respective habitats, such as coral heads, sponges, sea urchins, and sargassum, a type of brown seaweed. The color and shape of their protective resemblance are constant, like their environments. So when a frogfish remains motionless, it is highly unlikely that predators will notice it.

모방하기 위해 색을 변경합니다. 만일 가자미과 물고기가 암석 또는 산호 위에 자리잡고 있다면, 검은색 또는 흰색으로 변할 수도 있고, 모래 위를 지나 수영하는 경우에는 황갈색으로 변하기도 합니다.

자, 반면에, 여러 종류의 씬벵이는 다른 유형의 보호 의태를 보여줍니다. 이들은 영구적인 유형의 보호 의태를 지니고 있는데, 일생 동안 한 곳의 서식지에만 계속 남아 있는 경향이 있기 때문입니다. 서로 다른 씬벵이 종은 산호 헤드, 해면 동물, 성게, 그리고 갈색 해초의 하나인 모자반 같이 그들 각각의 서식지에서 눈에 띄지 않는 특징들을 닮습니다. 그 보호 의태의 색과 형태는 마치 그들의 환경처럼 일정합니다. 따라서 씬벵이가 움직이지 않는 상태로 계속 있을 경우에는, 포식자들이 알아차릴 가능성이 아주 적습니다.

## 문제 해석

가자미와 씬벵이의 예시를 활용해, 교수가 이야기하는 두 가지 유형의 보호 의태 사이에 존재하는 차이점을 설명하시오.

## 주제(전공) / 강의 예시 종류

동물의 보호 의태(생물학) / 유형들(types)

## 노트테이킹

[주제]
two types of protective resemblance     두 가지 종류의 보호 의태

[소주제1]
move - various habitats     다양한 서식지 이동
[예시]
flounders     가자미과 물고기
change color / skin pattern to remain undetect-     색과 피부 패턴 변경함 - 발견되지 않는 상태 유지하기 위해
so - adaptive - have pig- cell - change color     그러므로 적응성임 - 색소 세포를 가짐 - 색을 변경
rest on rocks - turn black or white     암석에 자리잡는 경우 - 검은색 또는 흰색으로 변함

[소주제2]
remain - permanent place     한 곳의 영구적인 장소에 남아 있기

[예시]

frogfish     씬벵이

display - diff type - prot- resem-     다른 유형의 보호 의태

permanent type - cuz- remain 1 habitat - lives     영구적인 종류 - 1 서식지에만 남아 있기 때문

resem- features - habit- coral & seaweed     서식지의 특징들을 닮음 - 산호나 해초

color & shape - constant - like envir-     색과 형태 - 환경처럼 일정함

so - motion X - X predator - notice     움직이지 않으면 - 포식자가 알아채지 못함

---

**모범 답변**

| | |
|---|---|
| [주제 소개] | The professor explains two different types of protective resemblance in this lecture. |
| [구조 제시] | And the professor gives two examples to explain this. |
| [소주제1] | The animals in the first type move through various habitats. |
| [예시] | For example, flounders are able to change their color and skin pattern to remain undetected. |
| [세부사항] | They have special cells so that they can turn black or white if they are near rocks. |
| [소주제2] | The second type of animal remains in one permanent place. |
| [예시] | Frogfish, unlike flounders, stay in one habitat throughout their lives. |
| [세부사항] | So, they resemble features of their habitats such as corals and seaweed. These constant colors and shapes help them remain undetected by predators when they are motionless. |
| [마무리] | These are two types of protective resemblance. |

- - - - - - - - - - - - - - - - - - - - - - - - - - - - - - - - - - - - - - - - - - - - - -

| | |
|---|---|
| [주제 소개] | 교수는 강의에서 두 가지 다른 보호 의태 방식을 설명한다. |
| [구조 제시] | 그리고 교수는 이를 설명하기 위해 두 가지 예시를 든다. |
| [소주제1] | 첫 번째 유형의 동물들은 다양한 서식지를 이동한다. |
| [예시] | 예를 들면, 가자미과 물고기는 발견되지 않기 위해 그들의 색과 피부 패턴을 바꿀 수 있다. |
| [세부사항] | 그들은 특별한 세포가 있어서 암석 근처에 있다면 검은색이나 흰색으로 변할 수 있다. |
| [소주제2] | 두 번째 유형의 동물은 한 곳의 영구적인 장소에 머문다. |
| [예시] | 씬벵이는, 가자미과 물고기와는 달리, 그들의 일생 동안 한 곳의 서식지에 머무른다. |
| [세부사항] | 그래서, 그들은 산호초와 해초 같은 그들의 서식지가 지닌 특징을 닮는다. 이러한 일관된 색상과 모양은 그들이 움직이지 않을 때 포식자들로부터 눈에 띄지 않게 도움을 준다. |
| [마무리] | 이것이 두 가지 보호 의태 방식이다. |

---

**어휘**

**protective resemblance** 보호 의태(주변의 물체 또는 다른 생물과 비슷하게 변화해 스스로를 보호하는 방법) **strategy** 전략 **term** 용어
**assume** (색, 형태 등) ~을 취하다 **feature** 특징 **blend into** (구별이 어렵게) ~와 뒤섞이다 **organism** 생물체 **depend on** ~에 따라 다르다,

~에 달려 있다 habitat 서식지 permanent 영구적인 flounder 가자미과 물고기 undetected 발견되지 않은, 감지되지 않은 predator 포식자 mate 짝짓기를 하다 adaptive 순응하는, 적응하는 pigmented 색소가 포함된 chromatophores 색소 세포 simulate ~을 모방하다 rest on ~에 놓여 있다 coral 산호 frogfish 씬벵이 tend to do ~하는 경향이 있다 inconspicuous 눈에 띄지 않는 respective 각각의 sponge 해면 동물 sea urchin 성게 sargassum 모자반 constant 일정한, 지속적인

# 실전문제 4

**음원 스크립트 및 해석**

Listen to part of a talk in an architecture class.

So, let's take a look at some of the key principles of interior design for homes and workplaces here in the United Kingdom. For designs to be effective, they need to strike a fine balance between two principles: contrast works effectively, but you also still need unity, as too much contrast can work against you. I realize this seems a bit contradictory, so let me explain why they're both effective and necessary in interior design. First, let's think about the principle of contrast. Contrast is useful in breaking up uniformity in designs, but it should be used carefully and smartly. In the case of colors, to create contrast, you need to make some bold choices and use some surprising colors. Like, uh, for example, you could hang bright yellow curtains next to your dark blue walls. Contrast can make certain colors look better. And when used wisely, it really makes the features of a room stand out.

Right, okay, but too much contrast can look terrible. Don't forget that it's important to find a balance of unity and contrast. A room based only on contrast will often look confusing and unattractive! So, the second principle, unity, needs to be incorporated, too. The best way to achieve this is by using consistent elements, such as matching colors, and using them in various places around a room. You might want to choose brown, then have a dark brown couch and armchairs, with a darker shade of brown for the rug, and a lighter shade of brown on the walls. This gives the room a unified feel, which makes it appear welcoming and comforting. But take care! Too much unity can also backfire, just like too much contrast can. If all the elements of the room are too similar, it will make the room feel bland and uninteresting.

건축학 수업의 강의 일부를 들어보시오.

자, 이곳 영국 내 주택 및 직장의 실내 디자인 핵심 원리 몇 가지를 한번 살펴보겠습니다. 디자인이 효과적이기 위해서는, 두 가지 원리 사이에서 균형을 잘 유지해야 하는데, 대비가 효과적으로 작용하긴 하지만, 여전히 통일성도 필요한데, 과도한 대비는 역효과를 낼 수 있기 때문입니다. 이 말이 다소 모순적이라는 것을 알기 때문에, 왜 이 두 가지가 모두 실내 디자인에 있어서 효과적이고 필수적인지 설명해보겠습니다. 첫 번째로, 대비의 원리를 생각해보겠습니다. 대비는 디자인의 획일성을 깨트리는 데 유용하지만, 신중하게 그리고 현명하게 활용해야 합니다. 색상의 경우에 있어, 대비를 만들어 내려면, 몇몇 과감한 선택을 해서 몇 가지 놀라운 색상을 이용해야 합니다. 그러니까, 음, 예를 들어, 검푸른 색으로 된 벽 옆에 샛노란 커튼을 달아 놓을 수 있습니다. 대비는 특정 색상을 더 좋아 보이게 만들 수 있습니다. 그리고 현명하게 이용하면, 방 안의 특징들을 정말로 두드러져 보이게 만들어줍니다.

네, 자, 하지만 과도한 대비는 끔찍해 보일 수 있습니다. 통일성과 대비의 균형을 찾는 것이 중요하다는 사실을 잊지 마십시오. 오직 대비에만 바탕을 둔 방은 흔히 혼란스럽고 매력적이지 못하게 보입니다! 따라서, 두 번째 원리인 통일성이 함께 포함되어야 합니다. 이것을 이뤄낼 수 있는 가장 좋은 방법은 어울리는 색상 같은 일관된 요소들을 이용해 방 곳곳의 다양한 위치에 활용하는 것입니다. 갈색을 선택하시는 경우, 짙은 갈색 소파와 안락의자를, 더 짙은 색조의 갈색으로 된 양탄자 및 더 밝은 색조의 갈색으로 된 벽과 함께 놓으시면 좋을 수도 있습니다. 이는 그 방에 통일된 느낌을 주게 되어, 안락하고 편안해 보이게 만들어 줍니다. 하지만 주의하십시오! 과도한 통일성도 마치 과도한 대비가 그럴 수 있듯이 역효과를 낳을 수 있습니다. 방 안의 모든 요소가 너무 유사하면, 그 방을 단조롭고 흥미롭지 못한 느낌이 들게 만들 것입니다.

강의에 제시되는 요점과 예시를 활용해, 대비와 통일성의 원리 및 왜 그것들이 효과적인 실내 디자인에 필수적인지 설명하시오.

## 주제(전공) / 강의 예시 종류

효과적인 실내 디자인(건축학) / 원리들(principles)

## 노트테이킹

[주제]

principles of contrast and unity - effective interior design

효과적인 실내 디자인을 위한 대비와 통일성의 원리

[소주제1]

contrast        대비

[포인트]

useful - break - uniform- / careful

대비 - 획일성 깨트리는 데 유용함 / 신중하게

[예시]

colors - bold choice        색감 - 과감한 선택

hang yellow curtains - dark blue walls / color - look better

샛노란 커튼 달기 - 검푸른 벽 / 색이 더 좋아보이게 만듦

wisely - make - room stand out

현명하게 - 방을 두드러져 보이게 만듦

BUT too much - terrible / find balance

과도한 대비는 끔찍해보임 / 균형을 찾아야 함

[소주제2]

unity       통일성

[포인트]

use - consistent ele- / matching colors

일관적인 요소를 이용 / 어울리는 색상 이용

[예시]

brown couch - armchair / brown for rug & light walls

갈색 소파 - 안락의자 / 갈색 양탄자 & 밝은 갈색 벽

give - unified feel / welcoming & comforting

통일된 느낌을 제공 / 안락 & 편안함

BUT Too much - too similar - feel uninteresting

하지만 지나치게 같을 경우 흥미롭지 못한 느낌

[주제 소개]    In the lecture, the professor explains effective interior designs with contrast and unity.

[구조 제시]    And the professor gives examples to explain the principles of contrast and unity.

[소주제1]    The first strategy is contrast.

[포인트]    It breaks up uniformity in a careful way.

[예시]    For example, you can use yellow curtains with blue walls.

[세부사항]    This makes certain colors look better and makes the room stand out. But too much contrast can look terrible.

[소주제2]    The second strategy is unity.

[포인트]    You can use consistent elements such as matching colors.

[예시]    For example, you can have dark brown armchairs and a brown rug and walls.

[세부사항]    This gives welcoming and comforting feelings. But too much unity would make the room uninteresting.

[마무리]    These are the principles of contrast and unity.

-----

[주제 소개]    강의에서, 교수는 대비와 통일성을 통해 효과적인 실내 디자인을 설명한다.

[구조 제시]    그리고 교수는 대비와 통일성의 원리를 설명하기 위해 예시를 든다.

[소주제1]    첫 번째 전략은 대비이다.

[포인트]    이것은 획일성을 세심한 방식으로 깬다.

[예시]    예를 들면, 파란 벽에 노란 커튼을 달 수 있다.

[세부사항]    이것은 특정 색상을 더 나아 보이게 만들고 방을 두드러지게 한다. 그러나 과한 대비는 형편없어 보일 수도 있다.

[소주제2]    두 번째 전략은 통일성이다.

[포인트]    서로 어울리는 색상들과 같은 일관된 요소를 이용할 수 있다.

[예시]    예를 들어, 어두운 갈색 안락의자들과 갈색 양탄자 벽들을 둘 수 있다.

[세부사항]    이는 안락하고 편안한 느낌을 준다. 그러나 과한 통일성은 방을 시시하게 만들 수 있다.

[마무리]    이것이 대비와 통일성의 원리이다.

## 어휘

principle 원리, 원칙  contrast 대비, 대조  unity 통일(성)  strike a fine balance 균형을 잘 유지하다  work against ~에게 역효과를 내다  contradictory 모순적인  uniformity 획일성, 균일성  make a bold choice 과감한 선택을 하다  feature 특징  based on ~에 바탕을 둔  incorporate ~을 통일하다  consistent 일관된  element 요소  matching 어울리는  shade 색조  unified 통일된  welcoming 안락한, 마음을 끄는  comforting 편안하게 하는, 위안을 주는  backfire 역효과를 내다  bland 단조로운

# 실전문제 5

Listen to part of a lecture in a history class.

So, we've covered a few factors that influenced the economy of the United States. Now, let's look at one of the most important ones of all: railroads. The expansion of the US railroad system drastically changed the way that business was conducted throughout the country.

For a start, the construction of new railroads made it possible to build factories in more diverse and remote locations. Most factory machinery required natural resources like coal, so prior to the railroad expansion, factories had to be built in close proximity to natural sources of coal. As the rail network expanded, however, there were fewer limitations to where factories could be built, because shipments of coal could easily be transported to factories by train. In the southern US, for example, naturally occurring coal was in very short supply, so hardly any factories were built there. But, the region saw a surge in factories once railroad lines were built in the south, because coal could be shipped in to power their machines.

Railroad expansion also allowed businesses to reach new customers all across the country, because they could easily transport merchandise by train. To give you an example, there was a large company that manufactured men's watches. When the company was established in Boston, long before the expansion of the rail system, it was only able to sell its products to those living in or around the city. But, when the rail network expanded westward, the company began loading its watches onto trains so that they could be sold all over the country.

역사학 수업의 강의 일부를 들어보시오.

자, 미국 경제에 영향을 미친 몇 가지 요인들을 다뤄봤습니다. 이제, 무엇보다 가장 중요한 것들 중의 하나인 철도를 살펴보겠습니다. 미국 철도 시스템의 확장은 전국에 걸쳐 비즈니스가 이뤄지는 방식을 급격히 바꿔 놓았습니다.

우선, 새로운 철로 건설로 인해 더욱 다양하고 멀리 떨어진 곳에 공장을 짓는 것이 가능하게 되었습니다. 대부분의 공장 기계가 석탄 같은 천연 자원을 필요로 했기 때문에, 철도 확장 이전에는, 공장이 석탄의 천연 원산지와 아주 가까운 곳에 지어져야 했습니다. 하지만, 철도망이 확장되면서, 공장을 지을 수 있는 장소에 대한 제한이 더 줄어들었는데, 수송되는 석탄이 기차로 쉽게 공장까지 옮겨질 수 있었기 때문이었습니다. 예를 들어, 미국 남부 지역에서는, 자연적으로 생겨나는 석탄의 공급량이 매우 부족한 상태였기 때문에, 그곳에 지어지는 공장이 거의 없었습니다. 하지만, 이 지역은 남부에 철도 노선이 만들어지자마자 공장이 급증했는데, 기계에 동력을 공급하도록 석탄을 실어 나를 수 있었기 때문이었습니다.

철도 확장은 또한 회사들이 전국 각지에 있는 신규 고객들에게 다가갈 수 있게 해주었는데, 기차로 쉽게 상품을 옮길 수 있었기 때문이었습니다. 그 예를 한 가지 들어보자면, 남성 시계를 제조했던 한 회사가 있었습니다. 이 회사가 철도 시스템이 확장되기 오래 전에 보스턴에 설립되었을 때, 오직 그 도시 내에서 또는 주변에 사는 사람들에게만 제품을 판매할 수 있었습니다. 하지만, 철도망이 서부로 확장되었을 때, 이 회사는 기차에 회사의 시계를 싣기 시작해 그 시계가 전국 각지에서 판매될 수 있었습니다.

강의에 제시되는 예시를 활용해, 철도 시스템이 미국의 비즈니스를 바꿔 놓은 두 가지 방식을 설명하시오.

미국의 철도 시스템(역사학) / 방법들(ways)

[주제]

two ways the railroad system changed business in the United States

미국의 비즈니스를 바꾼 철도 시스템의 두 가지 방법

[소주제1]

made possi- build fac- diverse locations          가능하게 함 - 공장을 짓는 것 - 다양한 지역

[예시]

most fact - req coal - had to be built - close natu- resour          대부분 공장 - 석탄 필요 - 지어야 - 천연 원산지 가까이

as network expand- fewer limit- fac- built          철도망 확장되며 제한 줄어듦 - 공장 건설에

shipment - easy transport- by train          수송 - 기차로 쉽게 운송됨

railroad line - built - coal - ship- - power machines          철도 노선 지어지고 - 기계 동력 공급을 위해 석탄 운반됨

[소주제2]

reach new customers - easily transport merchan- train          신규 고객 다가가기 - 기차로 상품을 쉽게 옮김

[예시]

large com- manuf- watches          시계 제조하는 큰 회사

only able - sell prod- living in or around city          오직 그 도시 내 또는 주변에서만 판매 가능

BUT expanded - began load - could be sold - over country          그러나 확장 후 시계를 싣고 전국 판매 가능

**모범 답변**

| | |
|---|---|
| [주제 소개] | The professor explains two ways the railroad system changed business in the United States in the lecture. |
| [구조 제시] | And the professor gives examples to explain each way. |
| [소주제1] | The first change was that factories could be built in diverse locations. |
| [예시] | Many factories using coal, for example, had to be built near natural sources. |
| [세부사항] | However, as railroad lines expanded, there were fewer limitations for factories. With the railroad, coal could be shipped by train. |
| [소주제2] | The second change was that businesses could reach new customers. |
| [예시] | For example, a watch company that was in Boston had to sell their products to people around the city. |
| [세부사항] | However, when the rail network expanded, they could transport their watches on trains and sell them all over the country. |
| [마무리] | These are two ways the railroad system changed business in the United States. |

| | |
|---|---|
| [주제 소개] | 교수는 강의에서 철도 시스템이 미국의 비지니스를 바꾼 두 가지 방식을 설명한다. |
| [구조 제시] | 그리고 교수는 각각의 방법을 설명하기 위해 예시를 든다. |

| [소주제1] | 첫 번째 변화는 공장이 다양한 위치에 건설될 수 있었다는 것이다. |
|---|---|
| [예시] | 예를 들어, 석탄을 쓰는 많은 공장들은 천연 원산지 근처에 지어져야 했다. |
| [세부사항] | 그러나, 철도망이 확장되면서, 공장의 제약들은 줄었다. 철도를 통해, 석탄은 기차로 운반될 수 있었다. |
| [소주제2] | 두 번째 변화는 회사들이 신규 고객에게 다가갈 수 있었다는 것이다. |
| [예시] | 예를 들면, 보스턴에 위치했던 시계 회사는 그들의 제품을 그 도시 근처 사람들에게만 판매해야 했다. |
| [세부사항] | 그러나, 철도망이 확장되면서, 그들은 그들의 시계를 기차로 운송하고 전국에 판매할 수 있었다. |
| [마무리] | 이것이 철도망이 미국의 비즈니스를 바꾼 두 가지 방법이다. |

### 어휘

cover (주제 등) ~을 다루다  influence ~에 영향을 미치다  expansion 확대, 확장  drastically 급격히  in close proximity to ~와 아주 가까운 곳에  in very short supply 공급량이 매우 부족한  surge in ~의 급증, 급등

# 실전문제 6

### 음원 스크립트 및 해석

Listen to part of a lecture in an archaeology class.

So, as you know, archaeologists spend much of their time searching for artifacts from past civilizations. These things include ancient tools, pieces of fabric, and various ceramic and metal objects like vases. Archaeologists can learn a lot about past civilizations by studying these things. But how come some artifacts remain in relatively good condition for thousands of years, while others crumble into dust? Well, this difference in preservation potential largely depends on the environmental conditions in the regions where the items are located. In environments where bacteria that cause decay can't survive, artifacts are more likely to be well preserved. Now, let's examine two environmental conditions that limit or prevent bacteria growth and help to preserve archaeological artifacts.

The first one we'll discuss is lack of oxygen. Just like humans and animals, bacteria require oxygen in order to grow. As such, bacteria that don't receive oxygen will die off, and no decay will occur. It makes sense, then, that artifacts found in environments severely lacking in oxygen are typically well preserved. For instance, archaeologists investigated an ancient ship

고고학 수업의 강의 일부를 들어보시오.

자, 아시다시피, 고고학자들은 과거의 문명 사회에서 비롯된 인공 유물을 찾는 데 많은 시간을 할애합니다. 이러한 유물에 포함되는 것으로 고대의 도구, 천 조각, 그리고 꽃병 같은 다양한 도자기와 금속 물품이 있습니다. 고고학자들은 이러한 유물을 연구함으로써 과거의 문명 사회와 관련된 많은 것을 알 수 있습니다. 하지만 어째서 일부 유물들이 수천 년 동안 비교적 좋은 상태로 남아 있는 반면, 다른 것들은 산산이 부서지게 되는 걸까요? 음, 보존 잠재성에 나타나는 이러한 차이는 해당 물품이 위치해 있는 지역의 환경 조건에 의해 크게 좌우됩니다. 부패를 초래하는 박테리아가 생존할 수 없는 환경에서는, 인공 유물이 잘 보존될 가능성이 더 큽니다. 이제, 박테리아의 성장을 제한하거나 방지해 고고학적 인공 유물을 보존하는 데 도움이 되는 두 가지 환경 조건을 살펴보겠습니다.

우리가 이야기할 첫 번째는 산소의 부족입니다. 인간 및 동물과 마찬가지로, 박테리아도 성장하려면 산소가 필요합니다. 따라서, 산소를 얻지 못하는 박테리아는 죽어 없어지게 되며, 부패가 일어나지 않습니다. 그래서, 산소가 대단히 부족한 환경에서 발견되는 인공 유물이 일반적으로 잘 보존되는 게 당연한 일입니다. 예를 들어, 고고학자들이 지중해 바닥의 진흙과 모래 속으로 가라앉은 고대의 한 선박을 조사한 바 있습니다. 내부에서 이 학자들은 주변의 환경 조건으로 인해 놀랄 만큼 좋은 상태로 존재해 있던 고대의 도자기 그릇들을 무더기로 발견했습니다.

that had sunk into the mud and sand at the bottom of the Mediterranean Sea. Inside they uncovered a collection of ancient ceramic pots that were in remarkably good condition due to the environmental conditions around them.

Another environmental condition that helps preserve artifacts by inhibiting bacterial growth is lack of moisture. Decay-causing bacteria cannot grow in arid environments, so artifacts decay at a much slower rate when little or no moisture is present. This is why some of the most well-preserved archaeological artifacts are found in arid environments such as the deserts of Egypt. In the desert tombs of Egypt, archaeologists have found paintings and pottery dating back more than two thousand years, and their colors and materials are still in virtually perfect condition.

박테리아의 성장을 억제함으로써 인공 유물을 보존하는 데 도움을 주는 또 다른 환경 조건은 습기의 부족입니다. 부패를 초래하는 박테리아는 건조한 환경에서 성장할 수 없기 때문에, 습기가 거의 없거나 아예 없는 경우에는 인공 유물이 훨씬 더 느린 속도로 부패합니다. 이것이 바로 일부 가장 잘 보존된 고고학적 인공 유물이 이집트의 사막 같은 건조한 환경에서 발견되는 이유입니다. 이집트의 사막 무덤들 내부에서, 고고학자들은 2천 년도 넘는 더 이전의 과거로 거슬러 올라가는 그림과 도자기를 발견했으며, 그 색과 재료는 사실상 여전히 완벽한 상태입니다.

## 문제 해석

강의에 제시되는 요점과 예시를 활용해, 고고학적 인공 유물을 보존하는 데 도움이 되는 두 가지 환경 조건을 설명하시오.

## 주제(전공) / 강의 예시 종류

고고학적 인공 유물 보존(고고학) / 조건들(conditions)

## 노트테이킹

[주제]

two environmental conditions that help preserve archaeological artifacts
고고학적 인공 유물을 보존하는 데 도움이 되는 두 가지 환경 조건

[소주제1]

lack of oxygen - bacteria - req- oxy -        산소의 부족 - 박테리아는 산소가 필요함

[포인트]

X receive - die off / X decay        산소를 받지 못하면 죽게 되고 부패가 일어나지 않음

[예시]

archae- invest- ancient ship - into mud & sand
고고학자들 조사함 - 고대 선박 - 진흙과 모래

uncover- ancient pots - good condition - due to envir- condi-
발견 고대 도자기 그릇 - 좋은 상태 - 주변의 환경 조건으로 인해

[소주제2]

lack of moisture        습기의 부족

Decay-causing Bac- X grow - arid env- - decay slow

부패를 초래하는 박테리아가 자랄 수 없음 - 건조한 환경 - 더 느린 속도로 부패

[예시]

well-pres- artifacts - found arid - desert EGYPT

잘 보존된 인공 유물 - 건조한 환경에서 발견됨 - 이집트 사막

in tombs - found paintings & pottery - back 2000 years

무덤 내 - 그림과 도자기를 발견함 - 2천 년이 넘는

colors & mater- perfect condi-      색과 재료 완벽한 상태

### 모범 답변

| | |
|---|---|
| [주제 소개] | The professor explains two environmental conditions that help preserve archaeological artifacts in this lecture. |
| [구조 제시] | And the professor gives two examples to explain the environmental conditions. |
| [소주제1] | The first condition is a lack of oxygen. |
| [포인트] | If there is no oxygen, bacteria will die off. |
| [예시] | For example, an ancient ship under mud and sand at the bottom of the sea was well preserved. |
| [세부사항] | Since it was in an environment lacking in oxygen, some pots were found in good condition. |
| [소주제2] | The second condition is a lack of moisture. |
| [포인트] | Bacteria cannot grow without moisture. |
| [예시] | For example, well-preserved artifacts are found in Egypt because of its dry environment. |
| [세부사항] | Paintings and pottery were found in perfect condition because of the arid environment. |
| [마무리] | These are two conditions that help preserve archaeological artifacts. |

| | |
|---|---|
| [주제 소개] | 교수는 강의에서 고고학적 인공 유물을 보존하는 데 도움이 되는 두 가지 환경 조건을 설명한다. |
| [구조 제시] | 그리고 교수는 이 환경 조건들을 설명하기 위해 두 가지 예시를 든다. |
| [소주제1] | 첫 번째 조건은 산소의 부족이다. |
| [포인트] | 만약 산소가 없다면, 박테리아는 죽을 것이다. |
| [예시] | 예를 들어, 바다 아래의 진흙과 모래에 묻혔던 고대의 선박은 잘 보존되었다. |
| [세부사항] | 그 선박이 산소가 부족한 환경에 있었기 때문에, 어떤 그릇은 좋은 상태로 발견되었다. |
| [소주제2] | 두 번째 조건은 습기의 부족이다. |
| [포인트] | 박테리아는 습기 없이 자랄 수 없다. |
| [예시] | 예를 들어, 잘 보존된 인공 유물이 이집트에서 발견되었는데 건조한 환경 덕분이었다. |
| [세부사항] | 그림과 도자기가 매우 건조한 환경으로 인해 완벽한 상태로 발견되었다. |
| [마무리] | 이것이 고고학적 인공 유물을 보존하는 데 도움이 되는 두 가지 조건이다. |

## 어휘

archaeological 고고학적인, 고고학의  artifact 인공 유물 civilization 문명 (사회) crumble into dust 산산이 부서지다 potential 잠재성 depend on ~에 좌우되다, ~에 달려 있다 decay n. 부패 v. 부패하다 lack n. 부족 v. ~이 부족하다 it makes sense that ~라는 점이 당연하다, 말이 되다 investigate ~을 조사하다 uncover ~을 발견하다 inhibit ~을 억제하다 arid 건조한 date back + 기간 ~의 기간만큼 과거로 거슬러 올라가다

# 실전문제 7

**음원 스크립트 및 해석**

Listen to part of a lecture in an architecture class.

Last week, we discussed some key architecture designs in residential buildings, but now I'd like to focus on the ways that climate influences building design. You see, designing a home in a city with temperate weather is much different from designing a home in an environment with a more extreme climate. For instance, desert homes must be suited to high temperatures and sandstorms, while homes in the mountains must be able to withstand low temperatures and heavy snow.

Using concepts initially created by Native American Indians, architects in the United States are incorporating modern technology to design traditional homes that are suited to the desert climate. Desert homes typically include several features designed to maintain a comfortable temperature. External overhangs help to keep the interior cool, and roofs are typically built from tile or metal roofing to provide further temperature control. Interior ceilings are normally quite high, as this helps to capture and disperse heat. When it comes to building materials, desert homes are normally made of stone and adobe, because they also help to keep the interior temperature cool and can withstand the extreme desert sandstorms, unlike wood. Tinted floor-to-ceiling windows are often installed to further protect the interior from heat and sunlight.

But what about homes that are built in mountainous regions that receive heavy snowfall? Well, one of the most important design features is the roof angle. An angled roof is structurally

건축학 수업의 강의 일부를 들어보시오.

지난 주에, 우리는 주거용 건물의 몇몇 핵심적인 건축 디자인을 이야기했는데, 이제 기후가 건물 디자인에 영향을 미치는 방법에 초점을 맞춰 보고자 합니다. 그러니까, 날씨가 온화한 도시에서 집을 설계하는 것과 기후가 더 극심한 환경에서 집을 설계하는 것은 큰 차이가 있습니다. 예를 들어, 사막에 있는 집은 반드시 높은 기온과 모래 폭풍에 적합해야 하는 반면, 산악 지대에 있는 집은 반드시 낮은 기온과 폭설을 견딜 수 있어야 합니다.

아메리카 인디언 원주민들이 처음 만든 개념을 활용하면서, 미국의 건축가들은 현대적인 기법을 포함해 사막 기후에 적합한 전통 주택을 설계하고 있습니다. 사막에 있는 집들은 일반적으로 쾌적한 온도를 유지하기 위해 고안된 여러 가지 특징을 포함합니다. 외부의 돌출부는 실내를 시원하게 유지하는 데 도움이 되고, 지붕은 추가적인 온도 조절을 제공하기 위해 일반적으로 타일 또는 금속으로 된 지붕 재료로 만들어집니다. 실내 천장은 보통 상당히 높은데, 이것이 열을 붙잡아 분산시키는 데 도움이 되기 때문입니다. 건축 자재와 관련해서는, 사막에 있는 집은 보통 돌과 어도비 점토로 만들어지는데, 이것들 또한 나무와 달리 실내 온도를 시원하게 유지하는 데 도움이 되면서 극심한 사막 모래 폭풍을 견딜 수 있기 때문입니다. 바닥에서 천장까지 이어지는 색 처리된 창문이 열과 햇빛으로부터 실내를 한층 더 보호하기 위해 흔히 설치됩니다.

하지만 폭설이 내리는 산악 지역에 지어지는 집은 어떨까요? 음, 가장 중요한 디자인 특징들 중 하나는 지붕 각도입니다. 경사진 지붕이 수평 지붕보다 구조적으로 더 튼튼하며, 더 많은 양의 눈을 견딜 수 있습니다. 실제로, 수평 지붕은 눈이 그 위에 남아 축적되면 붕괴될 가능성이 높습니다. 또한, 얼고 녹는 과정이 지속되는 전형적인 겨울 기간 중에는, 경사진 지붕으로 인해 녹는 눈이 아래로 이동해 지붕에서 떨어지게 됩니다. 수평 지붕에서는, 녹는 눈이 그저 지붕 위에서 물웅덩이를 형성하고 얼어붙으면서, 지붕에 더 많은 압박을 가하게 되는 훨씬 더 무거운 얼음 덩어리를 만듭니다. 따라서, 눈이 많이 내리는 지역에서 주택을 설계하는 건축가들은 반드시 지붕이 최소 10도의 경사를 이루는 경사면으로 되도록 해야 합니다. 또한 눈을 더욱 효율적으로 떨어뜨리는 데 도움이 되는 특정

stronger than a flat roof and can handle greater loads of snow. In fact, flat roofs are very likely to collapse if snow is left to accumulate on them. Also, during the constant freezing and thawing of a typical winter, an angled roof allows the melting snow to move down and off the roof. On a flat roof, the melting snow just forms into a puddle on the roof and freezes, creating an even heavier block of ice that adds more stress to the roof. So, architects designing houses in snowy regions make sure that the roofs have a slope of at least a 10-degree pitch. They also carefully choose specific roof materials that help roofs to shed snow more efficiently. Metal is by far the best roofing material, because it has very little resistance, and dark colors work best to speed up the melting of snow. When the sun warms up a metal roofing sheet, the snow will just slide right off. The problem with other roofing materials is that they usually come in small sections that need to overlap one another. This provides more resistance, preventing snow from being shed and increasing the chance that it will thaw and refreeze on the roof.

지붕용 자재도 신중히 선택합니다. 금속이 단연코 최고의 지붕용 자재인데, 저항력이 아주 적고 어두운 색이 눈을 녹이는 속도를 높이는 데 최고의 효과를 내기 때문입니다. 태양이 금속 지붕 판을 따뜻하게 데우면, 눈이 바로 미끄러져 내려갑니다. 다른 지붕용 자재가 지닌 문제는 일반적으로 서로 겹쳐져야 하는 작은 부분들을 포함한다는 점입니다. 이는 더 많은 저항력을 제공하게 되어, 눈이 떨어지는 것을 막고 지붕에서 녹았다가 다시 얼게 될 가능성을 높입니다.

### 문제 해석

강의에 제시되는 예시를 활용해, 기후가 주거용 건물 디자인에 영향을 미치는 방법들에 대해 설명하시오.

### 주제(전공) / 강의 예시 종류

기후에 맞는 건축 기법(건축학) / 방법들(ways)

### 노트테이킹

[주제]
two ways to change home design according to the climate
기후에 따라 주거용 건물 디자인에 변화를 주는 두 가지 방법

[소주제1]
desert climate - include - feature - maint- comfor- temp-
사막에 있는 집 - 쾌적한 온도를 유지하기 위한 특징을 포함
[예시]
external overhangs - keep int- cool        외부의 돌출부 - 실내 시원하게 유지함

interior ceiling - high - help capture & disperse heat       실내 천장 높음 - 열을 붙잡고 분산시키는 데 도움을 줌

materials - stone - help keep temp- cool       건축 자재 - 돌을 사용 - 실내 온도 시원하게 유지

withstand sandstorm X wood       모래 폭풍 견딤 - 나무와는 다르게

window - install- - protect from heat       창문 설치됨 - 열로부터 보호

[소주제2]

mountain - heavy snowfall - roof angle       폭설이 내리는 산악 지역 - 지붕 각도

[예시]

angled roof - stronger - flat - handle snow       경사진 지붕 - 수평 지붕보다 강함 - 눈 견딤

allow snow - move down       녹는 눈 - 아래로 이동하여 떨어짐

metal = best- little resist-       금속 = 최고 자재 - 저항력이 적음

dark color - speed up - melt       어두운 색이 눈을 녹이는 속도를 높임

when sun warm - snow - slide off       해가 판을 데움 - 눈이 녹아서 흘러내림

---

**모범 답변**

| | |
|---|---|
| [주제 소개] | The professor explains two ways to change home design according to the climate in this lecture. |
| [구조 제시] | And the professor gives two examples to explain each way. |
| [소주제1] | The first case is a desert climate. |
| [예시] | Desert homes have features such as high ceilings and building materials such as stones. |
| [세부사항] | These help to keep the temperature inside the building cool and protect the house from heat and sunlight. |
| [소주제2] | The second case is a climate with heavy snow. |
| [예시] | The roof angle is one of the most important features. |
| [세부사항] | Unlike flat roofs, angled roofs are stronger. And they can make snow move down and off the roof. Moreover, a metal roof is less resistant, and snow can slide off if the sun warms it up. |
| [마무리] | These are two ways to change home design according to the climate. |

---

| | |
|---|---|
| [주제 소개] | 교수는 강의에서 기후에 따라 바꿀 수 있는 집 디자인 방식 두 가지를 설명한다. |
| [구조 제시] | 그리고 교수는 각 방식을 설명하기 위해 두 가지 예시를 든다. |
| [소주제1] | 첫 번째 경우는 사막 기후이다. |
| [예시] | 사막에 있는 집은 높은 천장, 돌과 같은 건축 자재 등의 특징을 가진다. |
| [세부사항] | 이것들은 건물 내부 온도를 시원하게 유지하고, 열과 햇빛으로부터 집을 보호하는 데 도움을 준다. |
| [소주제2] | 두 번째 경우는 폭설이 내리는 기후이다. |
| [예시] | 지붕 각도는 가장 중요한 특징들 중 하나이다. |

| [세부사항] | 수평 지붕들과는 달리, 경사진 지붕들은 더 튼튼하다. 그리고 경사진 지붕은 눈이 흘러내려 지붕에서 떨어지게 할 수 있다. 게다가, 금속 지붕은 저항력이 적고, 햇빛이 금속 판을 데우면, 눈이 녹아 떨어질 수 있다. |
|---|---|
| [마무리] | 이것이 기후에 따라 집 디자인을 바꾸는 두 가지 방법이다. |

## 어휘

be suited to ~에 적합하다  withstand ~을 견디다  incorporate ~을 포함하다  feature 특징  overhang 돌출부  roofing 지붕 재료  disperse ~을 분산시키다  when it comes to ~와 관련해서는  adobe 어도비 점토(짚과 섞어 벽돌을 만드는 데 사용)  tinted 색 처리가 된  collapse 붕괴되다  accumulate 축적되다, 쌓이다  thawing 녹음, 융해, 해동  puddle 물웅덩이  make sure that 반드시 ~하도록 하다, ~하는 것을 확실히 하다  slope 경사면  pitch (지붕의) 경사  shed ~을 떨어지게 하다  by far 단연코  resistance 저항(력)  slide off 미끄러져 떨어지다  overlap ~을 겹치다, 포개다

# 실전문제 8

## 음원 스크립트 및 해석

Listen to part of a lecture in an environment class.

So, as we discussed in our last class, we are very lucky to have such beautiful national parks and other natural spaces for recreation. I'm sure most of us enjoy some hiking, biking, and boating in our beautiful local environment. Not only are these places incredibly scenic, but many of them are also important wildlife preserves, too. The unfortunate thing is that when too many people visit a wildlife preserve for recreation purposes, the local plants and animals can be negatively affected. So, what can be done to reduce the harm caused to the wildlife in such preserves, without stopping people from coming to enjoy the scenery? In other words, how do we limit the recreational impact people have on the environment? Well, let's discuss two potential solutions.

One thing that a wildlife preserve could do to limit recreational impact is to impose rules designed to reduce the number of visitors permitted to access the area, which in turn will result in less damage to the local environment. This can be accomplished by making the wildlife preserve less accessible to visitors. For instance, the preserve can set a rule that requires visitors to join an organized guided tour, and prohibit them from entering the preserve without a guide. This would result in a drastic decrease in the number of visitors, without taking

환경학 수업의 강의 일부를 들어보시오.

자, 지난 번 수업에서 이야기한 바와 같이, 우리는 여가 생활을 할 수 있는 아주 아름다운 국립공원과 다른 자연 공간들이 있어 아주 운이 좋습니다. 분명 우리 대부분이 아름다운 지역 환경 속에서 등산과 자전거 타기, 그리고 보트 타기를 즐기고 있습니다. 이런 곳들은 믿을 수 없을 정도로 경치가 좋을 뿐만 아니라, 많은 곳들이 중요한 야생 동물 보호 구역이기도 합니다. 안타까운 점은, 너무 많은 사람들이 여가 생활을 목적으로 야생 동물 보호 구역을 방문하는 경우, 지역의 식물과 동물들이 부정적으로 영향 받을 수 있다는 사실입니다. 그럼, 그런 보호 구역에서 경치를 즐기러 오는 사람들을 막지 않고 야생 동물에게 초래되는 피해를 줄이기 위해 무엇을 할 수 있을까요? 다시 말해서, 여가 활동으로 인해 사람들이 환경에 미치는 영향을 어떻게 제한해야 할까요? 음, 두 가지 잠재적인 해결책을 이야기해 보겠습니다.

여가 활동으로 인한 영향을 제한하기 위해 야생 동물 보호 구역에서 할 수 있는 한 가지는 해당 구역에 출입하도록 허용되는 방문객 숫자를 줄이기 위한 규칙들을 고안해 도입하는 것이며, 이는 결과적으로 지역 환경에 대한 피해를 덜 초래하게 될 것입니다. 이는 야생 동물 보호 구역에 대한 방문객들의 접근 가능성을 줄이는 방법으로 이룰 수 있습니다. 예를 들어, 보호 구역에서 체계적인 가이드 동반 투어에 참여하도록 방문객들에게 요청하고, 가이드 없이는 보호 구역에 출입하는 것을 금지하는 규정을 만들 수 있습니다. 이는 사람들이 자연 경관을 즐길 기회를 빼앗지 않으면서 방문객 숫자의 급격한 감소로 이어지는 결과를 낳을 것입니다.

away the opportunity for people to enjoy the natural scenery.

Another way to lessen the impact is to make changes to the environment in order to make it less susceptible to damage from large numbers of visitors. Human-made modifications to the environment could significantly reduce the amount of physical contact visitors have with the features of the preserve that are most vulnerable to damage. One example would be the walking trails in a wildlife preserve. Visitors use these trails a lot, and they accidentally trample plants and break branches of nearby trees. The preserve could create new trails that go around delicate areas, or install raised walkways over regions of thick, vulnerable vegetation, reducing the damage caused by visitors.

그 영향을 줄일 수 있는 또 다른 방법은 많은 방문객 숫자로 인한 피해에 덜 취약하도록 만들기 위해 환경을 변화시키는 것입니다. 사람이 만드는 환경 개조는 보호 구역에서 피해에 가장 취약한 특징들에 대한 방문객들의 물리적 접촉 수준을 상당히 줄여줄 수 있습니다. 그 한 가지 예시가 야생 동물 보호 구역 내의 산책로일 것입니다. 방문객들이 이 산책로를 많이 이용하고 있는데, 실수로 식물을 짓밟기도 하고 근처에 있는 나무의 가지를 꺾기도 합니다. 보호 구역에서 세심한 주의가 필요한 구역들을 우회하는 새로운 산책로를 만들거나, 무성하고 취약한 초목이 있는 구역들 위로 지나가는 가교 이동로를 설치해 방문객들이 초래하는 피해를 줄일 수 있습니다.

## 문제 해석

강의에 제시되는 요점과 예시를 활용해, 여가 활동이 환경에 미치는 부정적인 영향을 줄일 수 있는 두 가지 방법을 설명하시오.

## 주제(전공) / 강의 예시 종류

여가 활동으로부터의 환경 보호(건축학) / 방법들(ways)

## 노트테이킹

[주제]
two ways to reduce the negative impact of recreational activities on the environment
여가 활동이 환경에 미치는 부정적인 영향을 줄일 수 있는 두 가지 방법

[소주제1]
impose rules - reduce the num- of visitors     규정 도입 - 방문자 수 줄이기
[포인트]
result in less damage - local env-     지역 환경 파괴를 줄이는 결과
[예시]
req- visitors - join org- guided tour     방문객에게 요청 - 체계적인 가이드 동반 투어
prohibit - enter - X guide     가이드 없이 구역 출입을 금지
result ↓ - num - vis- X take away opp- enjoy - natur-     방문자 수 감소로 이어짐 - 자연 즐길 기회 빼앗지 않음

[소주제2]
make changes to envi-     환경을 변화시키는 것

[포인트]
human-made modifi- reduce - physical contact     사람이 만드는 환경 개조 - 물리적인 접촉 줄임
[예시]
walking trails - use a lot     산책로 많이 이용함
create new trails - go around delicate areas     새로운 산책로 만듦 - 취약한 지역 우회
raised walkway - reduce dam-     위로 지나가는 가교 이동로 - 피해 줄임

## 모범 답변

| | |
|---|---|
| [주제 소개] | The professor explains two ways to reduce the negative impact of recreational activities on the environment. |
| [구조 제시] | And the professor gives two examples to explain each way. |
| [소주제1] | The first way is to impose rules to reduce the number of visitors. |
| [포인트] | In other words, rules can make the wildlife preserve less accessible. |
| [예시] | For example, visitors can only visit the preserve with a guide in an organized tour. |
| [세부사항] | This can decrease the number of visitors and people can still enjoy nature. |
| [소주제2] | The second way is to make changes to the environment. |
| [포인트] | This means human-made modifications that reduce the physical contact of visitors. |
| [예시] | For example, walking trails can make people go around delicate areas. |
| [세부사항] | Raised walkways can reduce the damage to the environment. |
| [마무리] | These are two ways to reduce the negative impact on the environment. |

---

| | |
|---|---|
| [주제 소개] | 교수는 여가 활동이 환경에 미치는 부정적인 영향을 줄일 두 가지 방법을 설명한다. |
| [구조 제시] | 그리고 교수는 각 방법을 설명하기 위해 두 가지 예시를 든다. |
| [소주제1] | 첫 번째 방법은 방문자 수를 줄이기 위해 규칙을 도입하는 것이다. |
| [포인트] | 다시 말해, 규칙들로 야생 동물 보호 구역 접근성을 낮출 수 있다. |
| [예시] | 예를 들면, 방문객들이 보호 구역을 체계적인 가이드 투어를 통해서만 방문할 수 있다. |
| [세부사항] | 이것은 방문객 수를 줄이면서 사람들이 여전히 자연을 즐길 수 있다. |
| [소주제2] | 두 번째 방식은 환경에 변화를 주는 것이다. |
| [포인트] | 이는 방문자들의 물리적인 접촉을 줄이는 사람이 만드는 변화를 의미한다. |
| [예시] | 예를 들면, 사람들이 취약한 구역을 우회하게 산책로를 만들 수 있다. |
| [세부사항] | 위로 지나가게 만든 가교 이동로는 환경에 대한 피해를 줄일 수 있다. |
| [마무리] | 이것이 환경에 미치는 부정적인 영향을 줄일 수 있는 두 가지 방법이다. |

어휘

**preserve** 보호 구역 **affect** ~에 영향을 미치다 **impact** 영향 **impose** ~을 도입하다, 부과하다 **in turn** 결과적으로, 결국 **result in** ~을 초래하다, ~라는 결과를 낳다 **prohibit A from -ing** A가 ~하는 것을 금지하다 **drastic** 급격한 **take away the opportunity to do** ~할 기회를 빼앗다 **lessen** ~을 줄이다, 낮추다 **susceptible to** ~에 취약한, ~ 당하기 쉬운(= vulnerable to) **modification** 개조, 변경 **feature** 특징 **trample** ~을 짓밟다 **vegetation** 초목

# 실전문제 9

음원 스크립트 및 해석

Listen to part of a lecture in a business class.

For many products, we see a predictable pattern of popularity growth, followed by a gradual decline. This is because the life cycle of most products includes an introductory period, a rise in sales, a period of steady sales, and finally, a significant drop in sales. However, smart manufacturers often find ways to keep their products relevant and popular, thereby extending the life cycle of the products and keeping sales relatively steady for much longer than anticipated. Some even manage to make their products more popular than ever, far into their life cycle. This is typically achieved through marketing strategies emphasizing new uses for products, or by shifting focus to a new target market of consumers.

One of the most successful examples of a company extending the life cycle of its products is Arm & Hammer. The company's marketing team realized that the key to keeping products popular and sparking renewed demand for them is to add new features or promote new uses for the products. When sales of the company's baking soda began to dwindle, due to its waning popularity as a cooking product, the company's marketing experts came up with countless alternative product uses. These days, its baking soda is more commonly used as a bath salt, toothpaste, cleanser, or odor neutralizer than a cooking ingredient.

Targeting new customers is another effective way to extend a product's life cycle, and perhaps even initiate a new growth phase. This is typically done by introducing a product to a new market,

경영학 수업의 강의 일부를 들어보시오.

우리는 많은 제품에서 인기의 증가 이후 점차적인 감소로 이어지는 예측 가능한 패턴을 보게 됩니다. 그 이유는 대부분의 제품이 지니는 수명 주기에 도입 기간과 판매량 증가 기간, 판매량 지속 기간, 그리고 마지막으로, 상당한 판매량 감소 기간이 포함되기 때문입니다. 하지만, 현명한 제조사들은 흔히 그들의 제품을 관련성 있고 인기 있는 상태로 유지함으로써 제품의 수명 주기를 연장해 예상보다 훨씬 더 오랫동안 비교적 꾸준한 상태로 판매량을 유지할 방법을 찾습니다. 일부 업체는 심지어 수명 주기를 오래 유지해 자사의 제품을 그 어느 때보다 더 인기 있게 만들기도 합니다. 이는 일반적으로 제품의 새로운 용도를 강조하는 마케팅 전략을 통해서, 또는 새로운 소비자 목표 시장으로 눈길을 돌리는 방법으로 이뤄집니다.

자사 제품의 수명 주기를 연장한 회사로서 가장 성공적인 예시들 중 한 곳이 '암 앤 해머'입니다. 이 회사의 마케팅 팀은 제품의 인기를 유지하고 새로운 수요를 촉발시키는 핵심이 새로운 특징을 추가하거나 제품의 새로운 용도를 홍보하는 것이라는 사실을 알게 되었습니다. 이 회사의 베이킹 소다가 요리 제품으로서의 인기가 시들면서 판매량이 줄어들기 시작했을 때, 이 회사의 마케팅 전문가들은 수 없이 많은 대체 용도를 제시했습니다. 요즘, 이곳의 베이킹 소다는 요리 재료보다 입욕제나 치약, 세정제, 또는 악취 제거제로 더 흔히 쓰이고 있습니다.

새로운 고객들을 목표로 삼는 일은 제품의 수명 주기를 연장하고, 어쩌면 새로운 성장 단계로 접어들게 해줄 수도 있는 또 다른 효과적인 방법입니다. 이는 일반적으로 새로운 시장에 제품을 소개하는 것으로 이뤄지는데, 다른 지역에서 판매하거나 새로운 소비자층을 대상으로 마케팅하는 것을 의미할 수 있습니다. 이러한 접근 방식의 장점은 제조사의 노력이 상대적으로 거의 필요치 않다는 점인데, 흔히 고객들이 새로운 트렌드를 만들어 제품이 새로운 소비자 그룹에게 인기를 얻게 되는 결과를 낳기 때문입니다. 예를 들어, 몇 년 전에 많은 시리얼 제조사들이 다이어트에 관심이 있는 소비자들을 목표로 삼기 위해 각자의 제품을 건강에 좋은 한낮의 식사 대용품으로 마케팅하기 시작했습니다. 또한, 청량 음료 같은 아주 다양한 제품들이 영화 및 텔레비전을 통해 노출되어 해외 시장에서 인기를 얻으면서, 제조사들이 새로 발견한 수요를 기회로 활용하게

| which can mean selling it in a different region, or marketing it to a new consumer demographic. The advantage of this approach is that it requires relatively little effort from the manufacturer, as customers often create new trends that result in products becoming popular with a new group of consumers. For instance, a few years ago many cereal manufacturers began marketing their products as healthy mid-day meal replacements in order to target consumers who are interested in dieting. Also, a wide variety of products, such as soft drinks, gain popularity in foreign markets due to exposure through films and television, prompting manufacturers to take advantage of newfound demand, which leads to a surge in sales and profits. | 부추기고, 이는 판매량과 수익의 급증으로 이어집니다. |
|---|---|

**문제 해석**

강의에 제시되는 요점과 예시를 활용해, 제품의 수명 주기를 연장하는 두 가지 전략을 설명하시오.

**주제(전공) / 강의 예시 종류**

제품의 수명 주기(경영학) / 전략들(strategies)

**노트테이킹**

[주제]
two strategies to extend the life cycle of the products      제품 수명 주기를 연장하는 두 가지 전략

[소주제1]
emphasize new use - renewed demand - add feature - promote
제품의 새로운 용도를 강조 - 새로운 수요 - 새로운 특징 추가 - 홍보

[예시]
- sale baking soda - dwindle - ↓ pop- cooking prod-      베이킹 소다 판매 감소 - 요리 제품 인기 감소
- come up with alternative      새로운 대체 용도 제시
- bath salt & cleanser than cooking ingre-      입욕제와 세정제 - 요리 재료보다

[소주제2]
targeting new cust-      새로운 고객 목표

[포인트]
introduc- prod- to new market / diff region - cust- creat new trend
새로운 시장에 제품을 소개 / 다른 지역 판매 - 고객이 새로운 트렌드를 만듦

[예시]

cereal manuf- makr - healthy - meal replace-        시리얼 제조사가 마케팅 - 건강에 좋은 식사 대용품

target cus- interest- diet        다이어트에 관심이 있는 고객 목표로 잡음

ALSO soft drinks - gain pop- exposure thru- film & TV        또한 청량음료 - 인기 얻음 - 영화 및 TV 노출

take adv- newfound dem- - surge- sale & profits        새로 발견한 수요 활용 - 판매량과 수익 급증

---

**모범 답변**

| | |
|---|---|
| [주제 소개] | The professor explains two strategies to extend the life cycle of products in this lecture. |
| [구조 제시] | And the professor gives some examples to explain the strategies. |
| | |
| [소주제1] | The first strategy is to renew demand and promote new uses. |
| [예시] | For example, there was one company that sold baking soda. |
| [세부사항] | When the sale of baking soda was declining, experts came up with other product uses such as using it as a cleanser. So, the product is used not only as baking soda but also for other uses. |
| | |
| [소주제2] | The second strategy is to target new customers. |
| [포인트] | This means introducing a product to a new market and creating new trends. |
| [예시] | For example, many cereal companies began marketing their products as healthy meal replacements. |
| [세부사항] | Moreover, soft drink companies expose their products on film or television to find new demand. This extends the life cycle of the products. |
| | |
| [마무리] | These are two strategies to extend the life cycle of products. |

---

| | |
|---|---|
| [주제 소개] | 교수는 강의에서 제품 수명 주기를 늘릴 두 가지 전략을 설명한다. |
| [구조 제시] | 그리고 교수는 이 전략들을 설명하기 위해 몇 가지 예시를 든다. |
| | |
| [소주제1] | 첫 번째 전략은 수요를 새로 창출하고, 새로운 용도들을 홍보하는 것이다. |
| [예시] | 예를 들면, 베이킹 소다를 판매하던 한 회사가 있었다. |
| [세부사항] | 베이킹 소다의 판매가 감소했을 때, 전문가들은 그것을 세정제로 쓰는 등 다른 용도를 생각해냈다. 그래서, 그 제품이 베이킹 소다로만 쓰이는 것이 아니라 다른 용도로도 쓰인다. |
| | |
| [소주제2] | 두 번째 전략은 새로운 고객을 공략하는 것이다. |
| [포인트] | 이는 새로운 시장에 제품을 소개하고, 새로운 트렌드를 만들어내는 것을 의미한다. |
| [예시] | 예를 들면, 많은 시리얼 회사들은 건강한 식사 대용품으로 그들의 제품을 마케팅하기 시작했다. |
| [세부사항] | 게다가, 청량음료 회사들은 새로운 수요를 찾고자 그들의 제품을 영화나 텔레비전에 노출시킨다. 이것이 제품 수명 주기를 늘린다. |
| | |
| [마무리] | 이것이 제품 수명 주기를 늘리는 두 가지 전략이다. |

**어휘**

predictable 예측 가능한 followed by A A가 뒤에 이어지는 gradual 점차적인 decline 감소, 하락 significant 상당한, 많은 relevant 관련 있는 extend ~을 연장하다 relatively 비교적, 상대적으로 than anticipated 예상보다, 기대보다 than ever 그 어느 때보다 strategy 전략 emphasize ~을 강조하다 shift focus to ~로 눈길을 돌리다 spark ~을 촉발시키다 renewed 새로워진 feature 특징 dwindle (점점) 줄어들다 waning 시드는, 줄어드는 come up with ~을 제시하다, 내놓다 neutralizer 중화시키는 것, 상쇄시키는 것 initiate ~을 시작하다, ~에 착수하다 phase 단계 consumer demographic 소비자층 result in ~의 결과를 낳다, ~을 초래하다 replacement 대체(물) exposure 노출 prompt A to do A가 ~하도록 만들다, 촉구하다 take advantage of ~을 활용하다, 이용하다 surge in ~의 급증

# 실전문제 10

**음원 스크립트 및 해석**

Listen to part of a lecture in a biology class.

It is essential that all animals are equipped with the means to survive in their respective habitats. One of the key characteristics necessary for survival is speed. Animals that can move swiftly have a better chance of evading predators and catching prey.

Now, let's talk about some adaptations that animals develop that allow them to move at high speeds. One of the most common adaptations is the development of specialized feet, or hooves, that enable animals to sprint for prolonged periods over the terrain. For example, the pronghorn, which is the second-fastest land animal in the world, has two long, cushioned, pointed toes on each hoof. These have evolved in such a manner that they are capable of absorbing large amounts of shock when the animal is running at high speeds.

Another adaptation that allows animals to run at high speeds is the enlargement of various internal organs. An animal capable of running fast typically has a larger windpipe, heart, and lungs. Looking again at the pronghorn, this is particularly true in its case. The pronghorn's breathing organs are very large relative to its overall body size, and this allows it to breathe in massive quantities of air while running.

생물학 수업의 강의 일부를 들어보시오.

모든 동물은 필수적으로 각자의 서식지에서 생존하기 위한 수단을 갖추고 있습니다. 생존에 필요한 핵심적인 특징들 중의 하나가 바로 속도입니다. 신속하게 이동할 수 있는 동물은 포식자를 피하고 먹이를 잡을 가능성이 더 높습니다.

이제, 동물들이 빠른 속도로 이동하기 위해 발달시키는 몇몇 적응 방법에 관해 이야기해 보겠습니다. 가장 흔한 적응 방법들 중의 하나는 특화된 발, 즉 발굽을 발달시키는 것인데, 이는 동물들이 지역 내에 걸쳐 오랜 기간 전력 질주할 수 있게 해줍니다. 예를 들어, 전 세계에서 두 번째로 가장 빠른 육상 동물인 가지뿔영양은 각 발굽에 두 개의 길고 완충 작용을 하는 뾰족한 발가락을 지니고 있습니다. 이 발가락들은 이 동물이 빠른 속도로 달릴 때 많은 충격을 흡수할 수 있는 방식으로 진화되어 왔습니다.

동물이 빠른 속도로 달릴 수 있게 해주는 또 다른 적응 방법은 여러 신체 장기의 크기 확대입니다. 빠르게 달릴 수 있는 동물은 일반적으로 더 큰 기도와 심장, 그리고 폐를 지니고 있습니다. 가지뿔영양을 다시 살펴보면, 그것이 특히 이 사실에 해당되는 경우라는 것을 알 수 있습니다. 가지뿔영양의 호흡 기관들은 전체적인 신체 크기에 비례해 아주 크며, 이로 인해 달리는 중에 엄청난 양의 공기를 들이마실 수 있습니다.

**문제 해석**

강의에서 제시하는 요점과 예시를 활용해, 동물이 빠른 속도로 달릴 수 있게 해주는 두 가지 적응 방법을 설명하시오.

동물의 신속한 이동(생물학) / 적응들(adaptations)

## 노트테이킹

[주제]

two adaptations that allow animals to run at high speeds

동물이 빠른 속도로 달릴 수 있도록 해주는 두 가지 적응

[소주제1]

develop- of specialized feet -        특화된 발을 가지는 것

[포인트]

enable - sprint - prolonged periods        가능하게 함 - 오랜 기간 달리는 것

[예시]

pronghorn - 2nd fastest        가지뿔영양 - 전 세계에서 2번째로 빠름

2 long, pointed toes on each hoof        각 발굽에 두 개의 뾰족한 발가락을 가짐

evolved - absorb - large amount - shock - when running        진화 - 많은 충격 흡수하도록 - 달릴 때

[소주제2]

enlarge- internal organs        신체 장기의 확대

[포인트]

has large - heart & lung        큰 심장과 폐를 가짐

[예시]

pronghorn - breathing organ - large - relative - body size        가지뿔영양 - 호흡 기관 - 비교적 큼 - 신체 크기 비해

breathe massive quanit- air - while run        엄청난 양의 공기 마심 - 달릴 때

## 모범 답변

| | |
|---|---|
| [주제 소개] | The professor explains two adaptations that allow animals to run at high speeds in this lecture. |
| [구조 제시] | And the professor gives some examples to explain the adaptations. |
| [소주제1] | The first adaptation is to have specialized feet. |
| [포인트] | This enables animals to sprint for a long time. |
| [예시] | For example, the pronghorn has two long toes on each hoof. |
| [세부사항] | These toes are able to absorb a large amount of shock when the animal is running fast. |
| [소주제2] | The second adaptation is the enlargement of internal organs. |
| [포인트] | This means the animal has a large heart and lungs. |
| [예시] | For example, the pronghorn has large breathing organs. |
| [세부사항] | This allows them to breathe massive amounts of air when running. |
| [마무리] | These are two adaptations that allow animals to run at high speeds. |

| | |
|---|---|
| [주제 소개] | 교수는 이 강의에서 동물들이 빠른 속도로 뛸 수 있게 해주는 두 가지 적응을 설명한다. |
| [구조 제시] | 그리고 교수는 이 적응을 설명하기 위해 몇 가지 예시를 든다. |
| | |
| [소주제1] | 첫 번째 적응은 특화된 발을 가지는 것이다. |
| [포인트] | 이는 동물들이 오랜 시간 동안 전력 질주할 수 있게 해준다. |
| [예시] | 예를 들어, 가지뿔영양은 각 발굽에 두 개의 긴 발가락을 가졌다. |
| [세부사항] | 이 발가락들은 그 동물이 빠르게 달리고 있을 때 많은 양의 충격을 흡수할 수 있다. |
| | |
| [소주제2] | 두 번째 적응은 신체 기관의 확대이다. |
| [포인트] | 이는 그 동물이 큰 심장과 폐를 가지고 있음을 의미한다. |
| [예시] | 예를 들면, 가지뿔영양은 큰 호흡기관을 가지고 있다. |
| [세부사항] | 이는 그들이 달릴 때 많은 양의 공기를 호흡할 수 있게 한다. |
| | |
| [마무리] | 이것이 동물들이 빠른 속도로 달릴 수 있게 해주는 두 가지 적응이다. |

**어휘**

adaptation 적응 (방법) be equipped with ~을 갖고 있다 means 수단 respective 각각의 habitat 서식지 swiftly 신속하게 evade ~을 피하다 predator 포식자 hoof 발굽 sprint 전력 질주하다 prolonged 오래 계속되는, 장기간의 terrain 지역, 지형 evolve 진화하다, 발전하다 enlargement 확대, 확장 organ (신체의) 장기 windpipe 기도 relative to ~에 비례해

# Actual Test 1

## Question 1

어떤 사람들은 출시되자마자 최신 게임기나 스마트폰처럼 새로운 기계를 구입하는 것을 좋아한다. 또 어떤 사람들은 기다렸다가 구입하는 것을 선호한다. 당신은 어느 쪽을 선호하는가? 그 이유는 무엇인가? 이유 및 예시를 제공해 의견을 뒷받침하시오.

**아웃라인**

| [주장] | purchase - launched | 출시되자마자 구입 |
|---|---|---|
| [이유 1] | relieve stress | 스트레스 해소 |
| [추가 설명] | enjoy time & feel happy | 시간 즐기기 & 행복함 |
| [이유 2] | make friends | 친구 사귀기 좋음 |
| [추가 설명] | provide opportunity to interact | 교류할 수 있는 기회 제공 |

**모범 답변**

| [나의 주장] | I believe that it is a good idea to purchase new technology as soon as it is launched. |
|---|---|
| [구조 제시] | And there are many reasons why I think so. |
| [이유 1] | First, people can relieve stress. |
| [추가 설명] | Nowadays, people are under great stress because of their work. |
| | But people can enjoy their time with new technology. |
| | They can also be happy and energetic when using the latest products. |
| [이유 2] | In addition, people can make friends. |
| [추가 설명] | Buying new technology provides an opportunity to interact with others. |
| | They can share ideas and experiences about products and build a good relationship with others. |
| [시간이 남을 경우] | Therefore, I think it is good to buy new technology as soon as possible. |

---

| [나의 주장] | 나는 최신 기계가 출시되자마자 구입하는 것이 좋다고 생각한다. |
|---|---|
| [구조 제시] | 그리고 내가 그렇게 생각하는 데 많은 이유가 있다. |
| [이유 1] | 첫째, 사람들이 스트레스를 해소할 수 있다. |
| [추가 설명] | 요즘, 많은 사람들은 일 때문에 스트레스를 받는다. |
| | 하지만 사람들은 새로운 기계로 그들의 시간을 즐길 수 있다. |

그들은 또한 최신 제품을 이용할 때 행복하고 활기 넘칠 수 있다.

[이유 2]         게다가, 사람들은 친구를 사귈 수 있다.
[추가 설명]      새로운 기계를 구입하는 것은 다른 사람들과 교류할 수 있는 기회를 제공한다.
                그들은 제품에 대한 생각과 경험을 공유하고, 다른 사람과 좋은 관계를 형성할 수 있다.

[시간이 남을 경우]   그러므로, 나는 가능한 한 빨리 새로운 기계를 사는 것이 좋다고 생각한다.

### 어휘

technology 기계, 장비  launch (상품을) 출시하다

# Question 2

### 지문 해석

**국제 비즈니스 인턴십**

직원들이 여러 다른 문화권에서 어떻게 비즈니스가 진행되는지 이해하는 것이 점점 더 중요한 일이 되어 가고 있는데, 대부분의 기업들이 국제적인 비즈니스 활동에 관여하고 있기 때문입니다. 우리는 해외 고객 또는 파트너들이 어떻게 연락 받는 것을 선호하는지, 어떻게 그들을 맞이해야 하는지, 그리고 그들이 어디서 회의를 진행하기를 선호하는지 이해해야 합니다. 따라서, 저는 경영학과에서 국제 인턴십 프로그램을 제공해 주었으면 합니다. 학생들이 다른 나라에서 일하면서 몇 주 동안 시간을 보낸다면 앞으로의 진로에 있어 국제적인 비즈니스와 관련된 소중한 경험을 얻게 될 것입니다. 또한, 가장 유망한 학생들의 여행 경비를 경영학과에서 부담하여 그 경험이 학생들에게 비용적으로 감당되도록 할 수 있습니다.

안녕히 계십시오.
피터 블랙

### 음원 스크립트 및 해석

| | |
|---|---|
| Now listen to two business students discussing the letter. | 이제 두 명의 경영학과 학생이 편지 내용을 이야기하는 것을 들어 보시오. |
| W: What did you think about Peter's letter? | 여: 피터의 편지에 대해서 어떻게 생각해? |
| M: Well, he makes a good point about the importance of learning about other business cultures, but I don't think his recommendation is very good. | 남: 음, 다른 비즈니스 문화에 관해 배우는 것의 중요성과 관련해서 잘 지적하기는 했지만, 그 추천 사항이 아주 좋다고 생각하진 않아. |
| W: How come? We can't get that sort of experience just staying in our own city. | 여: 어째서? 우리 도시에만 머물러 있으면 그런 경험은 할 수 없잖아. |
| M: Well, actually, we can! | 남: 음, 실은, 할 수 있어! |
| W: Really? | 여: 정말? |

M: Of course! We actually have a surprisingly high number of international companies here in our city, even though it's relatively small.

W: I didn't know that.

M: Yeah, my brother was an intern for an engineering firm downtown, and the company did a lot of business with Asian businesses. So, he had a lot of experience learning about Chinese and Korean business cultures, for example.

W: Okay, I get what you're saying.

M: Right, we have these types of opportunities here already, without traveling overseas.

W: But, still... you must admit it would be great to spend time at a foreign business without paying for it.

M: Yeah, but you have to remember... our business department is tiny. I'd be totally shocked if they had a big enough budget to cover something like that.

W: Oh... I hadn't considered that.

M: Yeah, and the problem is, if they spent a large part of their budget on international internships, they wouldn't be able to fund beneficial things we all enjoy, like business seminars and field trips.

W: Yeah, you're right.

남: 물론이지! 상대적으로 작긴 하지만, 사실 우리 도시에 놀라울 정도로 아주 많은 국제적인 기업들이 들어와 있어.

여: 그런 줄은 몰랐어.

남: 응, 우리 형이 시내에 있는 한 엔지니어링 회사에 인턴으로 있었는데, 그 회사가 아시아 쪽 기업들과 비즈니스를 많이 했어. 그래서, 예를 들자면, 중국과 한국의 비즈니스 문화와 관련해 배울 수 있는 경험을 많이 했어.

여: 그래, 무슨 말인지 알겠어.

남: 맞아, 해외로 가지 않아도 이미 이곳에 이런 종류의 기회들이 있어.

여: 하지만, 그렇다 해도... 돈을 들이지 않고 외국 기업에서 시간을 보내면 아주 좋을 거라는 사실은 분명히 인정해야 해.

남: 응, 하지만 기억해야 하는 건... 우리 경영학과는 아주 작아. 이런 일에 대한 비용을 충당할 정도로 예산이 충분히 많이 있다면 완전히 충격적일 거야.

여: 오... 그건 고려해보지 못했어.

남: 응, 그리고 문제는, 예산의 많은 부분을 국제 인턴십에 소비한다면, 비즈니스 세미나나 현장 학습 같이 우리 모두가 즐거워하는 유익한 일들에 자금을 제공할 수 없게 될 거야.

여: 응, 네 말이 맞아.

**문제 해석**

남성이 편지에 대한 자신의 의견을 제시하고 있다. 그의 의견을 말하고, 그가 그렇게 생각하는 이유를 설명하시오.

**노트테이킹**

### 지문 노트테이킹

[주제] to recommend busi- depart- to offer - international internship prog-

　　　경영학과에서 국제 인턴십 프로그램을 제공할 것

[근거 1] gain valu- exp- for future career

　　　앞으로 진로에 있어 소중한 경험 얻음

[근거 2] travel expense could be covered by the busi- depart-

　　　비용이 경영학과에 의해 충당될 수 있음

## 음원 노트테이킹

[입장] X  반대

[주장 1] can get exp- in own city     우리 도시에서도 경험할 수 있음
[세부사항]
- have num - inter- comp- here / thou- small     많은 국제적 기업들 있음 / 작음
- brother - intern / comp- did busi- w/ Asian B     형이 인턴함 / 아시아 쪽 기업과 비즈니스를 함
- had lot - exp - learn - China & Korea B cul-     중국과 한국 비즈니스 문화 배우는 경험 많이 함

[주장 2] busi- dep- = tiny     경영학과가 작음
[세부사항]
- shock- if had - big budget - cover     비용 충당할 예산이 있다면 충격 받을 것
- prb- - if - spent - inter- intern- / X fund benefit- things - field trip
  국제 인턴십에 예산 많이 사용하면 문제 / 유익한 일에 자금 제공 불가 - 현장 학습

---

**모범 답변**

| | |
|---|---|
| [주제 정리] | Two students are discussing the student's letter to suggest that the business department should provide international internships. |
| [화자의 의견] | And the man is against the letter for two reasons. |
| [지문과 화자의 접점] | First, he does not agree that students cannot get valuable experience in their own city. |
| [세부사항] | That is because there are a large number of international companies there even though the city is small. His brother was an intern in a company and they did a lot of business with Asian businesses. His brother learned about Chinese and Korean business cultures. |
| [지문과 화자의 접점] | Moreover, he does not agree that travel expenses could be covered by the business department. |
| [세부사항] | In fact, the business department is tiny. The department doesn't have enough room in its budget to cover this. Moreover, if they spend a lot of money, they would not be able to fund beneficial things such as field trips. |
| [마무리] | These are the reasons why the man is against the plan. |

---

| | |
|---|---|
| [주제 정리] | 두 학생이 경영학과에서 국제 인턴십을 제공해야 한다고 제안하기 위한 학생의 편지에 대해 논의하고 있다. |
| [화자의 의견] | 그리고 남성은 두 가지 이유로 그 계획에 반대한다. |
| [지문과 화자의 접점] | 첫째, 그는 학생들이 그들의 도시에서 가치 있는 경험을 얻을 수 없다는 것에 동의하지 않는다. |
| [세부사항] | 왜냐하면 비록 도시는 작지만 많은 국제적인 기업들이 있기 때문이다. 그의 형은 한 회사에서 인턴으로 일했고, 그들은 아시아 쪽 기업들과 많은 거래를 했다. 그의 형은 중국과 한국 비즈니스 문화에 대해 배웠다. |
| [지문과 화자의 접점] | 게다가, 그는 여행 경비가 경영학과에서 충당될 수 있다는 것에 대해 동의하지 않는다. |

| [세부사항] | 사실, 경영학과는 아주 작다. 경영학과는 이것을 예산에서 감당할 정도로 충분한 여유가 없다. 게다가, 만약 그들이 많은 돈을 쓴다면, 그들은 현장 학습과 같은 유익한 일들에 자금을 댈 수 없을 것이다. |
|---|---|
| [마무리] | 이것이 그가 그 계획에 반대하는 이유이다. |

### 어휘

conduct ~을 수행하다, 실시하다  the majority of 대부분의, 대다수의  cover (비용 등) ~을 충당하다  affordable 감당할 수 있는  make a point 지적하다, 주장을 내세우다  relatively 상대적으로, 비교적  budget 예산  fund ~에 자금을 제공하다  beneficial 유익한, 이로운

# Question 3

### 지문 해석

**기회비용**

사람들은 결정을 내리기 위해 흔히 아주 다양한 선택 사항이나 행동 방침들 중에서 선택해야 한다. 대부분의 사람들에게 있어, 특정 선택 사항을 택하는 것의 비용과 관련해 생각할 때, 그 선택 사항을 택함으로써 얼마나 많은 돈을 잃을 것인가와 관련해 생각할 가능성이 더 크다. 하지만, 사람들은 기회비용을 무시하는 경향이 있다. 기회비용은 사람들이 한 가지 선택 사항을 다른 사항 대신 택할 때 놓치는 이익을 가리킨다. 다시 말해서, 사람들이 특정 선택 사항을 택할 때, 그들은 동시에 했던 선택 사항들과 연관된 이익을 얻지 못하게 되는 것이다.

### 음원 스크립트 및 해석

Now listen to part of a lecture from an economics class.

So, let me give you an example. Several years ago, the university had to decide whether to build a new sports hall or a new student recreation center. Both options were estimated to cost roughly the same amount. A new sports hall was an appealing option, because the university had no sports hall at all back then. This was really inconvenient for the basketball and volleyball teams, which had to practice at a public sports hall downtown. A new student recreation center was also an appealing option, because the existing student recreation center at that time was tiny. The university wanted to add more games and activities for students, plus a coffee shop and lounge, but they didn't have enough space in the center. In the end, the university opted to construct the new sports hall. The sports hall is certainly impressive, and it's ideal for the basketball and volleyball teams, so it

이제 경제학 수업의 강의 일부를 들어보시오.

자, 제가 예를 하나 들어 보겠습니다. 몇 년 전에, 우리 대학은 새로운 스포츠 홀을 지을 것인지, 아니면 새로운 학생 레크리에이션 센터를 지을 것인지 결정해야 했습니다. 두 가지 선택 사항 모두 대략적으로 동일한 액수의 비용이 드는 것으로 추정되었습니다. 새로운 스포츠 홀이 매력적인 선택이었던 이유는 당시 우리 대학에 스포츠 홀이 없었기 때문이었습니다. 이는 시내에 있는 공공 스포츠 홀에서 연습해야 했던 우리 농구팀과 배구팀에게 정말로 불편한 일이었습니다. 새로운 학생 레크리에이션 센터 또한 매력적인 선택이었는데, 기존의 학생 레크리에이션 센터가 당시에는 너무 작았기 때문이었습니다. 대학 측에서는 커피숍과 라운지뿐만 아니라 학생들을 위해 더 많은 경기와 활동을 추가하고 싶어했지만, 그 센터에는 공간이 충분하지 않았습니다. 결국, 대학 측에서는 새로운 스포츠 홀을 짓기로 결정했습니다. 이 스포츠 홀은 분명 인상적이며, 농구팀과 배구팀에게 이상적인 곳이기 때문에, 좋은 선택이었던 것으로 보입니다. 재정적인 비용 측면에서 저는 우리 대학이 약 35만 달러를 쓴 것으로 생각하고 있지만, 사람들이 좀처럼 잠시 멈춰서 생각해 보지도 않는 다른 비용들은 어떤가요? 그러니까 제 말은, 새로운 학생 레크리에이션 센터가 제공해 주었을 공간의 손실과 경기 및 활동의 부족 문제, 커피숍 또는 라운지의 부재를 말하는 겁니다.

seems to have been a good choice. In terms of the financial cost, I think the university spent around $350,000 on it, but how about the other costs that people rarely stop to think about? I mean, the loss of all the space that would've been provided by a new student recreation center, the lack of games and activities, the absence of a coffee shop or lounge. We lost all those benefits when the decision to build the sports hall was made.

우리는 스포츠 홀을 짓기로 결정이 내려진 순간, 이 모든 이익들을 잃은 것입니다.

교수가 설명하는 예시를 활용하여, 기회비용의 개념을 설명하시오.

### 지문 노트테이킹

[주제] opportunity cost　　기회비용

[주제에 대한 정의]

refers to the benefits ppl lose out on when selecting 1 opt- over another

기회 비용은 사람들이 한 가지 선택 사항을 다른 선택 사항 대신 택할 때 놓치는 이익을 가리킴

### 음원 노트테이킹

[예시 1]

- univ - decide whe- - build - sports hall or recre- center

　대학이 스포츠 홀을 지을지 레크리에이션 센터를 지을지 결정해야 했음

[세부사항]

- both - est- - cost - same amount　　두 선택 모두 동일한 액수 비용

- sports hall - appeal- - cuz - univ X sports h-　　스포츠 홀 매력적 - 당시 대학에 스포츠 홀 없었기 때문

- X convi- for bas & volley - practice public h-　　공공 스포츠 홀에서 연습했던 농구와 배구팀에게 불편한 일

- recre C- also appeal- opt - - recre- center = tiny　　레크리에이션 센터 또한 매력적 선택 - 너무 작았음

- want - add - more games - stu- coffee- / X space

　경기나 활동 추가하고 싶고, 커피숍도 넣고 싶었지만 공간이 없었음

[예시 2]

- end - univ - opted - construct - S.H = impress-　　결국 대학교는 스포츠 홀 건설을 선택했고 인상적이었음

[세부사항]

- ideal for bas & volley- team - seem good choice　　농구팀과 배구팀에게 이상적 - 좋은 선택으로 보임

- BUT other cost - loss of space - new recrea C

　그렇지만 다른 비용이 있다 - 새로운 레크리에이션 센터가 제공할 공간 손실

- lack of game & act- & cof- lost benef- when deci- made

　스포츠 홀 짓기로 결정이 내려진 순간 경기 부족, 활동, 커피숍 등의 이익 잃음

| | |
|---|---|
| [주제 정의] | The opportunity cost refers to the benefits people lose out on when selecting one option instead of another. |
| [구조 제시] | And the professor gives an example of the case of the university to explain this. |
| [예시 본문 1] | The university had to decide whether to build a new sports hall or recreation center. |
| [세부사항] | Both were estimated to cost the same amount. The sports hall was appealing because the university didn't have one. It was not convenient for the basketball and volleyball teams. But the recreation center was also appealing because the existing center was tiny. The university wanted to add more games or a coffee shop. |
| [예시 본문 2] | In the end, the university opted to construct the new sports hall. |
| [세부사항] | It was ideal for the sports teams and seemed like a good choice. But there were other costs such as new spaces, games, and a new coffee shop. The university lost all those benefits because they built the new sports hall. |
| [마무리] | This is an example of opportunity cost. |

| | |
|---|---|
| [주제 정의] | 기회비용이란 사람들이 한 가지 선택 사항을 다른 사항 대신 택할 때 놓치는 이익을 일컫는다. |
| [구조 제시] | 그리고 교수는 대학교의 예시를 들어 이를 설명한다. |
| [예시 본문 1] | 그 대학은 새로운 스포츠 홀을 지을지 레크리에이션 센터를 지을지를 결정해야 했다. |
| [세부사항] | 둘 다 같은 금액으로 추정되었다. 대학에 스포츠 홀이 없었기 때문에 스포츠 홀을 짓는 것은 매력적이었다. 스포츠 홀이 없는 것은 농구팀과 배구팀에게 불편했다. 하지만 레크리에이션 센터 또한 당시 있던 센터가 작았기 때문에 매력적이었다. 대학은 더 많은 게임이나 커피숍을 추가하기를 원했다. |
| [예시 본문 2] | 결국, 대학은 새로운 스포츠 홀을 짓기로 결정했다. |
| [세부사항] | 그것은 스포츠 팀들에게 이상적이었고 좋은 선택처럼 보였다. 그러나 새로운 공간, 게임, 그리고 새로운 커피숍과 같은 다른 비용들이 있었다. 대학은 새 스포츠 홀을 지었기 때문에 그 모든 이익을 놓쳤다. |
| [마무리] | 이것이 기회비용의 예시이다. |

**어휘**

course of action 행동 방침  specific 특정한, 구체적인  in terms of ~와 관련해서, ~의 측면에 있어  tend to do ~하는 경향이 있다  refer to ~을 가리키다, 일컫다  lose out on ~을 손해를 보다, 놓치다  associated with ~와 연관된  disregard ~을 등한시하다, 무시하다  be estimated to do ~하는 것으로 추정되다  appealing 매력적인  opt to do ~하기로 결정하다, 선택하다  would have p.p. ~했을 것이다  lack 부족  absence 부재, 없음

# Question 4

Listen to part of a lecture in a biology class.

Okay, so we've been talking about animals that adapt to survive through the cold winter months in parts of North America. In some regions, temperatures can often drop as low as -30 degrees Celsius, and many animals enter a state of hibernation so that they can skip this cold period and emerge once the weather gets warmer. Others, however, have adapted in ways that allow them to endure the cold season without hibernating. Let's look at a couple of ways that squirrels manage to do this.

In terms of physiological adaptations, squirrels have adapted in several ways to keep their core temperatures maintained. One very effective adaptation is the development of a thicker coat for winter. A thicker coat of fur is capable of absorbing more solar heat during winter. This method of thermoregulation allows the squirrels to produce more metabolic heat and maintain their body temperature during prolonged cold periods. It has even been suggested that some squirrels alter their coat structure in response to increases in wind speed.

Many squirrels also show a behavioral adaptation where they spend the fall seasons building up their food stores. This means that they won't have to forage for food very often during winter. While some species will build up a single massive central food store, others will create multiple food stores in case one is found by other animals. Spreading out food in this way is called "scatter hoarding". In an effort to trick potential food rivals, squirrels sometimes pretend to bury something in one place and then actually bury it somewhere else! During winter, squirrels return to their concealed food stores during the day. By using a technique called "spatial chunking", where they bury similar types of food in similar places, they're able to keep track of where their food is.

생물학 수업의 강의 일부를 들어보시오.

좋습니다, 자, 우리는 북미 여러 지역에서 추운 겨울철 내내 생존하기 위해 적응하는 동물들과 관련해 계속 이야기해 오고 있습니다. 몇몇 지역에서는, 기온이 흔히 섭씨 영하 30도까지 낮게 떨어질 수 있으며, 많은 동물들이 이렇게 추운 기간을 피할 수 있도록 동면 상태에 들어갔다가 날씨가 더 따뜻해지는 대로 다시 모습을 드러냅니다. 하지만, 겨울잠을 자지 않고 이 추운 계절을 견딜 수 있게 해주는 방식으로 적응해온 다른 동물들도 있습니다. 다람쥐가 이렇게 해낼 수 있는 두 가지 방법을 살펴보겠습니다.

생리학적 적응 측면에 있어, 다람쥐는 심부 체온을 계속 유지하는 몇 가지 방법을 통해 적응해 왔습니다. 한 가지 매우 효과적인 적응 방법은 겨울에 대비한 더 두터운 털가죽의 발달입니다. 더 두터운 털가죽은 겨울철에 더 많은 태양열을 흡수할 수 있습니다. 이 체온 조절 방법은 다람쥐가 더 많은 대사열을 만들어내는 것뿐만 아니라 오래 지속되는 추운 기간 중에 체온을 유지할 수 있게 해줍니다. 심지어 일부 다람쥐는 풍속 증가에 따른 대응으로 털가죽 구조까지 바꾼다는 의견이 제기되기도 했습니다.

많은 다람쥐들은 또한 먹이 저장고를 지으면서 가을철을 보내는 행동 적응을 보이기도 합니다. 이는 다람쥐들이 겨울철에 그렇게 자주 먹이를 찾아 다니지 않아도 된다는 것을 의미합니다. 일부 종이 단 하나의 중심적인 거대 먹이 저장고를 짓는 반면, 다른 종은 하나가 다른 동물에 의해 발견될 경우에 대비해 다수의 먹이 저장고를 만들어 놓습니다. 이런 방식으로 먹이를 흩어 놓는 것을 '분산 저장'이라고 부릅니다. 잠재적인 먹이 경쟁자들을 속이기 위한 노력의 일환으로, 다람쥐는 때때로 한 곳에 뭔가 묻어 놓는 척했다가 실제로 다른 곳에 묻습니다! 겨울철에, 다람쥐는 낮 시간에는 숨겨 놓은 먹이 저장고로 돌아갑니다. 유사한 장소에 유사한 종류의 먹이를 묻어 놓는 '공간 그룹화'라고 부르는 기술을 활용해, 먹이가 어디 있는지 파악할 수 있습니다.

강의에 제시하는 예시를 활용해, 다람쥐가 추운 겨울철에 생존하는 두 가지 방법을 설명하시오.

## 노트테이킹

[주제]

two ways squirrels survive the cold winter season        다람쥐가 추운 겨울을 살아남는 두 가지 방법

[소주제1]

1st adpt- = devel- thick coat -wint-       첫 번째 적응 방법 = 겨울 대비 두꺼운 털가죽 발달

[예시]

- fur - capa- absorb- solar heat      두꺼운 털 - 태양열을 흡수할 수 있음
- This allow - produce - meta- heat & maint- body temp-      이는 더 많은 대사열 만들어 냄 & 체온 유지 가능하게 함
- even- suggest- alter- coat - response - incre- wind speed

  일부 종은 풍속 증가에 대한 대응으로 털 구조 변경까지 함

[소주제2]

2nd adpt- build up food stores      두 번째 적응은 먹이 저장소를 지음

[예시]

- X have to forage food      겨울에 먹이를 찾으러 다닐 필요가 없음
- some - single massive cent- FS / Others - crea- multi- FS - case - found - other ani-

  일부 종은 아주 거대한 하나의 중심 먹이 저장소를 지음 / 다른 종은 다른 동물 발견 대비하여 다수 먹이 저장소 만들어 둠
- spread- f- scatter hoarding - trick rivals

  분산 저장이라는 방식 이용 - 경쟁자들 속임
- pretend - bury then s-where else / return - concealed FS

  다른 곳에 먹이를 놓는 척 / 이후 숨겨놓은 먹이 저장소로 감
- by use- spatial chunking - able - keep track - food is

  공간 그룹화라고 부르는 기술 활용함 - 먹이 위치 파악 가능

## 모범 답변

[주제 소개]      In the lecture, the professor explains two ways that squirrels survive the cold winter season.

[구조 제시]      And the professor gives some examples to explain the adaptations.

[소주제1]      The first adaptation is the development of a thicker coat for winter.

[예시]      A thicker coat of fur is capable of absorbing solar heat during winter.

[세부사항]      This allows the squirrels to produce more metabolic heat and maintain their body temperature. Also, some squirrels alter their coat to respond to wind speed.

[소주제2]      The second adaptation is building up their food stores so that they don't have to forage for food during winter.

| [예시] | Some species build a single massive food store while others create multiple ones. |
| [세부사항] | They use scatter hoarding to trick rivals. And they return to concealed food stores using spatial chunking. So, they are able to keep track of their food. |
| [마무리] | These are two adaptations that allow squirrels to survive the cold winter season. |

---

| [주제 소개] | 강의에서, 교수는 다람쥐들이 추운 겨울철을 살아남는 두 가지 방법을 설명한다. |
| [구조 제시] | 그리고 교수는 이 적응을 설명하기 위해 몇 가지 예시를 들고 있다. |
| [소주제1] | 첫 번째 적응은 겨울을 위한 더 두꺼운 털가죽의 발달이다. |
| [예시] | 더 두꺼운 털가죽은 겨울 동안 태양열을 흡수할 수 있다. |
| [세부사항] | 이것은 다람쥐들이 더 많은 대사열을 만들어내고 체온을 유지할 수 있게 해준다. 또한, 어떤 다람쥐들은 바람의 속도에 반응하기 위해 털을 바꾼다. |
| [소주제2] | 두 번째 적응은 그들이 겨울 동안 먹을 것을 찾지 않아도 되도록 그들의 먹이 저장고를 짓는 것이다. |
| [예시] | 어떤 종들은 하나의 거대한 먹이 저장고를 짓는 반면, 다른 종들은 여러 개의 먹이 저장고를 만든다. |
| [세부사항] | 그들은 경쟁자들을 속이기 위해 분산 저장을 활용한다. 그리고 그들은 공간 그룹화를 이용하여 숨겨진 먹이 저장고로 돌아간다. 그래서, 그들은 그들의 먹이를 추적할 수 있다. |
| [마무리] | 이것들이 다람쥐가 추운 겨울철에 살아남게 해주는 두 가지 적응이다. |

**어휘**

adapt 적응하다 hibernation 동면, 겨울잠 emerge 나타나다 endure ~을 견디다 in terms of ~의 측면에 있어, ~와 관련해서 physiological 생리학적인 thermoregulation 체온 조절 metabolic 신진 대사의 prolonged 오래 지속되는, 장기간의 forage for ~을 찾아 다니다 species (동식물의) 종 scatter hoarding 분산 저장 pretend to do ~하는 척하다 spatial chunking 공간 그룹화 keep track of ~을 파악하다, 추적하다

# Actual Test 2

## Question 1

**문제 해석**

다음 주장에 동의하는가, 아니면 동의하지 않는가?

미래의 사람들은 오늘날의 사람들보다 책을 더 적게 읽을 것이다.

구체적인 예시와 세부 정보를 활용해 의견을 뒷받침하시오.

**아웃라인**

| | | |
|---|---|---|
| [주장] | read fewer books in the future | 미래에 책을 더 적게 읽을 것 |
| [이유 1] | using Internet - get info effective | 인터넷을 이용한 효과적 정보 확보 |
| [추가 설명] | access info - seconds | 아주 빠르게 정보 확보 |
| [이유 2] | understand thoroughly - | 완전히 이해 |
| [추가 설명] | visual aids + gist | 시각적 자료 + 요점 이해 |

**모범 답변**

| | |
|---|---|
| [나의 주장] | I believe that people in the future would read fewer books than they do today. |
| [구조 제시] | And there are many reasons. |
| [이유 1] | First of all, people can use the Internet and get information effectively. |
| [추가 설명] | It takes a lot of time for people to find information in books. |
| | However, by using the Internet, people can access information within seconds. |
| [이유 2] | Moreover, people can understand the text thoroughly by using the Internet. |
| [추가 설명] | There are visual aids including videos and images that help people get the gist of the text. |
| | In other words, people can understand materials more easily. |
| [시간이 남을 경우] | Therefore, people will read fewer books in the future. |

---

| | |
|---|---|
| [나의 주장] | 나는 미래의 사람들이 오늘날보다 더 적은 양의 책을 읽을 것이라고 믿는다. |
| [구조 제시] | 그리고 많은 이유가 있다. |
| [이유 1] | 우선, 사람들은 인터넷을 이용할 수 있고 정보를 효과적으로 얻을 수 있다. |
| [추가 설명] | 사람들이 책에서 정보를 찾는 데 많은 시간이 걸린다. |
| | 하지만, 인터넷을 이용함으로써, 사람들은 몇 초 안에 정보에 접근할 수 있다. |

| | |
|---|---|
| [이유 2] | 게다가, 사람들은 인터넷을 이용하여 글을 완전히 이해할 수 있다. |
| [추가 설명] | 사람들이 글의 요점을 이해하는 것을 돕는 동영상과 이미지를 포함한 시각 보조 장치가 있다. |
| | 그래서, 사람들은 내용을 더 쉽게 이해할 수 있다. |
| [시간이 남을 경우] | 그러므로, 사람들은 미래에 책을 더 적게 읽을 것이다. |

### 어휘

visual aid 시각 교구, 시각 보조 장치  gist 요지, 요점

# Question 2

### 지문 해석

**새로운 일일 정보 안내 이메일**

오늘부터, 우리 대학은 모든 학생에게 일일 이메일을 발송해 캠퍼스 내에서 개최되는 행사 및 활동들과 관련해 통보해 드릴 것입니다. 과거에는, 학생들이 주간 캠퍼스 잡지에 의존해 교내 행사와 관련된 정보를 얻었지만, 이 새로운 일일 이메일이 최신 소식을 제공함으로써 지속적으로 더 잘 정보를 얻게 해줄 것입니다. 이 새로운 접근 방식과 관련해 이야기하면서, 대학 대변인은 "이메일은 우리 삶의 일상적인 일부가 되었습니다. 특히, 학생들은 주기적으로 이메일 메시지를 확인하는 경향이 있기 때문에, 이러한 변화는 대단히 합당한 것이며 모든 사람에게 유익할 것입니다."라고 밝혔습니다.

### 음원 스크립트 및 해석

Now listen to two students discussing the announcement.

W: Did you read about the new plan?

M: Yeah, do you think it's a good idea?

W: Definitely!

M: Oh? How come?

W: Well, the magazine is okay, but a lot of its information about events tends to be a bit out-of-date.

M: Well, I guess that can't be helped, since the magazine is published weekly.

W: Yeah, and that's the problem. The paper comes out on Tuesday, but a lot of people forget to grab a copy until Friday or Saturday. Then, when they read about fun events that happened in the past week, it's too late.

이제 두 명의 학생이 공지 내용을 이야기하는 것을 들어보시오.

여: 새로운 계획과 관련된 내용 읽어봤어?

남: 응, 좋은 아이디어인 것 같아?

여: 당연하지!

남: 그래? 어째서?

여: 음, 잡지도 좋긴 하지만, 그 안의 많은 행사 관련 정보가 좀 뒤처지는 경향이 있어.

남: 음, 잡지가 매주 발행되고 있으니까, 그건 어쩔 수 없는 부분인 것 같아.

여: 응, 그리고 그게 문제야. 잡지가 화요일에 나오는데, 많은 사람들이 잊고 있다가 금요일이나 토요일은 돼야 한 부 가져가. 그러고 나서, 지난 주에 있었던 재미있는 행사에 관한 내용을 읽을 땐, 너무 늦지.

| | |
|---|---|
| M: Yeah, I guess a daily reminder would help.<br><br>W: Also, some events change location or start time at the last minute. Well, the magazine can't help with that, but a daily e-mail certainly can.<br><br>M: That's a good point. It'll be handy that way. But will students really read the e-mails every day?<br><br>W: Absolutely! I don't know anyone who doesn't check their e-mail on a daily basis. And if the e-mails contain daily information that people are really interested in, like the menu for the day in the cafeteria, then people will read them for sure.<br><br>M: I agree! Well, I'm looking forward to them. | 남: 응, 일일 알림 메시지가 도움이 될 것 같아.<br><br>여: 그리고, 어떤 행사들은 마지막 순간에 장소나 시작 시간을 변경하기도 해. 음, 잡지는 그런 면에서 도움이 되지 않지만, 일일 안내 이메일은 확실히 도움이 될 수 있어.<br><br>남: 좋은 지적이야. 그런 면에서 유용할 거야. 하지만 학생들이 정말 매일 이메일을 읽을까?<br><br>여: 물론이지! 내가 아는 사람 중에 매일 이메일을 확인하지 않는 사람은 아무도 없어. 그리고 이메일에 구내식당 당일 메뉴처럼 사람들이 정말로 관심 있어 하는 일일 안내 정보가 들어 있다면, 사람들이 분명히 읽을 거야.<br><br>남: 동의해! 음, 그 이메일이 너무 기대돼. |

## 문제 해석

여성이 대학의 계획과 관련된 의견을 제시하고 있다. 그 계획을 간략히 요약하시오. 그런 다음, 그 계획과 관련된 그녀의 의견을 말하고, 그녀가 그러한 의견을 갖고 있는 것에 대해 언급하는 이유를 설명하시오.

## 노트테이킹

### 지문 노트테이킹

[주제] send a daily information e-mail to all students　　모든 학생들에게 일일 정보 안내 이메일 전송

[근거 1] keep stu- better informed　　학생들이 더 정보를 잘 얻음

[근거 2] become a daily part of our lives　　우리 삶의 일부분이 됨

### 음원 노트테이킹

[입장] O　　찬성

[주장 1] magazine - okay - but - info - bit out-of-date　　잡지 - 좋지만 정보가 뒤쳐짐
[세부사항]

- paper - Tues - forget to grab - copy　　잡지 - 화요일에만 - 한 부씩 가져가는 것 잊음

- when read fun event hap- past week - late / remind- help
  지난 주에 일어난 재미있는 행사 - 읽을 때 너무 늦음 - 일일 알림 메시지 도움됨

- some - change - time - mag- X help / daily E - can
  어떤 행사 - 시간이 변함 - 잡지 도움 안되지만 이메일은 도움이 됨

[주장 2] read e-mails every day　　이메일 매일 체크함
[세부사항]

- X know - X check E　　이메일 체크 안 하는 사람 본 적 없음

- IF contain - ppl int- ex) menu cafe - will read - sure
  만약 사람들이 관심 있는 것을 넣는다면 - 카페 메뉴 - 분명히 읽을 것

| | |
|---|---|
| [주제 정리] | Two two students are discussing the college's plan to send a daily information e-mail to all students. |
| [화자의 의견] | And the woman supports the plan for two reasons. |
| [지문과 화자의 접점] | First, the woman agrees that this will keep students better informed. |
| [세부사항] | She points out that the information from the magazine tends to be out-of-date since it is published weekly. People can forget to grab a copy. And it is too late when they read about fun events that happened in the past. Also, she thinks that this will be a great reminder. |
| [지문과 화자의 접점] | Moreover, the woman also thinks that e-mail has become a part of our daily lives. |
| [세부사항] | She argues that everyone checks their e-mail regularly. And she thinks that more students will read them if the e-mails contain information such as the menu in the cafeteria. |
| [마무리] | These are the reasons why the woman supports the plan. |

| | |
|---|---|
| [주제 정리] | 두 학생은 매일 모든 학생들에게 정보 안내 이메일을 보내려는 대학의 계획에 대해 논의하고 있다. |
| [화자의 의견] | 그리고 여성은 두 가지 이유로 그 계획에 찬성한다. |
| [지문과 화자의 접점] | 첫째, 이 여성은 이것이 학생들에게 더 나은 정보를 제공할 것이라는 데 동의한다. |
| [세부사항] | 그녀는 잡지가 매주 발행되기 때문에 그 잡지의 정보가 뒤처지는 경향이 있다고 지적한다. 사람들은 잡지를 가져가는 것을 잊을 수 있다. 그리고 그들이 과거에 일어났던 재미있는 일들에 대해 읽을 때는 너무 늦는다. 또한, 그녀는 그것이 좋은 알림 메시지가 될 것으로 생각한다. |
| [지문과 화자의 접점] | 게다가, 여성은 또한 이메일이 우리 일상의 일부가 되었다고 생각한다. |
| [세부사항] | 그녀는 모든 사람들이 주기적으로 이메일을 확인한다고 주장한다. 그리고 그녀는 이메일이 구내식당의 메뉴와 같은 정보를 포함하고 있다면 더 많은 학생들이 읽을 것이라고 생각한다. |
| [마무리] | 이것이 여성이 그 계획에 찬성하는 이유이다. |

**어휘**

rely on ~에 의존하다 approach 접근 방식 tend to do ~하는 경향이 있다 on a regular basis 주기적으로 make sense 합당하다, 앞뒤가 맞다, 말이 되다 benefit ~에게 유익하다, 이득이 되다 out-of-date 뒤처진, 구식의, 낡은 reminder 알림 메시지 at the last minute 마지막 순간에 handy 유용한, 편리한 look forward to A A가 너무 기대되다, A를 고대하다

# Question 3

**매력의 보상 이론**

친구를 사귀는 일과 관련해서, 사람들에게 영향을 미치는 다수의 요인들이 존재한다. 예를 들어, 두 사람이 만나는 시간 즈음에 발생되는 긍정적인 또는 부정적인 일들은 친구 관계가 확립될 것인지, 아니면 그렇지 않을 것인지에 영향을 미칠 수 있다. 사람들이 친구가 될 가능성에 외부적인 일들이 미치는 영향을 심리학자들은 '매력의 보상 이론'이라고 일컫는다. 이 이론에 따르면, 우리가 긍정적이고 보람 있는 일들과 연관 짓는 사람들이 부정적이고 보람 없는 일들과 연관 짓는 사람들보다 잠재적인 친구 관계가 될 가능성이 더 큰 사람들이다.

## 음원 스크립트 및 해석

Now listen to part of a lecture from a psychology class.

I'd like to tell you about something that happened in my life, to give you an example of this theory. When I was in my early 20s, I moved to a new part of the city, and one of my new neighbors invited me to a party in her apartment. There were lots of interesting people, great food, and excellent music, so I really enjoyed myself. I ended up speaking to one particular person for most of the evening, because we shared a lot of the same interests. We liked the same comedians, and the same films. We even both played the guitar. As you can imagine, we became great friends during that party, and we remain friends almost 15 years later. Well, a few days after that party, I started chatting with another new neighbor, who came over to introduce himself while I was cleaning my car. But, the strange thing is, even though we chatted for a while, and he seemed nice, I really just wanted to end the conversation and get my car clean, and I became a little irritated. He suggested that we meet up for a bite to eat sometime, but I never contacted him after our first meeting, and we didn't really speak much at all after that.

이제 심리학 수업의 강의 일부를 들어보시오.

이 이론에 대한 예를 들기 위해, 제 삶에서 일어났던 일에 관해 이야기해 드리고자 합니다. 제가 20대 초반이었을 때, 도시의 새로운 지역으로 이사했는데, 새 이웃들 중 한 명이 저를 자신의 아파트에서 여는 파티에 초대했습니다. 많은 흥미로운 사람들, 아주 맛있는 음식 그리고 훌륭한 음악이 있었기 때문에, 정말로 즐거운 시간이었습니다. 저는 결국 그 저녁 시간 대부분을 한 명과 이야기하게 되었는데, 우리는 동일한 관심사를 많이 공유하고 있었기 때문이었습니다. 우리는 같은 코미디언과 같은 영화를 좋아했습니다. 심지어 우리 둘 모두 기타도 쳤습니다. 상상이 되시겠지만, 그 파티 중에 아주 가까운 친구가 되었고, 그 후로 거의 15년 동안 여전히 친구로 지내고 있습니다. 음, 그 파티가 끝나고 며칠 뒤에, 저는 또 다른 새 이웃과 이야기를 나누기 시작했는데, 그는 제가 세차를 하는 동안 다가와 자신을 소개했습니다. 하지만, 이상한 점은, 우리가 한동안 이야기를 나눴고 그는 좋은 사람 같았지만, 저는 그저 정말로 대화를 끝내고 세차하고 싶었고, 조금 짜증이 났습니다. 그는 언제 만나서 간단히 식사를 하자고 제안했지만, 저는 첫 만남 이후로 한 번도 그에게 연락하지 않았고, 그 뒤로도 거의 대화를 하지 않다시피 했습니다.

강의에서 예시가 매력의 보상 이론을 어떻게 실제로 보여주는지 설명하시오.

**노트테이킹**

### 지문 노트테이킹

[주제] reward theory of attraction    매력의 보상 이론

[주제에 대한 정의]

The effect of external events on the chances of people becoming friends

사람들이 친구가 될 가능성에 외부적인 일들이 미치는 영향

### 음원 노트테이킹

[예시 1]

- when – was early 20s – moved – city & one of neigh– invited – party

   20대 초반에 새로운 지역 이사 – 이웃 중 한 명 – 파티에 초대함

[세부사항]

- good music , int– ppl = enjoyed & ended speak– 1 person most

   훌륭한 음악, 흥미로운 사람들 = 파티를 즐기고 대부분 시간 – 한 명의 사람과 이야기하게 됨

- cuz – shared a lot – same interest. ex) come– , films, guitar

   왜냐하면 동일한 관심사를 공유했기에 – 예를 들어 같은 코미디언, 영화를 좋아하고 기타도 침

- became good friends & remain 15 years

   좋은 친구가 되었고 이후 15년간 친구로 지내고 있음

[예시 2]

- after party – start– chat – new N while clean– car

   파티 이후에 새로운 이웃과 이야기를 나눔 – 세차를 하는 동안

[세부사항]

- chat – seem nice – want– end conve– & became irritated

   대화를 하며 좋은 사람으로 보였지만 대화를 끝내고 싶었음 & 짜증이 남

- suggest – eat – X contacted – X speak

   식사 제안을 했지만 그 뒤로 연락하지 않음 – 거의 대화 안함

**모범 답변**

[주제 정의]    The effect of external events on the chances of people becoming friends is referred to as the reward theory of attraction.

[구조 제시]    And the professor gives his own story to explain this.

[예시 본문 1]   When the professor was in his early 20s, he moved to a new place.

[세부사항]    He was invited to a party at his neighbor's house. He enjoyed it and ended up speaking to one person who shared a lot of the same interests including films and guitar. They became great friends and remained friends for almost 15 years.

| [예시 본문 2] | After the party, the professor had an opportunity to chat with another new neighbor when he was cleaning his car. |
|---|---|
| [세부사항] | But he really wanted to end the conversation and even became irritated. Though the neighbor suggested a meal, he never contacted that neighbor after the first meeting. |
| [마무리] | This is an example of the reward theory of attraction. |

---

| [주제 정의] | 외부 사건이 사람들이 친구가 될 가능성에 미치는 영향을 매력의 보상 이론이라고 한다. |
|---|---|
| [구조 제시] | 그리고 교수는 이것을 설명하기 위해 자신의 이야기를 예로 든다. |
| [예시 본문 1] | 교수가 20대 초반이었을 때, 그는 새로운 곳으로 이사했다. |
| [세부사항] | 그는 이웃의 파티에 초대받았다. 그는 파티를 즐겼고, 영화와 기타를 포함해 많은 관심사를 공유했던 한 사람과 이야기를 하게 되었다. 그들은 좋은 친구가 되었고 거의 15년 동안 친구로 남았다. |
| [예시 본문 2] | 파티가 끝난 후, 교수는 세차하고 있을 때 다른 새로운 이웃과 이야기할 기회가 있었다. |
| [세부사항] | 하지만 그는 정말 대화를 끝내고 싶어했고 심지어 짜증이 났다. 이웃이 식사를 권했지만 첫 만남 이후 한 번도 연락하지 않았다. |
| [마무리] | 이는 매력의 보상 이론의 예시이다. |

### 어휘

when it comes to ~와 관련해서  take place 발생되다, 일어나다  be referred to as ~라고 일컬어지다  associate A with B A를 B와 연관 짓다  rewarding 보람 있는  candidate 후보자  end up -ing 결국 ~하게 되다  irritated 짜증이 난  not ~ much at all 거의 ~하지 않다시피 하다

# Question 4

### 음원 스크립트 및 해석

Listen to part of a lecture in an urban planning class.

Have you ever questioned why major cities have so many beautiful trees? Well, you might be surprised to learn that it's not just for aesthetic reasons. There are several benefits of planting trees in urban spaces, and we're going to examine a few of those today.

One advantage is that trees help to prevent flooding on city streets when it rains. Let me explain how. As you know, most cities are comprised of concrete roads and sidewalks that

도시 계획학 수업의 강의 일부를 들어보시오.

주요 도시들마다 왜 그렇게 아름다운 나무들이 많이 있는지 의문을 가져본 적이 있나요? 음, 그것이 단순히 미적인 이유에만 해당되는 게 아니라는 사실을 알면 놀라울 수도 있습니다. 도시 공간에 나무를 심는 것은 여러 가지 이점이 있으며, 오늘 그 몇 가지를 살펴보도록 하겠습니다.

한 가지 장점은 비가 내릴 때 나무들이 도시의 거리마다 침수 피해를 방지하는 데 도움을 준다는 점입니다. 어떻게 그럴 수 있는지 설명해 드리겠습니다. 알다시피, 대부분의 도시는 비가 내릴 때 물을 흡수하지 못하는 콘크리트 도로와 보도로 구성되어 있습니다. 따라서, 이 도시들은 하수도와 빗물 배수관에 의존해 과도한 물을 견뎌야 합니다. 하지만 강우량이 특히 많거나 오랫동안 지속되는 경우에

can't soak up water when it rains. So, these cities rely on sewers and storm drains to hold the excess water. But when rainfall is particularly heavy, or lasts for a long time, these sewers and storm drains rapidly fill and overflow, causing flooding. The way that trees help is by slowing down the rate at which rain reaches the ground. For example, when it rains on a street with many large, leafy trees, the branches and leaves act like a shield that prevents the rainwater from reaching the ground immediately. So, the sewers and storm drains fill more slowly, and have more time to empty before they overflow onto the surface.

Another benefit of trees in cities is that they can reduce air pollution. Many things cause pollution in cities, like vehicles and manufacturing facilities, and trees have the unique ability to trap and hold many of the pollutants released into the air, improving the overall air quality. For instance, they absorb carbon dioxide, which is present in vehicle exhaust fumes, and use it as an energy source. So, the more trees there are in cities, the less carbon dioxide will be in the air.

는, 이 하수도와 배수관들이 빠르게 채워지고 넘쳐나면서, 침수 피해를 초래합니다. 나무들이 도움을 주는 방식은 빗물이 땅에 도달하는 속도를 늦추는 것입니다. 예를 들어, 크고 잎이 무성한 나무들이 많은 거리에 비가 내릴 때, 그 가지와 잎들은 빗물이 곧장 땅에 도달하지 못하게 막아주는 방패와 같은 역할을 합니다. 따라서, 하수도와 빗물 배수관들이 더 천천히 채워지게 되고, 지표면으로 넘쳐나기 전에 비워질 수 있는 시간이 더 많아지게 됩니다.

도시의 나무들이 제공하는 또 다른 이점은 대기 오염을 줄일 수 있다는 점입니다. 차량이나 제조 시설 같이, 많은 요소들이 도시의 오염을 초래하고 있으며, 나무들은 공기 중으로 방출되는 많은 오염물질을 붙잡아 가둬 놓을 수 있는 특별한 능력을 지니고 있어서, 전반적인 공기 질을 개선해줍니다. 예를 들어, 차량 배기 가스에 들어 있는 이산화탄소를 흡수해 에너지원으로 이용합니다. 따라서, 도시에 나무가 많을수록, 공기 중에 이산화탄소가 더 줄어들게 됩니다.

---

**문제 해석**

강의에서 제시되는 요점과 예시를 활용해, 도시에 나무가 존재하는 것의 두 가지 이점을 설명하시오.

**노트테이킹**

[주제]
several benefits of planting trees in urban spaces     도시 공간에 나무를 심는 여러 가지 이점
[소주제1]
1st - adv - help prevent - flood- city     1번째 이점 - 도시가 침수를 방지하는 데 도움을 줌
[예시]
- cities - concrete road - X soak up W when rain     도시는 콘크리트 도로로 만들어져서 비가 오면 물을 흡수하지 못함
- rely - storm drains - rapid- fill - overfl- when heavy     빗물 배수관에 의존 - 빠르게 차고 넘치게 됨 - 폭우 시
- many trees - act - shield - prevent - reach - grou- imme-     많은 나무 - 방패 역할 - 빗물이 땅에 즉시 닿지 않게 막아줌
- SO - fill slowly + have time - empty - bf overflow     더 천천히 채워지고 + 비워질 시간이 많아지게 됨 - 넘치기 전에
[소주제2]
2nd adv - redu- air poll-     2번째 이점 - 대기 오염을 줄일 수 있음

[예시]
- have uniq- abil- trap & hold pollu- air        오염 물질을 붙잡고 가둬두는 특별한 능력을 지님
- ex) absorb - CO2 & use energy sour-        이산화탄소를 흡수해 에너지원으로 이용함
- So - less CO2 - in the air        공기 중에 이산화탄소가 줄어듦

**모범 답변**

| | |
|---|---|
| [주제 소개] | In the lecture, the professor explains several benefits of planting trees in urban spaces. |
| [구조 제시] | And the professor gives examples to explain this. |
| | |
| [소주제1] | The first advantage is that trees help prevent flooding in the city. |
| [세부사항] | Most cities have concrete roads that cannot soak up water when it rains. So, cities rely on storm drains, but they can rapidly fill and overflow when rainfall is heavy. But when it rains on a street with many trees, they act like a shield that prevents the rainwater from reaching the ground immediately. So, there is more time to empty before the storm drains overflow. |
| | |
| [소주제2] | The second advantage is that they can reduce air pollution. |
| [세부사항] | Trees have the unique ability to trap and hold pollutants in the air. For example, they absorb carbon dioxide and use it as an energy source. So, there will be less carbon dioxide in the air. |
| | |
| [마무리] | These are two benefits of planting trees in cities. |

- - - - - - - - - - - - - - - - - - - - - - - - - - - - - - - - - - - - - - - - - - - - - - - - - - - - - - - - - - - -

| | |
|---|---|
| [주제 소개] | 강의에서, 교수는 도시 공간에 나무를 심는 것의 몇 가지 이점에 대해 설명한다. |
| [구조 제시] | 그리고 교수는 이것을 설명하기 위한 예시를 제공한다. |
| | |
| [소주제1] | 첫 번째 장점은 나무가 도시의 침수 피해를 막는 데 도움을 준다는 것이다. |
| [세부사항] | 대부분의 도시에는 비가 올 때 물을 흡수할 수 없는 콘크리트 도로가 있다. 그래서, 도시들은 빗물 배수구에 의존하지만, 비가 많이 올 때 그것들은 빠르게 채워지고 넘쳐날 수 있다. 하지만 나무가 많은 거리에 비가 내리면, 나무들은 빗물이 즉시 땅에 도달하는 것을 막는 방패 같은 역할을 한다. 그래서, 빗물 배수구들이 넘치기 전에 비워질 시간이 더 많다. |
| | |
| [소주제2] | 두 번째 장점은 공기 오염을 줄일 수 있다는 것이다. |
| [세부사항] | 나무는 공기 중에 오염 물질을 붙잡고 가두어 두는 독특한 능력을 가지고 있다. 예를 들어, 나무들은 이산화탄소를 흡수하고 에너지원으로 이용한다. 그래서, 공기 중에 이산화탄소가 줄어들 것이다. |
| | |
| [마무리] | 이것이 도시에 나무를 심는 두 가지 이점들이다. |

**어휘**

aesthetic 미적인  benefit 이점, 혜택  be comprised of ~로 구성되다  soak up ~을 빨아들이다  rely on ~에 의존하다  excess 과도한  overflow 넘치다  empty 비워지다  pollutant 오염 물질  exhaust fumes 배기 가스

시원스쿨 LAB

시원스쿨 **LAB**